江西省社会科学规划项目

江西省高校人文社会科学重点研究基地项目

庐山道教史

吴国富/著

江西人民出版社

图书在版编目(CIP)数据

庐山道教史/吴国富著.
—南昌:江西人民出版社,2011.9
(庐山文化研究丛书)
ISBN 978－7－210－04855－8
Ⅰ.①庐…　Ⅱ.①吴…　Ⅲ.①庐山—道教史　Ⅳ.①B959.102
中国版本图书馆 CIP 数据核字(2011)第 119343 号

庐山道教史
作者:吴国富
责任编辑:陈娟　陈世象
封面设计:同异文化传媒
出版:江西人民出版社
发行:各地新华书店
地址:江西省南昌市三经路 47 号附 1 号
编辑部电话:0791－86898330
发行部电话:0791－86898893
邮编:330006
网址:www.jxpph.com
E－mail:jxpph@tom.com　web@jxpph.com
2011 年 9 月第 1 版　2011 年 9 月第 1 次印刷
开本:880 × 1230 毫米　1/32
印张:12.5
字数:280 千
ISBN 978－7－210－04855－8
赣版权登字—01—2011—192

定价:29.00 元
承印厂:南昌市红星印刷有限公司
赣人版图书凡属印刷、装订错误,请随时向承印厂调换

跃上葱茏 ——《庐山文化研究丛书》总序

九江学院院长　甘筱青

“一山飞峙大江边，跃上葱茏四百旋。”伟大领袖毛泽东的壮丽诗篇，使人们心潮澎湃，令庐山增色添辉。

钟灵毓秀的赣北大地，东襟浩渺鄱湖，北枕滔滔长江。在风云际会、气象万千的江河湖水之间，矗立着千古名山——庐山。这里是从楚到吴的咽喉之地，是从中原到南粤的必经之路，不愧为七省通衢，雄镇着祖国的东南半壁。自古至今，这里商贾云集，人文荟萃。在中国历史上，九江曾位列“三大茶市”之冠，跻身“四大米市”之一。千百年来，秀美的自然山川，优越的地理位置，孕育并催生了灿烂的庐山文化。1996 年，庐山作为“世界文化景观”被列入《世界遗产名录》，受到联合国教科文组织世界遗产委员会的高度评价：“庐山的历史遗迹，以其独特的方式融入具有突出价值的自然美之中，形成了具有极高美学价值的、与中华民族精神和文化紧密联系的文化景观。”

作为整个华夏文明中不可多得的文化瑰宝，庐山文化以其丰富的内涵和独特的魅力，为世界所瞩目。早在三国两晋时期，周瑜在宫亭湖驻军，慧远在东林建寺，陶渊明在柴桑归隐，庐山就迎来了第一个文化高峰。而从三国到近现代，有无数的文化巨匠、政治贤达、民族精英在这里留下了丰富的文化踪迹。1928年，著名学者胡适游历庐山，对庐山文化的内涵和影响作了高度概括："庐山有三处史迹代表三大趋势：（一）慧远的东林，代表中国'佛教化'与佛教'中国化'的大趋势。（二）白鹿洞，代表中国近代七百年的宋学大趋势。（三）牯岭，代表西方文化侵入中国的大趋势。"

当然，这三大趋势远远不是庐山文化的全部。以宗教而论，庐山集佛教、道教、天主教、基督教、伊斯兰教五教于一山；以教育而论，周敦颐创办的濂溪书院、朱熹兴复的白鹿洞书院，成为天下书院的样板；以山水田园诗而论，陶渊明、谢灵运开创了中国的山水田园诗；以政治而论，中国近现代诸多重大政治事件与领袖人物，都与庐山有着深切的关联；以军事而论，一代名将周瑜、岳飞都曾经在这里鏖战，朱元璋鄱湖大战的传奇至今还广为流传；此外，还有江西诗派的开创者黄庭坚，中国近现代文化守成主义的代表"陈门四杰"，等等。一个个彪炳青史的人物，一桩桩影响深远的历史事件，在中国文化的历史和现实版图中，都有着举足轻重的分量。在中国众多的名山大川中，庐山文化以其特有的清新隽永和恢弘旷达，始终令文人学士深深向往。

秀美的山川自然、敦厚的庐山人文，造就了这方天地的今古传奇，滋养了这方天地的教育沃土。2002年，在原解放军财经高等专科学校、九江师范高等专科学校、九江医学高等专科学校和九江教育学院的基础上，合并组建了九江学院。作为扎根于庐山脚下的唯一一所综合性本科院校，九江学院理应承担传承和发扬传统文化的使命；正是这种使命感，促成了九江学院提升办学品位、形成文化品牌的自觉要求。

大学人文精神的培育，是高校办学的基本目标之一；在高等教育大众化的背景中，它能有效地促进高校从规模扩张转变为内涵建设，事关高校培育人才的质量。高度重视大学人文精神的培育，也能使一所高校尽快形成自己的办学优势和特色。当然，培育高校的人文精神，既取决于先进的办学理念，也取决于深厚的历史文化根基。而庐山地区丰厚的文化积淀，为九江学院从地方历史文化中汲取养料，深入挖掘和研究地方文化以形成办学特色，提供了优越的基础。

九江学院一贯注重地方历史文化的研究，其中陶渊明研究、周敦颐研究、黄庭坚研究等，在多年来的努力中都已取得了一些有影响的研究成果。特别是《九江学院学报》的“陶渊明研究”专栏，自1984年创立以来，坚持不懈，产生了广泛的影响，被誉为全国“研陶”中心阵地，获得“全国高校学报优秀特色栏目”的殊荣。近几年，我校提出“围绕独特资源山江湖，引领学科建设大发展”的办学理念，对庐山文化的研究给予了重点支持和投入。

九江学院庐山文化研究中心作为江西省普通高校人文社科重点研究基地，一方面通过聚合本校的人文社科研究人员，围绕庐山及赣北的政治、历史、宗教、文化、艺术等方面展开广泛的研究活动；另一方面，积极与地方联合推出系列文化活动，诸如与德安、星子、九江县合作，举办陶渊明国际学术研讨会；与白鹿洞书院合作，进行传统国学讲习和书院文化的研究；与湖口县、瑞昌市、武宁县合作，保护和传承国家首批非物质文化遗产——“湖口青阳腔”、“瑞昌剪纸”、“武宁打鼓歌”等；连续多年与郑州大学、湖南大学联合举办“书院文化之旅”、“千年之辩”等活动，在省内外产生了较大的反响。2008年4月，教育部专家组在对九江学院进行本科教学水平评估时，高度评价了九江学院的办学特色，其中之一就是“积极弘扬以庐山为地标的优秀文化，不断厚实大学人文精神”。

在上述精神的指引下，组织编撰《庐山文化研究丛书》成为九江学院的一项重要举措，具体任务由庐山文化研究中心负责承担。《庐山文化研究丛书》坚持以挖掘庐山及赣北地区的历史文化资源为中心，致力于地域文化与中国传统文化之关系的研究，在全面涵盖庐山文化各个方面的前提下，以下列八个专题为主要的研究内容：

1. 九江历史上重大的政治、军事、经济等事件的研究。如六朝时期在江州发生的重大历史事件、南宋初期在九江发生的军事活动、太平天国九江征战史、民国政治与庐山、毛泽东与庐山等；九江的米市与茶市、近代的开埠、鄱阳湖历史变迁及生态经济研究等。

2. 庐山宗教文化研究。如以东林寺为代表的庐山佛教、以简寂观为代表的庐山道教、以近代庐山为中心的外来宗教等。

3. 庐山书院文化研究。如周敦颐及濂溪书院、朱熹及白鹿洞书院、书院与宋明理学以及儒家思想的基础性研究等。

4. 庐山山水旅游文化研究。如研究谢灵运、李白、白居易、苏轼、徐霞客等众多文人名士游览庐山的佳作；研究近现代庐山旅游文化等。

5. 以陶渊明为代表的庐山隐逸文化研究，陶渊明诗文、生平、思想及文化影响的研究。

6. 地方文化名人及其典籍的系列研究。如黄庭坚、陈寅恪等地方文化名人的研究。

7. 建筑文化的研究，如庐山近代别墅及具有地方特色的建筑风俗研究。

8. 九江地区民风民俗、民间文化的研究。如湖口青阳腔、瑞昌剪纸艺术、武宁打鼓歌等国家级非物质文化遗产的研究。

九江学院的庐山文化研究，具有开放的平台和精诚合作的机制，积极吸纳国内外精英人士参与，并以《庐山文化研究丛书》的形式支持出版他们的研究成果，努力打造具有较好学术创见和研究特色的学术精品。每一部收入《庐山文化研究丛书》的著作，力求具有专题明确、资料丰富、挖掘深入的学术品格，同时兼顾学术性与可读性的特点。

《庐山文化研究丛书》(第一辑)于 2007 年 12 月出版，包括《慧远法师传》《湖口青阳腔》《陶渊明寻阳觅踪》《点击大师的文化基因——庐山新说》《白鹿洞书院艺文新志》五部专著。《庐山文化研究丛书》(第二辑)于 2009 年 8 月出版，包括《庐山文化大观》《庐山文化读本》《瑞昌剪纸》《陶渊明与道家文化》《黄庭坚诗歌传播与接受研究》五部专著。在此基础上，我们继续推出《庐山文化研究丛书》(第三辑)，包括《〈论语〉的公理化诠释》《鄱阳湖地区古城镇的历史变迁》《庐山道教史》《早期庐山佛教研究》《武宁打鼓歌》五部专著。《〈论语〉的公理化诠释》采用公理化方法，以定义、公理、命题的形式，抽绎出《论语》呈逻辑性的思想体系，旨在强化白鹿洞书院的儒家思想研究，为古老的书院注入更多的文化动力，从而为理性地诠释《论语》探索一条新的途径。《鄱阳湖地区古城镇的历史变迁》以鄱阳湖周边（主要是临近庐山的一带）的古城镇为研究对象，既属于庐山文化的研究，也可以策应国务院《鄱阳湖生态经济区规划》的经济发展战略。《庐山道教史》《早期庐山佛教研究》旨在较为完整集中地展现庐山道教、佛教文化的风貌，更加凸显庐山这两种文化的影响力。《武宁打鼓歌》旨在向读者推介国家级非物质文化遗产——武宁打鼓歌的历史面貌和文化特色。从总体上来看，这些专著体现了对庐山文化研究的深入和拓宽。

由于选题严谨，风格鲜明，《庐山文化研究丛书》的第一辑、第二辑出版以来，得到社会各界的广泛认可和赞誉。《庐山文化研究丛书》的编辑出版，将成为九江地方文化建设的一个亮点，成为高校参与地方经济文化建设的一种有益实践；同时也为打造九江学院的人文精神、推动学校的“山江湖”（庐山—长江—鄱阳湖）学科建设奠定厚实的人文基础。而具有丰富的内容、开阔的视野、高远的目标，既显示庐山文化的大气，也显示九江学院的人文境界，永远是《庐山文化研究丛书》的追求。

感谢江西人民出版社对《庐山文化研究丛书》的高度关注和厚爱，同时感谢各位专家学者对九江学院庐山文化研究事业的支持和帮助。我们衷心期待：通过我们的共同努力，一定能够为中华文化的发展增添新的光彩。我们共同期望庐山文化的研究事业如群峰竞秀，跃上葱茏，屹立于长江之滨、鄱湖之畔。

2011年6月1日

目录

第一章

从仙界到人间：商周至隋的庐山道教

第一节　匡俗与商周的庐山传说

庐山文化的出现，与华夏文明的出现是同步的。在书面文献中，我们已很难了解上古时期人们在庐山地区的活动情况，但几十年来庐山周边及江西境内大规模的文物发掘却提供了不少线索。1984 年，在庐山之北的九江县，发掘了神墩遗址，出土各种文化遗物和可复原器物 400 余件，涉及新石器时代晚期和青铜时代的商周时期，前后延续时间达 2000 年之久。1988 年，在庐山西北面的瑞昌县，发现了大型的商周铜矿遗址。此外在庐山西面的德安县和共青城，都发现了商周遗址。更令人惊讶的是 1973 年在江西樟树发掘的吴城文化遗址，其中有商代的龙窟、水井、墓葬、铸铜、回廊式路面、宗教场所等遗迹，出土较完整的石器、陶器、青铜器、玉器、牙雕等 1100 多件，文字和符号 200 个、纹样 40 余种。殷商时期，人口稀少，能够积存这么多遗迹的吴城，无疑是当时华夏大地上的一个“大都市”。

文物记载的历史，是一个信实而残缺的历史；文献记载的历史，是一个虚实交织的历史。两者相互印证，各自承担着自己的任务。

文献中的华夏文明，是从神话传说开始的。神话传说是人类感知与奇山异水相互映射的结果，源于“万物皆有神灵”的认识，是历史、宗教、哲学、文学乃至自然科学的源头。神灵是令人敬畏的,它们具有无穷的威力,变化形式不可捉摸,顺之得福,逆之遭殃。然而不愿意在神灵面前束手无为的古人,一直在努力寻找与神灵沟通的方式。面对无所不在、无时不有的神灵,专门从事人神沟通的人物便应运而生。这些人或被称为"巫师",或被称为"方士",他们引导人们在人神混杂的世界里趋利避害,使人们获得神灵的庇佑,在神灵的虚幻安慰中看到实在的希望。毫无疑问,这些人物及其相关活动,是道教的主要源头。

殷商时期,人类在庐山周边繁衍生息,神灵崇拜非常兴盛,神话传说在这里不断产生。在这种文化环境中,掌握神术的人物也就出现了。《历世真仙体道通鉴》卷三引《庐山名贤传》云:

> 彭铿曾过彭蠡之滨,造其名岳,今庐山是也。遍游洞府,以窥圣迹,已而把钓于台上,双鲤化为双龙,冲天而去。或云今江滨有钓鱼台,本彭祖遗迹也①。

彭铿即彭祖。据古代传说,彭祖是颛顼的玄孙,精于养生,历经唐虞夏商等代,活了八百多岁。而《史记·楚世家》记载:"彭祖氏,殷之时尝为侯伯,殷之末世灭彭祖氏。"因此彭祖实际上是一个氏族。清人孔广森注《列子·力命篇》云:"彭祖者,彭姓之祖也。彭姓诸国:大彭、豕韦、诸稽。大彭历事虞夏,于商为伯,武丁之世灭之,故曰彭祖八百岁,谓彭国八百年而亡,非实箓不死也。"但历代对

---

①本书引用《历世真仙体道通鉴》据《道藏要籍选刊》第6册,上海古籍出版社,1989年。

彭祖善于养生一事并无异词，如《庄子·刻意》说他擅长导引养形，《楚辞·天问》说他善于食疗等。彭祖曾在夏商周文化兴盛的江西境内活动，其事并不奇异，过彭蠡湖，登庐山，自在情理之中。“双鲤化为双龙”，说明彭祖也喜欢使用“神术”。南朝宋刘敬叔《异苑》记载：

> 钓矶山者，陶侃尝钓于此，山下水中得一织梭，还挂壁上。有顷，雷雨，梭变成赤龙，从空而去。其山石上犹有侃迹存焉。

钓矶山在鄱阳湖边，现由都昌县管辖，旧志载有“陶侯钓矶”的胜迹。这个陶侃钓鱼的故事，与彭祖钓鱼的故事极为相似，只不过把鲤鱼换成了织梭而已。可以想见，这种“神术”一直流传到了两晋时期。“彭蠡湖”之名，早已不知来历，后人有多种说法。笔者以为，“彭蠡湖”之名与彭祖这个故事是相关的，“彭”指彭祖，“蠡”通“鲤”，称“彭蠡湖”，即“彭祖钓鲤鱼的湖”。

庐山，又名匡山、匡庐，关于其来历，说法不一，颇难确定。

明朝廖用贤《尚友录》卷十一载：“匡，晋阳，商匡句须之后，为鲁匡邑宰，因氏。匡裕，周，字子孝，鲁匡邑宰句须之后，春秋时师柱下老聃。”①《千家姓》：“晋阳族。古有匡国。周武王时，有匡裕（俗）兄弟七人，俱有道术。盖古匡侯之后。”②明朝李日华《紫桃轩

①廖用贤：《尚友录》，《四库存目丛书·子部》第218册，齐鲁书社，1997年，第555页。

②邹华享主编：《湖南家谱解读》，湖南人民出版社，2004年，第115页。

杂缀》引《豫章旧志》曰:“匡俗字君孝,夏禹后裔。”①《左传·成公十七年》:“施氏卜宰,匡句须吉。施氏之宰有百室之邑。与匡句须邑,使为宰,以让鲍国而致邑焉。”这些记载,有不少相互矛盾和错误之处,但仍提供了不少信息。综合辨析之,匡国是一个很古老的诸侯国,发源于晋阳,乃是夏禹的后裔,夏商皆有分封。周武王灭商之后,匡氏在中原亦有分封。但是,被封为匡侯的匡俗,却不愿为官,逃到了庐山,结庐居住,修习方术。匡氏家族一部分跟随匡俗到了庐山脚下,一部分留在中原,嗣后任匡邑宰的匡句须便是中原匡氏的后裔。《水经注》卷三十九引周景式曰:

> 庐山匡俗,字子孝,本东里子,出周武王时,生而神灵,屡逃征聘,庐于此山,时人敬事之。俗后仙化,空庐犹存,弟子睹室悲哀,哭之旦暮,事同乌号。世称庐君,故山取号焉。

匡俗原是东里人,东里在现在的河南新郑县,这里曾是殷商王朝的核心地带,估计匡氏曾助周灭商。庐山因匡氏聚居而得名匡山,又因匡俗结庐而名为庐山,合称匡庐。匡俗去世之后,他的后裔继续在这一带生活,也继承了匡俗的方术,于是就出现了第二个人物即匡续。

南朝齐谢灏《广福观碑》云:

---

①李日华:《紫桃轩杂缀》卷二,《四库存目丛书·子部》第108册,齐鲁书社,1997年,第21页。

谨按古《浔阳[1]记》，先生名续，字子希，周时师柱下史老聃，得久视之道，结茅于南障虎溪之上，修炼七百年，定王尝问柱下史伯阳父，方今神仙之在世者。伯阳父举五岳诸仙以对，先生其一也。王召之，先生不见。后二百载，威烈王复遣使以安车迓之，未至之二日，白日轻举，使者访其隐所，仅有草庐焉。回奏，因命南障山为靖庐山，邦人以先生姓呼匡山，又曰匡阜。至今其乡若社，因先生而命名虎溪[2]。

匡续为匡俗之后，隐居之地在东林寺旁边的虎溪，拜老子为师，老子亦向周定王介绍匡续为当时神仙。说匡续“修炼七百年”，正如说彭祖活了八百岁，其实是一个家族的事，等于说匡氏家族世代相传在庐山修炼了七百年。《庐山纪事》引古《浔阳记》亦云：“匡续者，老子之弟子。”[3]老子的生卒年不可知。根据古代典籍记载，孔子（前551—前479）曾经向老子问道。老子在周定王时期传道于匡续，后来又传学问于孔子，时间上并不矛盾。假设周定王末年（前586）时老子30岁，则到孔子20岁时（前531），老子也不过85岁，完全有可能尚存于世。

《庐山纪事》引《九微志》云：“周武王时，方辅先生与老聃骑白驴入山，修丹得道，仙去，唯庐存，故名庐山。”《九微志》是一种早期道经，论列道家洞天，南朝梁任昉《述异记》曾提到此书。另据张僧

①浔阳，古作“潯阳”，本书不作区分，统一为“浔阳”。

②吴宗慈：《庐山金石汇考》卷上，《庐山志副刊》之一，民国二十三年（1934）刊印本。

③桑乔：《庐山纪事》，《豫章丛书·史部三》，江西教育出版社，2002年，第583页。

鉴《浔阳记》,庐山有青牛谷,在五老峰下,传云:“老君隐佚之所”,故号青牛谷①。根据这些传说,可知老子曾经在庐山隐居,留下青牛谷的传说;而方辅先生或者就是匡续。但说老子是周武王时人,显然不可信。

据《历世真仙体道通鉴》卷十,匡续有两位高徒,“一号白鹿真人,一号洪子真。今庐山有炼丹洪井、白鹿洞,是其遗迹”。他的神仙方术,得到后世道教的崇拜,匡续所居住的虎溪被列为三十六福地之一,又传说上帝让他掌管吴楚水旱以及人间瘟疫,所以民间称之为“和温康(匡)阜先生”。元封元年(前110),汉武帝南巡,登天柱山,射蛟浔阳江中,问左右是哪位神仙主管庐山,博士刘歆奏曰:“匡续先生得道于此。”汉武帝于是封匡续先生为南极大明公,命立祠庙于虎溪,列于祀典。东晋时,慧远来到虎溪,爱此溪山之胜,对江州刺史桓伊说:“昨梦匡先生愿舍祠为寺。”桓伊从之,于是在这里兴建东、西二林寺,匡续的祠庙被迁移到山口之“乾维”即西北方。唐玄宗开元年间,重加兴建。天宝初年,唐玄宗遣人祭祀,尊为“仙庙”,乡人每逢水旱瘟疫,照例到这里祈祷。南唐保大年间,相国周宗为江州节度使,看见祠庙残破,再为兴建,召道士阙元隐主持香火,还给了一处田庄。宋英宗治平年间,赐名为寿圣观,“行郊祀,降祝版,州遣贰车酌献,永为彝典。”宋徽宗建中靖国元年(1101),加封匡续为靖明真人。宋高宗绍兴三十二年(1162),赵构退位后居住德寿殿,为避德寿殿称号,复名为广福观(此时庙已残毁,但祭祀未绝)。据元朝程钜夫《庐山重建广福观碑》记,南宋建炎年间,广

①晏殊:《类要》卷一,《四库存目丛书·子部》第166册,齐鲁书社,1997年,第179页。

福观毁于李成之乱，五十余年后，道士王大成始建正殿，徒孙元道略加修饰，只能做到“苟备栖息”而已。元成宗大德十一年（1307），提举观事陈启宗与知观事王德修大兴土木，进行扩建，这才呈现了“高明洞深”的气象①。

周定王时期的匡续去世之后，匡氏家族仍在庐山一带生活。在春秋、战国时期，庐山周边名义上依次属于吴、越、楚管辖而实际上一直处于边缘地带，置身于“春秋争霸”“战国争雄”的政治、军事旋涡之外。秦朝一统天下时，大将王翦南征百越，这里第一次遭受了巨大的战祸，在此地生活近千年的匡氏家族必然不甘心被蹂躏，为此遭到沉重打击；虽然不得不臣服，但他们对秦朝是怀有仇恨的。因此，在秦末天下大乱时，就有了庐俗的父亲东野王协助西汉取天下的事。《水经注》卷三十九引《豫章旧志》曰：

> 庐俗，字君孝，本姓匡，父东野王，共鄱阳令吴芮佐汉定天下而亡。汉封俗于鄡阳，曰越庐君。俗兄弟七人，皆好道术，遂寓精于宫庭之山，故世谓之庐山。汉武帝南巡，睹山以为神灵，封俗大明公。

明朝李日华《紫桃轩杂缀》卷二所引的这段文字有所不同：

> 《豫章旧志》曰：匡俗字君孝，夏禹后裔，东野王之子。秦末，百越君与吴芮助汉定天下，野王亡军中。汉八年，封

①李修生等：《全元文》第16册，江苏古籍出版社，1998年，第288页。

俗鄡(当作鄡)阳男,食邑兹郡,因曰越庐君,俗兄弟七人皆好道术,遂寓于洞(当作宫)庭之山,故世谓之庐山。

综合看来,庐俗本姓匡,但不叫匡俗。庐山脚下这些古匡侯的后裔,因为匡俗之庐的缘故,早已经改姓为庐了,庐姓后来演变成为卢姓的一支。庐俗的父亲在秦朝虽然被封为东野王,但已经属于百越君长之一,变成了土著民族。据《汉书》记载,"吴芮,秦时番阳令也,甚得江湖间民心,号曰番君",后被汉高祖封为长沙王。庐俗的父亲随鄱阳令吴芮佐汉,在军中阵亡,汉高祖八年(前199),庐俗被封为鄡阳男,食邑鄱阳湖脚下的鄡阳。人们称他为越庐君。越庐君的意思是"百越人姓庐的君主"。庐俗与他的祖先一样,酷爱道术,兄弟七人同入庐山修炼,也许这是因为在短短数十年间,经历过两次王朝兴废、饱受战祸之苦的缘故。如此一来,匡氏家族作为一股地方势力便宣告瓦解,其家族的历史也逐渐被人淡忘。而数百年之后,庐俗的食邑鄡阳县城沉入鄱阳湖中,只残余部分陆地(属于今都昌县),致使匡氏家族的历史彻底失去了承载,变得更加模糊了。

在庐山一带,有关于周康王的传说。《述异记》云:

庐山上有康王谷,北岭有一城,号为钊城。天每欲雨,辄闻山上鼓角笳箫之声,声渐至城,而风雨晦合,村人以为常候。传云此周康王之城,康王爱奇好异,巡历名山,不远而至。城中每得古器、大鼎,及弓、弩、金之属,知非常人之所处也。而山有“康王”之号，城又以“钊”为称，斯言将有征①。

康王谷在庐山西部，康王即周康王钊，西周第三任君主，成王之子。《史记·周本纪》记载，康王即位之初，在召公、毕公辅佐之下，遍告诸侯，继续推行成王的政策，进一步加强统治，先后平定东夷大反，北征略地，西伐鬼方。《小盂鼎》铭文记载他征讨鬼方，斩获众多，仅俘虏就有上万。之后出现了“刑错四十余年不用”的“成康之治”。史书上对周康王的记载不多，各地关于他的传说也很少，因此康王庙的传说，颇足珍贵。又古本《竹书纪年》云：“康王十六年，南巡狩，至九江庐山。”《庐山志》记载仰天坪有周王城，看来康王谷的传说是有根据的。据情理推测，周康王南征到九江，很可能把康王谷口作为一个军事基地，这里背靠深谷大山，到长江、鄱阳湖都十分便利，况且在瑞昌的铜矿可以提供充足的兵器，而鄱阳湖平原可以提供充足的军粮。爱奇好异的周康王，在征战之暇，也就登上庐山，寻访异人和神仙踪迹，给后世留下了康王谷、周王城的传说。周康王南征时，匡氏家族到庐山的时间不长，与当地土著的冲突时有发生，因此他们对周康王南征是欢迎的，也应当提供过帮助。

关于康王谷，还有一种传说。《历世真仙体道通鉴》卷十：

楚康王未见名，本怀王之后也。素有贤行服众，故国人立之。秦始皇吞并六国，为三十六郡，康王穷蹙，乃逃奔

①鲁迅：《古小说钩沉》，《鲁迅辑录古籍丛编》，人民文学出版社，1999年，第281页。

> 于庐山,遂入山东南深谷以避难。于是潜祷于山神,冀有阴助。时将军王翦领兵至谷口,见烟雾蒙霾,雷雨暴集,洞壑涌溢,不辨道路,翦始惧,退师,康王得免。遥见人马之迹,其去甚速。今山侧有马到岭是也。康王乃叹曰:"昔舜南巡不返,吾得隐庐山,老林泉,足矣。"愈入深谷,不复出。久之,遇异人得道。后人入山,时有见之者。顾其举动异常,问之,得其仿佛,或自言其名氏。梁大同初,乃立观其侧,武帝诏为康王观①。

说楚康王本为楚怀王之子,秦灭楚时,因逃避追击,遁入谷中,后来遇见异人,修道于此。如此康王谷的"康王"又成了"楚康王"。关于这一点,后人争执不休,反对者以为楚康王是春秋时楚国君主(前559年—前545年在位),离王翦灭楚(前223)有三百多年,两人根本沾不上边。楚怀王是战国时楚国君主,死于公元前296年,乃是楚康王的后裔,不可能是楚康王的父亲。而楚国最后一位君主负刍是在寿春(在今安徽寿县)被俘虏的,与庐山无关。《历世真仙体道通鉴》卷十引戴师愈赞则曰:"康王昭之后,复有康王,固无足怪,偶太史公不之载尔",力陈这个楚康王是另一位楚康王,史传失载,但并非虚构。一个周康王与两个楚康王缠夹不清,令后人无所适从。

事实上,康王谷又叫匡王谷,吴宗慈《庐山志》尚记载有这一名

①相似记载亦见《太平御览》卷五十四引《浔阳记》、《太平寰宇记》卷一百一十一、《舆地纪胜》卷二十五、《读史方舆纪要》卷八十三、《古今图书集成》第129册,正德《南康府志》、同治《星子县志》。

字。前文提到，匡氏家族久居庐山，匡王谷亦当与之有关。庐俗的父亲既然有能力起兵跟随鄱阳令吴芮佐汉平天下，则必然有相当强的实力。秦朝时庐俗的父亲被封为东野王，也说明匡氏家族是地方的豪强。在战国末年，庐山一带名义上已经属于楚地，可以推测楚国灭亡时，匡氏家族曾经起兵反抗，遭到秦军打击，遂有匡王逃入康王谷之事，也就有人把这里叫做匡王谷。据《史记·王翦列传》记载，“岁馀，虏荆王负刍，竟平荆地为郡县。因南征百越之君”。王翦灭楚之后，又率兵南征百越，取得胜利，而匡氏家族的君长恰好是百越君长之一。他是匡氏之君长，当然可称为“匡王”；他是楚国的臣属，也就可以称为“楚匡王”；而匡、康音近，讹为楚康王并不奇怪。匡王谷是后起的名字，不如康王谷影响大，所以不大流行也很好理解。如此一来，两个故事皆有真实的历史依据了。

康王谷的传说出现之后，这一带陆续不断有道士活动，出现了康王庙、康王观等建筑。

秦朝末年，有三位将军来到庐山修道。据《历世真仙体道通鉴》卷十记载，唐建威、李德殳、宋云刁三人是秦国将军，秦始皇时有大功于国，爵位尊崇。秦朝末年，看见朝政败坏，天下大乱，便相与谋曰：“时势去矣，英雄起矣，方今小人满朝，正言不用，王道失序，政事乖错，不早为之所，吾徒其鱼肉矣。”于是弃官而去，当时有名宦十人，亦皆正人君子，相率跟随而行。此十三人访名山，入烟萝，学道术，义无反顾：

遂经庐山之阳，至紫霄峰下，爱其山水之胜，三人欲遂栖焉。十人曰：“不然，初志归群玉洞府，岂可中道而废。”

言讫未行,一夕雷电奄至,洪流泛涌。旦视庐舍,左右化成二溪,溪中盘石上有玉简天篆,云:"神化灵溪,金简标题。真人受真,玉洞潜栖。"十人莫知所往,三武士遂栖于溪侧,种桃茹芝为养真之具。建威曰:"当惠以施贫。"德殳曰:"当药以济病。"云刁曰:"当言以涤迷。"异术同功,而远近蒙其福。久之,但见祥云游空,双鹤飞舞,自是三人得道仙去矣。后人指其居曰三将军洞,而置祠焉。至汉武帝时,赐名灵溪观。

明郭子章《豫章诗话》称"此箓为豫章玄教之祖",未必可靠,但他们或以方术治病救人,或以方术赈济百姓,这在当时是很常见的。

在中古以前,庐山及周边地区有很多土著民族,史书中所云的"三苗""百越""山越""僚人"等,都曾经在这里生息过。他们惯用的"巫术",也是道教的一种源头。如《搜神后记》卷四记载:

魏时,浔阳县北山中蛮人有术,能使人化作虎。毛色爪牙,悉如真虎。乡人周眕有一奴,使入山伐薪。奴有妇及妹,亦与俱行。既至山,奴语二人云:"汝且上高树,视我所为。"如其言。既而入草,须臾,见一大黄斑虎从草中出,奋迅吼唤,甚可畏怖。二人大骇。良久还草中,少时,复还为人,语二人云:"归家慎勿道。"后遂向等辈说之。周寻得知,乃以醇酒饮之,令熟醉。使人解其衣服及身体,事事详悉,了无他异。唯于髻发中得一纸,画作大虎,虎边有符,周密取录之。奴既醒,唤问之。见事已露,遂具说本末

> 云:"先尝于蛮中告籴,有蛮师云有此术,乃以三尺布,数升米糈,一赤雄鸡,一升酒,授得此法。"

这个浔阳人学得的使人化虎术,类似于巫术,得于蛮师,与一般道士的神术无关。在《晋书·四夷列传》中,东北诸族称为"东夷",西北、北边诸族称为"戎狄",西南诸族才称为"南蛮",所以蛮中应指西南一带。《晋书·四夷列传》说:"南蛮,林邑、扶南。"又记载,日南西卷县夷帅范椎之奴名为文者,"尝牧牛涧中,获二鲤鱼,化成铁,用以为刀。刀成,乃对大石嶂而咒之曰:'鲤鱼变化,冶成双刀,石嶂破者,是有神灵。'进斫之,石即瓦解。文知其神,乃怀之。"这种法术,多半也是巫术的一种。

第二节 神术与汉晋的庐山道教

东汉时期,道教正式产生,这时期庐山就有道士活动。按《南齐书·祥瑞志》云:

> 建元元年四月,有司奏:"延陵令戴景度称,所领季子庙,旧有涌井二所,庙祝列云旧井北忽闻金石声,即掘,深三尺,得沸泉。其东忽有声铮铮,又掘得泉,沸涌若浪。泉中得一银木简,长一尺,广二寸,隐起文曰:'庐山道人张陵再拜谒诣起居。'简木坚白而字色黄。"谨案《瑞应图》:"浪井不凿自成,王者清静,则仙人主之。"《孔氏世录》云:"叶精帝道,孔书明巧,当在张陵。"宋均注云:"张陵佐封禅。

一云陵，仙人也。”

元朝俞希鲁《至顺镇江志》记载延陵有沸井四处，二清二浊，在季子庙前。唐朝上柱国高绍记云：“按顾野王《舆地志》，庙前有沸井四所，庙后旧有沸井二所，不详何时所开。”①延陵季子庙由来已久，这里的沸井不知开挖于何时，南齐时延陵县令戴景度重开，得庐山道士张陵木简，以为祥瑞，故而报告给朝廷。《南齐书·豫章文献王萧嶷列传》记载，建元元年(479)，“遣嶷拜陵，还过延陵季子庙，观沸井，有水牛突部伍，直兵执牛推问，不许，取绢一匹横系牛角，放归其家。”也提到了沸井。唐朝段成式撰《酉阳杂俎》，亦将延陵沸井发现庐山道人张陵木简之事收入，内容相同。叶至明《庐山道教初编》说：“据此，庐山乃张陵悟道首善之区，是道教的真正发祥之地。”②可备一说。不过天师道创始人张陵(张道陵)的生平颇为模糊，现存资料均未记载他曾在庐山修炼。明代四十二代天师张正常《汉天师世家》叙张道陵于建初五年(80)征为太傅、冀县侯，三诏不就，游淮，居桐柏太平山，独与弟子王长从淮入鄱阳，登乐平云子峰，炼丹其间，后来又到龙虎山。既经鄱阳，当过庐山，或许期间曾在庐山修炼。

《仙苑编珠》卷下：

刘纲者，上虞县令也，与妻樊夫人俱得道衍。二人俱坐床上，纲作火烧屋从东边起，夫人作雨从西边上，火灭。

①俞希鲁：《至顺镇江志》，江苏古籍出版社，1988年，第306页。
②叶至明：《庐山道教初编》，华文出版社，2000年，第5页。

光绪《江西通志》记载：

> 刘纲，汉时仙官，谪居莲花峰下，奉章上帝救德化县令张某之死。又云上虞县令也，与妻樊夫人俱得道术，二人俱坐床上，纲作火烧屋，从东边起，夫人作雨，从西边上，火灭（《仙苑编珠》注。谨按《太平广记》：刘纲官上虞令，其所救则德化令也）①。

刘纲当是东汉时人，曾官上虞令，谪居庐山莲花峰下，以道术救德化令（应作浔阳令或柴桑令）。他奏章上帝救人，作法驱使水火，这种方术，东汉末葛玄及两晋时吴猛等人屡屡使用。《太平广记》卷六十载其妻在唐朝贞元中又曾出现，或为唐朝人亦未可知。

《齐民要术》卷十引《列异传》：

> 袁本初时，有神出河东，号度索君，人共立庙。兖州苏氏母病往祷，见一人，着白单衣，高冠，冠似鱼头，谓度索君曰："昔临庐山下共食白李，未久已三千年。日月易得，使人怅然！"去后，度索君曰："此南海君也。"

袁本初即袁绍，死于建安七年（202），时三国尚未形成。因此这位度索君，乃是东汉末年在庐山活动过的道士。

三国时期，孙坚、孙策、孙权在江东建立东吴政权，对道教十分

---

①（光绪）《江西通志》卷一百八十，《续修四库全书》第610册，齐鲁书社，1996年，第540页。

尊崇。《洞仙传》记载当时有琅琊人于吉,祖传有道术,自称得神书百余卷,号曰《太平青箓书》。孙策招致军中,经常叫他占卜以决定战事,"每有神验",将士"咸崇仰吉,且先拜吉,后朝策"。孙策忌而杀之,次日往视其尸,却已不见。于吉死后,"世中犹有事于君道者"。

孙吴统治者特别迷信占卜术,这一风气也影响到庐山地区。《艺文类聚》引东晋张僧鉴《浔阳记》:

> 湓城,灌婴所筑。孙权经此城,自标井地,令人掘之,正得故井。铭云:"汉六年,颍阴侯所开。云三百年当塞,塞后不满百年,当为应运者所开。"权欣悦,以为己瑞。井甚深,大江中风浪,此井辄动①。

在井里挖出预兆未来的铭文,这是两汉术士惯用的伎俩。湓城即九江市最早的城区,孙权在此经营时,利用方术制造了一个神话,旨在说明自已为王乃是神灵所决定的。

孙吴政权灭亡三十年后,东晋政权即告建立。这时庐山地区的道教活动主要有两种,一种是运用各种占卜术预测人事,一种是运用道术治病养生,为此产生了不少故事。

东晋时位至都督八州诸军事、大司马、被封为长沙公的名臣陶侃,其父陶丹孙吴时为扬武将军、太子舍人,封柴桑侯,吴国灭亡后即去世,葬于柴桑。陶侃显然深受东吴文化的影响,对道教占卜术

①欧阳询:《艺文类聚》卷九,上海古籍出版社,1965年,第178页。

十分崇信，涉及看相、占梦、卜葬等众多形式。如《异苑》卷四：

陶侃左手有文，直达中指，上横节便止。有相者师圭谓侃曰："君左手中指有竖理，若彻于上，位在无极。"侃以针挑令彻，血流弹壁，乃作公字。又取纸裹，公迹愈明①。

《异苑》卷五又记载他父亲去世时，有一个异人登门拜访，临走时说："吾是王子晋，君有巨相，故来相看。"说完披上仙羽，飞升而去。王子晋即周灵王的太子王子乔，庐山周边的瑞昌县赤颜山、德安县小昆仑山皆有王子乔的遗迹，以理推测，大多是当时道士伪托。又《异苑》卷七：

陶侃梦生八翼，飞翔冲天，见天门九重，已入其八，唯一门不得进，以翼搏天。阍者以杖击之，因堕地，折其左翼。惊悟，左腋犹痛。其后都督八州，威果震主，潜有窥拟之志，每忆折翼之祥，抑心而止。

这个故事又见于《晋书·陶侃传》，其主旨是表现古老的占梦术。

《太平御览》卷五百五十九引晋祖台之《志怪》云：

陶侃微时遭大丧葬，家贫，亲自营砖。有班特牛，专以

①刘敬叔：《异苑》，《汉魏六朝笔记小说大观》，上海古籍出版社，1999 年，第 660 页。

> 载致[1]，忽然失去，便自寻觅。道中逢一老公，便举手指云："向于岗上见一牛，眠山洿中，必是君牛。眠处便好，可作墓安坟，则致极贵，小下当位极人臣[2]，世为方岳。"又指一山，云："此好，但不如下，当世有刺史[3]。"言讫便不复见。太尉之葬如其言。侃指别山与周访家，则并世刺史矣。

这个故事表现了当时流行的卜葬术。《晋书·郭璞传》："璞以母忧去职，卜葬地于暨阳，去水百步许。人以近水为言，璞曰：'当即为陆矣。'其后沙涨，去墓数十里皆为桑田。"相传为郭璞所作的《葬书》，对这一套理论有集中的描述。

东晋时，江州地区阴阳灾异之说十分盛行，也对道教的发展起到了推波助澜的作用。在史书以及笔记小说中，此类记载颇为常见。如《晋书·五行志》记载："成帝咸和四年十月，柴桑庐山西北崖崩。十二月，刘胤为郭默所杀。"其原理见《晋书·五行志》所引的京房《易传》："小人剥庐，厥妖山崩，兹谓阴乘阳，弱胜强。"又如《述异记》云：

> 浔阳柴桑县城，晋永和中，有童谣呼为"平石城。"时人佥谓平灭石之征也。后桓玄篡位，晋帝为平固王，恭帝为石阳公，俱迁于此城。

---

①《杂鬼神志怪》作"砖以载致"，宜从。

②"小下当位极人臣"，《杂鬼神志怪》作"小复不当，位极人臣"，宜从。

③"此好，但不如下，当世有刺史"，《杂鬼神志怪》作"此山亦好，但不如向耳，亦当世出刺史耳"，宜从。

《宋书·五行志》引《五行传》曰:“言之不从,是谓不乂。厥咎僭……厥极忧。时则有诗妖,时则有介虫之孽,时则有犬祸,时则有口舌之痾,时则有白眚、白祥。”上面这个故事,就是这种理论的注解。又如《幽明录》记载:

> 庐山自南行十余里,有鸡山,山有石鸡,冠距如生。道士李镇于此下住,常宝玩之。鸡一日忽摧毁,镇告人曰:“鸡忽如此,吾其终乎?”因与知故诀别,后月余遂卒。

这个故事乃是晋宋之间的庐山道士编造的。干宝《搜神记》卷十五:“苟禀此气,必有此形;苟有此形,必生此性……应变而动,是为顺常;苟错其方,则为妖眚。”其意是事物一旦改变了原来的性质,就是一种妖异,预兆不好的事情即将发生。

三国两晋时期风靡一时的占卜术及阴阳灾异之说,在现代人看来不过都是迷信。它们在庐山道教的发展过程中,也没有成为主流。从理论上来说,道教从一开始就具有一种积极的色彩,因为道士进行“人神沟通”,其目的是让神灵为人类服务,曲折反映了人类改造自然、利用自然的愿望。然而,占卜术及阴阳灾异之说体现了人类在神灵面前的软弱无力,人们在神灵规定的“宿命”面前只能屈从而不能反抗,这与人类改造自然、利用自然的天性是矛盾的,因而不能成为道教的主流。当然,君王权贵是喜欢这种“宿命”的,因为神灵给予他们的权力、地位和财富实在是太多,如果真的一成不变,他们肯定会高兴得手舞足蹈。东晋前期以占卜著称的郭璞,就始终周旋于君王权贵之间。对于平民百姓来说,神灵所规定的东西实在太少,无论占卜术有多么灵验,显示的结果也只能让他们惆怅叹息而已;更何况这种灵验本来就是虚构的。因此,在平民百姓中间,最盛行的道教活动并不是占卜术,而是与日常活动密切相关的道术、神术,如以符箓咒语等形式治病救人,起死回生,抗旱止雨,驱龙斩蛟,搬石运水等,它们在荒诞的形式中多少也给人们带来了一些好处。

三国两晋之时,道士葛玄曾在庐山地区活动。据《搜神记》卷一记载,葛玄能"嗽口中饭,尽变大蜂数百""又指虾蟆及诸行虫燕雀之属,使舞,应节如人。冬为客设生瓜枣,夏致冰雪。又以数十钱使人散投井中,玄以一器于井上呼之,钱一一飞从井出"。著名的神仙道教派人物葛洪也曾在江州活动,他除了炼丹,也会道术。《太平寰宇记》卷一百一十一"德安县"条记载:"葛洪山,在县北十里,其山与涌泉观不遥,盖葛仙尝游此,乃名焉。""石泉碑,在县北四十里葛洪山。洪见田有蛭,为书符箓于石,置之田畔,蛭遂不生。"

天师道以符水治病之术,在江州也颇为流行。《册府元龟》卷八百二十二《总录部》:

> 羊欣素好黄老,尝手自书章,有病不服药,饮符水而已。位至浔阳太守。

羊欣(370—442),字敬元,泰山郡南城(今山东费县)人,晋宋时著名书法家。《宋书》有传,也有类似的记载,但不云曾任浔阳太守。当时有浔阳郡,说羊欣任太守或有所据。符水驱病是东晋道教的一个重要内容,如《三洞珠囊》卷一引《道学传》卷十六说:"殷仲堪者,陈郡人也。为太子中庶子,少奉天师道,受治及正一,精心事法,不吝财贿,家有疾病,躬为章符,往往有应。乡人及左右或请之,时行周济,弘益不少也。”羊欣的饮符水治病,属于天师道的一种符箓之术,天师道认为生病是恶鬼所害,便画符念咒驱赶之。如陶弘景辑、李淳风注的《太上赤文洞神三箓》中就记载有“行病符”。当时世家大族,多学此术以养生;民间道士则致意救治,在荒诞的符箓中,往往夹杂有一些治病的秘方,也能取得一些实际的医治效果,能赢得普通百姓的好感。

盛元等《南康府志》卷七记载有“玉京观,在玉京山顶,晋道士黄远智建。”[①]还有《历世真仙体道通鉴后集》卷五记载的文女真:“庐山青霞观后有石名黄龙,云文女真跨黄龙升天,因得名焉。又有文女真升仙台,其世代名字事迹不详,或云惠通,晋人。”黄远智、文女真应该是炼丹道士。这些道士热衷于服食养生,炼丹修仙,自成一个派别。

据《晋书》本传、《三洞珠囊》卷三,陶淡(? —374),东晋道士,一作陶炎,字处静,一云字爱静,庐江浔阳人。他喜好导养之术,年十五六,便服食绝谷,不婚娶。亦颇好读《易》,善卜筮。于长沙临湘山中结庐居之,养一白鹿以自随。后徙罗县埤山中,终身不返,于宁康二年(374)四月八日飞升。

从现存的资料来看,东晋时庐山醉心于采药求长生的人,为数甚多。如《述异记》云:

---

①盛元等:《南康府志》,台湾成文出版社,1970年,第11页。

昔有人发庐山采松，闻人语云："此未可取。"此人寻声而上，见一异华，形甚可爱，其香非常，知是神异，因掇而服之，得寿三百岁也。

松柏可以延年益寿，道士常采之服食。葛洪《抱朴子》卷十一《仙药》："仙药之上者丹砂，次则黄金，次则白银，次则诸芝……次则松柏脂、茯苓、地黄、麦门冬。"《太平寰宇记》卷一百一十一记载庐山"又有紫芝田四十亩，尝有二仙童采芝，人若逐之，但闻呼曰：'猖客，若寻芝草！'寂无见"。这是到庐山上采灵芝服食。又如《冥祥记》：

晋庐山七岭，同会于东，共成峰崿。其崖穷绝，莫有升者。晋太元中，豫章太守范宁，将起学馆，遣人伐材其山。见人着沙门服，凌虚直上。既至，则回身踞其峰；良久，乃兴云气，俱灭。时有采药数人，皆共瞻睹。能文之士，咸为之兴。

这个人已经"修炼成仙"，可以腾云驾雾。《艺文类聚》卷七十八《灵异部》引东晋湛方生《庐山神仙诗序》曰："浔阳有庐山者……太元十一年，有樵采之阳者，于时鲜霞褰林，倾晖映岫，见一沙门，披法服，独在岩中。俄顷振裳挥锡，凌崖直上，排丹霄而轻举，起九折而一指，既白云之可乘，何帝乡之足远哉。"两则故事所述，实为同一个人，两人皆着沙门服装，也都能腾云驾雾。因此，范宁伐树，事在太元十一年(386)，司马道子于太元十年(385)进位丞相，专擅朝政，时范宁的外甥谄事司马道子，进言排挤范宁，故范宁求补豫章太守。

除了治病、服食，神仙道教倡导的存思法在江州也颇为流行。《宣验记》云：

> 程德度，武昌人。昔在浔阳，夜见屋里自明。先有燕窠，忽有小儿，长尺余，洁白，从窠中出，至床前曰："却后三年，当得长生之道。"寻暗而灭。甚秘密之。

这个故事体现的是道教存思功夫。《三洞珠囊》卷五《坐忘精思品》引《道学传》第二："张天师周流五岳，精思积感，真降道成，号曰天师。"存思的大致方法是在安静之处，焚香静坐，忘却一切有关自身以及人世的感觉，然后致力于想象仙真世界，如日月星辰、天地之气、各种神灵等，在感觉上让自身与神仙世界融为一体，最终达到成仙的目的。《三洞珠囊》卷五引《太一金真记》云：

> 昔有裴君，止于崆峒山，修行精思。一年之中，仿佛形象；二年之中，五帝乘日形见，在君左右；三年之中，终日语笑戏乐；五年之中，五帝日君遂与裴君骖乘飞龙之车……于是与五帝日君，日日而游此。

致力于精思，一年就可以感觉到神灵的存在，两年就可以让神灵出现在左右，三年就可以终日与神灵笑语，五年就可以随神灵游历天界去了。《宣验记》所说的程德度，就是一个在浔阳修炼存思法的道士，存思的最后结果是看见神光满屋，有仙人来授予长生的秘方。

早期的庐山道士，喜欢采用神术，用符箓招致神灵，供人驱使，取得他们所追求的效果。这种方式暗示神灵是可以改变的，比起占卜术给人带来的消极暗示要好得多，也更加为人所欢迎。它们不但衍生出很多奇妙的文学故事，也促进了实用医学、养生学的发展。很多道士如吴猛、董奉等人，就在行法术的同时，兼习医术，探究药方，研制药材，为医学的发展作出了贡献。

当然，法术毕竟是荒诞的。在大量的道教实践活动中，人们逐渐意识到，道教的真正价值，应该体现在精神方面。一方面，道教对伦理道德的发展作出了贡献，如董奉的行善故事，吴猛的孝道故事等；另一方面，道教对心灵健康起到了积极作用。道士在追求长生的过程中，感受到生命的愉快，也消除了心灵的渣滓，恢复了心灵的常态。由于认识水平的逐渐提高，文人阶层的不断介入，庐山道教也就从消极的追求走向积极的追求，从物质的追求走向心灵的追求，在纷繁的现象中，呈现出一个清晰的脉络。

第三节　杏林积德，忠孝立道

三国两晋时期，庐山地区出现了著名道士董奉及吴猛。两人皆擅长神术，但一以医德扬名，一以忠孝扬名，体现了早期道教的道德价值。

一、杏林积德：董奉行医匡庐

东吴至西晋时期，庐山脚下出现了第一位著名道士董奉。葛洪《神仙传》记载说：

董奉者，字君异，侯官县人也。昔吴先主时，有年少作本县长，见君异年三十余……君异在民间仅百年，乃升天，其颜色如年三十时人也①。

据《神仙传》所叙，董奉在吴先主孙权时三十余，寿年接近100岁。五代倪少通《太乙观董真人殿碑铭》说董奉“以晋永嘉元年三月十五日”乘羽驾“竟望天门隐隐而上”，徐知证《庐山太一真人庙记》也说董奉于永嘉元年（307）上升②，据此董奉生于汉献帝建安十四年（209）前后，卒于晋怀帝永嘉元年（307）。

董奉是侯官（今福州市）人，曾周游天下，在很多地方停留，但中年以后主要在庐山居住。

葛洪《神仙传》说吴先主时，有人在侯官做县令，当时董奉三十余岁。五十年之后，此人再次经过侯官，又看到了董奉。可知董奉三十岁以前在家乡，八十多岁的时候，又一度回到侯官。

董奉曾在地肺山（即江苏茅山）修炼授徒，《太平御览》卷六百六十三《道部五》引《道学传》曰：

帛和字仲理，辽东人也。入地肺山，事董奉。奉以行菩撇术法授之，告和曰：“吾道尽此，不能得神丹金砂。周游天下，无山不往，汝今少壮，广求索之。”和乃到西城山事王君。

---

①葛洪：《神仙传》，上海古籍出版社，1990年，第54页。

②吴宗慈：《庐山金石汇考》卷上，《庐山志副刊》之一，民国二十三年（1934）刊印本。

据“汝今少壮”一语,董奉在茅山时年事已高。

明代桑乔《庐山纪事》引《濠州志》云:

> 濠州钟离县有杏山,亦云董奉种杏之处①。

可知董奉亦曾在濠州(今安徽凤阳)逗留并种杏。

董奉还曾在交州(治所在今越南河内)呆过两三年,救治过交州刺史士燮(原作杜燮,《太平御览》引《神仙传》作士燮,按《三国志》有交州刺史士燮的传记,作“士燮”为是)。葛洪《神仙传》云:

> 士燮为交州刺史,得毒病死,已三日,君异时在南方,乃往以三丸药内死人口中,令人举死人头摇而消之,食顷,变开目动手足,颜色渐还,半日中能起坐,遂治。

《神仙传》又说:“君异死,变使人殡埋之,七日,人有从容昌来,见君异,因谢杜侯,好自爱重,变乃开视君异棺中,但见一帛,一面画作人形,一面丹书符。”可知董奉后来以诈死的方式离开了交州。《太平御览》引裴渊《广州记》云:

> 董奉与士燮同处积载,思欲还豫章,燮情拘留,不能免,后乃托以病死矣。燮开棺,乃是茅人②。

---

①桑乔:《庐山纪事》,《豫章丛书·史部三》,江西教育出版社,2002年,第420页。

②王谟:《汉唐地理书钞》,中华书局,1961年,第367页。

《神仙传》亦云“君异后还庐山下居”。因此，董奉到交州之前，早已在庐山居住，在交州逗留大约一年左右，重新回到了庐山。按《三国志·士燮传》，士燮死于226年，故而董奉回到庐山在此之前；直到永嘉元年(307)去世，他在庐山居住了七十多年。《神仙传》又云：“君异每出行，妻不能独住，乃乞一女养之。”综合起来，董奉离开家乡之后，即在庐山定居，数十年间，也时常出游，故而很多地方有他的踪迹。在《神仙传》的叙述中，也可见他居庐山岁月之久，如“县令亲故家，有女为精邪所魅”，董奉为之救治而痊愈，“遂以女妻之，久无儿息……乃乞一女养之，女年十岁”。这段叙述涉及的时间至少有十几年。又说董奉居住庐山，为人治病，不取钱物，但使人种杏，重病痊愈者栽杏五株，轻者一株，“如此数年，计得十万余株，郁然成林”。当时庐山南北人口稀少，仅靠病人种杏能得“十万余株”，可见历时之长。正因如此，《神仙传》所记载的董奉故事，大多发生在庐山。

董奉修炼的道术，为服食养生、驱神使法术之类。葛洪《神仙传》说他八十多岁的时候，容貌与三十多岁时无异，去世时近百岁，颜色依然不改，这或许有些夸张，但也可见董奉养生有道。又说“君异不饮食，唯啖脯枣，多少饮酒”，可知董奉还修炼辟谷术，不吃饭，只吃少许果子，喝一点酒。

葛洪《神仙传》记载的董奉故事，多为神术之类。如他救治交州刺史士燮，除了让病人服药，还制造了一个神异的故事：

> 后四日，乃能语，云死时奄然如梦，见有数十乌衣人来

> 收之,将载露车上去,入大赤门,径以寸狱,狱各一户,户才容一人,以变内一户中,乃以土从外封之,不复见外,恍惚间闻有一人言:"太乙遣使者来召士燮,急开出之!"闻人以铫掘其所居,良久,引出之,见外有车马,赤盖,三人共坐车上,一人持节呼变上车,将还至门而觉。

董奉救活了士燮,却不说这是医术的功劳,而说是以符箓、神术驱使鬼神进入阴曹地府,将士燮召回来的。稍后的吴猛救活西安令干庆,也使用了同样的招数。《神仙传》又说董奉应召来士燮处吃饭,颇为奇异,像鸟一样飞下来:"下楼时忽如飞鸟,便来到座,不觉其下,上楼亦尔。"这一点,亦为吴猛等人继承,据说吴猛能够轻而易举地飞上树梢。董奉在士燮这里逗留许久,欲辞去,士燮不允,于是董奉使用法术,用一块布帛,一面画作人形,一面丹书符,代替自己埋在棺材里,这是当时流行的"尸解"术。

董奉为庐山下人治疗癞病时,使法术招来一只奇怪的动物舔食疮疤,病人说:

> 闻有一物来舔之,痛不可堪,无处不匝,度此物舌当一尺许,其气息大小如牛,竟不知是何物,良久乃去。

裴渊《广州记》记载董奉经过晋兴郡(今广西邕宁)蚺蛇岭,施符敕杀死一条"大百围、长数十丈"的蚺蛇(《事类赋注》引,见王谟《汉唐地理书钞》)。葛洪《神仙传》载"县令亲故家,有女为精邪所魅",这个精邪是一条一丈六尺长的大白蛇,董奉命人杀之。又《说郛》卷六十一引晋张僧鉴《浔阳记》云：

浔阳城东门通大桥，常有蛟为百姓害。董奉疏符沉水中，少顷一蛟死，浮出。

蚺蛇、大白蛇、蛟、“舌当一尺许”的动物，都是硕大无朋的东西，能够把它们杀死或者招来，都只有神灵能够做到，而神灵是董奉画符念咒请来的。裴渊《广州记》还记载董奉经过晋兴郡时，“封一白坩置高崖中而去，人欲取不能得”（《太平御览》引，见王谟《汉唐地理书钞》）。此亦神术之类。

董奉还会求雨，《神仙传》记载：

后常大旱，百谷燋枯，县令丁士彦谓纲纪曰：“董君有道，必能致雨。”乃自赍酒脯见君异，说大旱之意，君异曰：“雨易得耳。”因仰视其屋曰：“贫家屋皆见天，不可以得雨，如何？”县令解其意，因曰：“先生但为祈雨，当为架好屋。”于是明日，士彦自将吏人，乃运竹为起屋，屋成当泥涂，作人掘土取壤，欲取水作泥。君异曰：“不烦运水，日暮自当雨也。”其夜，大雨高下皆足。

当然，令董奉闻名后世的，并不是这些荒诞的神术，而是他的医术。他救活因毒病而死的交州刺史士燮，医治好多年患癞的庐山居民，在庐山又以行医救人为事。可惜，董奉似乎没有什么完整的药方流传下来。元朝危亦林《世医得效方》自序曰：

仆幼而好学，弱冠而业医。重念先世授受之难，由鼻祖自抚而迁于南丰，高祖云仙游学东京，遇董奉二十五世孙京，授以大方脉家，而医道日行①。

《四库提要》云："序中称其高祖遇仙人董奉二十五世孙，传其秘方，虽技术家依托之言，不足深诘，而所载古方至多，皆可以资考据。"明代医家江瓘及其子江应元、江应宿编集的《名医类案》卷十二则称："交州刺史杜燮，中毒药而死。董奉以太乙散和水，沃燮口中，须臾乃苏。"似乎董奉给士燮服用的药丸叫"太乙散"。按古方中有"神授太乙散"，主治"四时气令不正，瘟疫妄行，人多疾病，及阴阳两感，风寒湿痹"。根据这些线索，董奉的药方多少也有流传，只是史料阙载，难以考证罢了。

董奉在行医救人的同时，体现了"救死扶伤"、赈济穷人的高尚道德，这一点对后世影响更大。《神仙传》记载：

君异居山间，为人治病，不取钱物，使人重病愈者，使栽杏五株，轻者一株，如此数年，计得十万余株，郁然成林，而山中百虫群兽，游戏杏下，竟不生草，有如耘治也，于是杏子大熟，君异于杏林下作箄仓，语时人曰："欲买杏者，不须来报，径自取之。"得将谷一器置仓中，即自往取一器杏云。每有一谷少而取杏多者，即有三四头虎噬逐之，此人

①周一谋：《历代史医论医德》，湖南科学技术出版社，1983年，第150页。

怖惧而走，杏即倾覆，虎乃还去，到家量杏，一如谷少。又有人空往偷杏，虎逐之到其家，乃啮之至死，家人知是偷杏，遂送杏还，叩头谢过，死者即活。自是以后，买杏者皆于林中自平量之，不敢有欺者。君异以其所得粮谷赈救贫穷，供给行旅，岁消三千斛，尚余甚多。

这个故事虽然带有神异色彩，但基本事实是可信的。董奉在庐山脚下居住数十年，整日以行医救人为事，且疗效显著。他治病不收钱，病者痊愈之后，只需种植一至五棵杏树。杏树成林挂果之后，董奉又将收获的杏子拿来换粮食，而积存的大部分粮食，皆用来赈灾，这诚然是一件功德无量的好事。在世道纷乱、民不聊生的年代，董奉的故事无疑凝聚了人间的伦理道德，寄托了人们的美好理想，后代遂将"杏林"作为医家之典故，作为医德的象征符号，可见其影响之大。《太平御览》卷六百六十四《道部六》记载董奉"货杏得谷，赈救贫乏，供给行旅不逮者，岁二万馀斛，乃尸解去"。所记载的数字，或许有些夸张，但对于后人来说，这已经不重要了。

对于董奉的品德，后人颂扬有加。如南唐徐知证《庐山太一真人庙记》云：

庐山董真君庙者，即晋永嘉元年真君种杏之坛、上升之地是也。真君讳奉，字君异，闽中侯官县人。其仁也，诱道明而活士燮。其义也，纳屈女而偭胡君。其功也，医贫病而散谷帛。其德也,通元造而垂旱雨[1]。

倪少通《太一观董真人殿碑铭》(并序):

> 托迹混时,行仁布惠。活士燮于交阯,救屈女于柴桑。种杏拯民,苏苗降雨。摄欺(阙)以威虎,归贞信以轻金。验太乙丹符,知非常道;散无功谷帛,远非常名[2]。

仁义功德与贞信,各种美德集于一身,这种褒扬对董奉来说并不过分。又宋朝林洪《山家清供》云:

> 真君粥:杏实去核,候粥熟同煮,可谓真君粥。向游庐山,闻董真君未仙时多种杏,岁稔则以杏易谷,岁歉则以谷贱粜,时得活者甚众,后白日升仙。有诗云:"争似莲花峰下客,种成红杏亦升仙。"岂必专于炼丹服气,苟有功德于人,虽未死而名亦仙矣。因名之。

这里记载的真君粥,提到了杏仁的药用养生价值,可见董奉种杏,兼有养生的目的。林洪[3]说董奉"有功德于人,虽未死而名亦仙矣",可谓精到之论。诚然,笼罩在董奉头上的神异光环,随着岁月

①周绍良:《全唐文新编》卷八百七十,吉林文史出版社,2000年,第10961页。

②董诰等编:《全唐文》,山西教育出版社,2002年,第5710页。

③林洪,字龙发,号可山,南宋泉州(今属福建)人。尝自称著名咏梅诗人林逋七世孙,为人所笑。淳祐间,以诗名。著有《山家清供》《山家清事》《茹草纪事》《文房图赞》等。《山家清供》收于元朝陶宗仪的《说郛》及明朝周履靖的《夷门广牍》中。

的流转,终会淡去;但他那种济世救人的高尚品德,却永远不会过时,也常被后世的庐山道士奉为圭臬,体现了道教文化的积极内涵。

董奉的杏林,在庐山何处,有几种说法。《庐山纪事》引《南康志》说,杏林在南康府西二十五里,在醉石之东;宋人谢景先说紫霄峰乃董奉所居,故而结庐于此;《南康新志》说香泉在五老峰下,下流经过杏林;《九江志》说杏林在莲花峰下。比较数说,当以莲花峰之说为最可靠。五代时徐知证《庐山太一真人庙记》,作于南唐升元六年(942),文章详细记载了董奉祭祀的沿革:

> 天宝元年制下,俾所管载加葺修,以时斋醮。及罹兵火,唯馀颓基。自是之后,乡党取便,迁建于石塘桥。咸通九年,江东牧苗公绅自石塘桥移入山口,且星纪联绵,殿庑残毁,狸踪狐迳,殆不堪其忧。予抚江民之五稔也,爰考图经,得杏坛旧址,靠莲花峰,镇咏真洞。榛芜虽没,林泉可嘉……于是以故陇西郡君李氏妆奁馀物,俾复灵踪。不日旧坛,尽从新制。造大殿三间,堂庑门屋共一十六间,并塑像铜钟供养道具等。以升元三年夏六月闻奏,敕改为太一真人殿。莫不檐楹铄日,金碧射人……雨馀秋槛,练拖九派以前驱。云敛寒空,黛拂五峰而后殿。猿鹤率舞,林麓增辉。

董奉去世后,乡人为之建董真君庙于"杏坛旧址,靠莲花峰,镇咏真洞",即今庐山北面莲花洞一带。后渐趋荒废,到唐朝天宝元年(742),朝廷下令修葺,有道士主持斋醮。又遭兵火,被烧毁,仅存遗址，乡人为方便祭祀，遂把庙迁移到石塘桥（北宋周敦颐所建濂溪书院附近），靠近来往大路。咸通九年（868），江东牧苗绅将它从石塘桥移入山口，又慢慢荒废了。南唐韩王徐知证"抚江民之五稔"，在旧址上兴建了太一真人殿，造大殿三间，堂庑门屋共一十六间，并有塑像、铜钟、供养道具等。

徐知证修复太一真人殿时，主事的道士为倪少通。倪少通《太一观董真人殿碑铭》（并序）云："巨唐天宝初，制下重加葺修，后值世更，屡经兵火。山口半里，额挂卑祠……榛芜隘道，荆棘漫穹，水石乱基，狸鼠交穴……与弟德规，力勤三祀，形忘疲倦，手觉胼胝。乃遇韩王，节镇江城，仁沾野泽，减有馀之俸，助无罄之缘。匠运斧斤，基圆殿宇。"此后到了保大十一载（953），皇帝"遣北苑使董源，支庆王帑藏钱物计三百万，大建仙宫。造四殿五堂，重门诸厦，都一百三十间，正宇塑五十九品真容。莫不山见良材，岩呈异础，工勤商伯，匠巧般输。"再一次扩建，规模极大，房屋多至一百三十间。

五代之后，杏林旧址的道观仍有修建。《永乐大典》引《江州志》：

> 大中祥符观，在莲花峰，本汉仙人董奉馆。唐建太乙宫（天宝初），后迁石塘桥。南唐复建太乙真人殿（保大十二年），本朝锡今额。宣和二年，诰封升真君，修观宇，敕词臣王易简作记。观有丹井、杏轩、仙实堂，真像南唐时塑①。

---

①见《永乐大典方志辑佚》，中华书局，2004年，第1584页。

据王易简记，宣和时有道士王安静，以一己之力购田五顷，以增补岁粮。宋时修复情况是："为大殿四，挟以两轩，重门外列，层坛巍巍，修廊翼翼，塑绘诸仙六十余身。"

从以上叙述来看，莲花峰下的杏林遗址，可以追溯到唐朝前期，而唐朝时建太乙宫，也是在原有基础上进行修葺，以前一直有民间祭祀的祠庙。因此，当以董奉居莲花峰下为近于事实。《神仙传》记载的董奉事迹，多半在东吴时人烟较多的浔阳、柴桑附近，说他隐居人迹罕至的紫霄峰和五老峰下，并不可信；山南的醉石附近，当时也太偏僻。从几处杏林的说法中可以看出，董奉对后世的影响很大，于是就有对他绵延不绝的祭祀；庙址迁徙无常，加上后人的附会，所以各种说法便产生了。而这些不同的说法，恰好说明董奉的精神与品德，永远闪烁在人们的心里。

二、忠孝立道：吴猛开派江州

东晋时期产生了大量关于道士的神奇故事，这些故事说道士有各种神术，能做到凡人所不能做的事，如降龙卧虎、移山驱水、呼风唤雨、请神赶鬼等。按照道士的说法，他们以书写符箓、念咒语的方法，请来相应的神灵帮他们完成各种事情。在庐山及周边众多道士中，以此得名最多的当属吴猛。

《搜神记》卷一云：

吴猛，濮阳人。仕吴，为西安令，因家分宁。

又《搜神后记》卷二：

吴舍人名猛，字世云，有道术。

《老氏圣纪》曰：

吴猛字世云，豫章人也（见《太平御览》卷六百六十六“道部八”引）。

综合各种资料，可知吴猛字世云，濮阳人，吴国后期担任西安（今武宁县）令，可能担任过太子舍人之职。吴国灭亡后落职，因而居住在分宁（今修水县），所以有的资料称他为豫章人（分宁属于豫章郡）。吴猛曾经救治过干宝的兄长西安令干庆，见《搜神记》。后入王敦幕，王敦反叛时逃离（见《幽明录》）。王敦死后，庾亮请他入幕，不从而去（见《道学传》）。吴猛在吴国为西安令，则吴国灭亡时（280）至少已有二十多岁；他生活到王敦死（324）后不久，寿年约七十来岁。

大约在吴国灭亡之时，吴猛从武宁丁义那里学得了神术。《老氏圣纪》说他“年三十，邑人丁义士奉道以术传之……道士舒道云病疟比年，猛授以三皇诗使讽之，顿愈”。《搜神记》卷一说他“遇至人丁义，授以神方；又得秘法神符，道术大行”。除丁义之外，吴猛还另有师承。他给道士舒道云传授《三皇诗》，自己也精通此经。《三皇诗》，当即《三皇内文》，全称《洞神三皇经》，为《天皇文》《地皇文》《人皇文》之合称，分《小有三皇文》及《大有三皇文》两种。“小有”本传为三国时帛和于西城山石室中视壁三年所得，原为篆书写成，后由西晋郑隐授于葛洪。“大有”本则由西晋鲍靓传于葛洪。

南朝宋陆修静得此经后，传弟子孙游岳，再传陶弘景，陶弘景补以其他经书和道教斋仪，增为十三卷，为《太上洞神经》的主要依据。据葛洪《抱朴子·遐览》，家有《三皇文》，可以“辟邪恶鬼、瘟疫气、横殃飞祸”；持此书入山，可以“辟虎狼山精，五毒百邪”；建宅时书写《地皇文》数十通，埋在地下，可以令家道富昌；而斋戒百日，可以用《三皇文》招来“天神司命，及太岁、日游、五岳四渎、社庙之神”，问以吉凶，消灾释厄等。《无上秘要》卷二十五引《三皇要用品》云：“黄帝曰：人皇文者，皆知死生之录，识百鬼之名，记万神姓名。”简言之，《三皇文》用于招致各种鬼神，完成各种凡人所办不到的事情。吴猛使用的神术，也多半与此有关。

如《搜神记》卷一：

尝见大风，书符掷屋上，有青乌衔去。风即止。或问其故。曰：“南湖有舟，遇此风，道士求救。”验之果然。西安令干庆死，已三日，猛曰：“数未尽，当诉之于天。”遂卧尸旁，数日，与令俱起。后将弟子回豫章，江水大急，人不得渡；猛乃以手中白羽扇画江水，横流，遂成陆路，徐行而过，过讫，水复。观者骇异。尝守浔阳，参军周家有狂风暴起，猛即书符掷屋上，须臾风静。

又《搜神后记》卷二：

同县邹惠政迎猛，夜于家中庭烧香。忽有虎抱政儿超篱去。猛语云：“无所苦，须臾当还。”虎去数十步，忽然复送儿归。政遂精进，乞为好道士。

《太平寰宇记》卷一百一十一引《浔阳记》：

术士吴猛过此，遇天神曰："此江神不守其官，覆溺生人，吾奉帝命按之。"言终而失。

蛇骨洲，在县东南一十七里，永嘉末有蛇长三十余丈断道，以气吸人，被吞噬者盖以数百，行路断绝。时吴猛有神术，与弟子往杀之，蛇死之处，聚骨成洲，有小蛇走。猛乃云："大蛇是蜀精。"故蛇死而蜀贼杜弢灭矣。

《北堂书钞》卷一百六十《地部四》引《吴猛别传》曰：

豫章县东乡吕里山中有石筒，历代不能开，吴猛往遂得发之，多有石牒古字，弟子莫有晓者，猛亦不言。弟子数十人合力举盖，不动如山，猛一手提，若无重焉。又曰：县南山有石直立水中，峻崿千仞，猿猴不能至。猛乃策杖升之，令二弟子随后，忽若平路。

除此之外，吴猛也使用神术治病救人，与董奉有些类似。如《三洞珠囊》卷一《救导品》引《道学传》第四：

属大疫疠，竟造吴猛乞水。猛患其烦，乃纂江水百步，随意取之，病者得水皆愈也。

《太平寰宇记》卷一百一十一引《浔阳记》:

吴猛泉,在县北五百步,有疮痍者或洗,悉愈。时人常以寒食及三月三日、九月九日就此祈福,多有征验。此是吴猛游息之处,因以为台,其泉清冷,异于余所,亦谓之冷水泉。

据上述资料,吴猛一生大多在庐山及周边地区活动,他的法术在庐山地区也颇有流传。如胡慧超(?—703),或作胡惠超,一名化俗,字拔俗,于唐高宗上元(674—676)间,自庐山至豫章西山(今属江西南昌)之洪井。或云曾得东晋许逊及吴猛延生炼化、超三元九纪之道,能召神灵、驱雷雨。胡慧超为许逊孝道的中兴者,被宋元道士推尊为净明道法师。

然而这些离奇的道术故事,却不是吴猛享誉后世的主要原因。在历史上,吴猛所行的孝道更为有名。《搜神后记》卷二云:

性至孝,小儿时,在父母傍卧,时夏日多蚊虫,而终不摇扇。同宿人觉,问其故,答云:"惧蚊虻去噆我父母尔。"及父母终,行伏墓次。蜀贼纵暴,焚烧邑屋,发掘坟垅,民人迸窜。猛在墓侧,号恸不去。贼为之感怆,遂不犯。

《北堂书钞》卷一百六十《地部四》引《吴猛别传》曰:

猛性至孝,入山采薪还,忽失其九岁妹,乃寻逐十三日,逾难险绝,无饮食,于大石岩下息,因得眠。梦见一老公语之曰:"君妹当已还。"惊觉归,妹果在家。

吴猛的孝行,虽然与两晋时统治者的提倡有关,体现了他以孝求仕的意图,也不一定经得起推敲,但它体现了一种美好的德行,故而一直被后世所传诵,还被采入"二十四孝图",为人熟知,吴猛本人也逐渐演变为以忠孝著称的净明道之祖师。

在东晋前期,吴猛长期周旋于各大权贵之间,经常表现他的法术。《幽明录》云:

王敦召吴猛,猛至江口,入水中,命船人并进。船至大雷,见猛行水上,从东北还逆船。弟子问其故,猛云:"水神数兴波浪,贼害行旅,暂过约敕。"以真珠一握为信。

《幽明录》又云:

王敦近吴猛,恶之于坐,郑然失去;乃附载还南,一宿行千里,同行客视船下有两龙载船,皆不着水。

吴国灭亡之后,吴猛失去了官职,因此他希望依托权臣王敦以期寸进,这本来不足为奇。但是,当王敦反形已露时,吴猛却不肯附逆,使个障眼法逃掉了。这一点,体现了忠君的思想,深得后人推崇,而在后代的吴猛故事中,也就有更详细的渲染,如《太平广记》卷十四所引《十二真君传》:

(许逊)因与吴君同游江左,会王敦作乱。真君乃假为符竹,求谒于敦,盖将欲止敦之暴,以存晋室也。一日,真君与郭璞同候于敦,敦蓄怒以见之,谓真君曰:“孤昨得一梦,拟请先生圆之,可乎?”真君曰:“请大将军具述。”敦曰:“孤梦将一木,上破其天,孤禅帝位,果十全乎?”许君曰:“此梦固非得吉。”敦曰:“请问其说。”真君曰:“木上破天,是未字也,明公未可妄动,晋祚固未衰耳。”王敦怒,因令郭璞筮之。卦成,景纯曰:“无成。”又问其寿,璞曰:“明公若起事,祸将不久;若住武昌,寿不可测。”敦大怒,又问曰:“卿寿几何?”璞曰:“余寿尽今日。”敦怒,令武士执璞出,将赴刑焉。是时,二真君方与敦饮酒,许君掷杯梁上,飞绕梁间。敦等举目看杯,许君坐中隐身。于是南出晋关,抵庐江口,因召船师,载往钟陵①。

在这个故事中,依附权臣王敦的郭璞、吴猛、许逊,都被美化成劝阻王敦造反的忠臣义士。劝阻一事估计是虚构的,吴猛不肯随王敦一起反叛,却是真的。历经这次劫难之后,吴猛便彻底灰心了,把最后一点希望寄托在缥缈的仙境里。《述异记》云:

庐山上有三石梁,长数十丈,广不盈尺,俯眄杳然无底。咸康中,江州刺史庾亮迎吴猛,猛将弟子煮山游观,因过此梁。见一老公,坐桂树下,以玉杯承甘露与猛,猛遍与

①李昉等编:《太平广记》,人民文学出版社,1959年,第98页。

弟子。又进至一处,见崇台广厦,玉宇金房,琳琅焜耀,晖彩眩目,多珍宝玉器,不可识名。见数人与猛共言,若旧相识,设玉膏终日。

这个故事表明吴猛离开王敦之后,曾在庐山隐修。又《太平御览》卷六百六十四引《道学传》曰:

庾亮闻其神异,厚礼迎之来武昌。寻求归,辞以算尽,请具棺。庾公闵然,即日发遣。未达家五十里而终,形状如生。

庾亮请吴猛出山,看中的也是他的神术。但经历过一次劫难的吴猛已经无意仕途,随即离开了庾亮,不久去世。

第四节　简寂为心,三洞成教

南朝到隋朝,庐山的道教活动颇为兴盛。其中以陆修静的成就最大,后来的道士多受他影响。陆修静的自我修炼与当时流行的道教法术结合在一起,渐渐形成了一个三洞教派,这个教派对唐朝道教的影响至为深远。

一、简寂为心:陆修静的七年山居

陆修静(406—477),字元德,吴兴东迁(今浙江吴兴东)人,三国吴丞相陆凯之后。自幼饱读儒家经典,文化素养很高。因为"旁究象纬,性喜道术,精研玉书",遂有"遗弃妻子,入山修道"之举,与出身民间的道士不同。为搜求道书，寻访仙踪，陆修静遍游名山，声名远播。宋元嘉(424—453)末，陆修静至京师，宋文帝刘义隆钦慕其道风，召入内宫，讲理说法。时太后王氏也喜欢黄老之说，降母后之尊，执门徒之礼。公元453年，宋文帝刘义隆被儿子刘劭杀害，刘劭自立为皇帝，改元“太初”，是为“太初之难”。在宫廷政变之中，陆修静避乱南游。大明五年(461)，至庐山，在东南瀑布岩下营造精庐，隐居修道。宋明帝刘彧即位，欲弘扬道教，于泰始三年(467)召见陆修静于华林园延贤馆。陆修静阐述玄门哲理，深得皇帝欢心，乃于北郊天印山筑崇虚馆以居之。在此期间，陆修静致力于振兴道教，广收门徒。元徽五年(477)去世，时年七十二岁。弟子奉其灵柩还庐山。诏谥简寂先生，以庐山旧居为简寂馆。宋徽宗宣和(1119—1125)间，封为丹元真人。其弟子最著者为孙游岳、李果之等。

陆修静为南朝宋著名道士，早期道教的重要建设者。他的成就在于：第一，提出一套整顿和改革天师道的措施。禁止道官自行署职，实行按级晋升的制度。健全三会日制度，每个道民进行登记、审核，以便道官“领户化民”。这一套措施，等于把儒家的纲常理论推广到了道教领域，使道教组织成为政治体制之下的一个子系统，从而使统治者能够利用等级制度对道教进行有效的控制与规范。从道教的立场来看，无节制地发展教门组织，毫无选择地介入社会活动，很容易偏离宗教的本质，从而遭到统治者的打击，而陆修静的改造，就极大地消除了这种危险。第二，十分重视道教斋仪的作用。在总结前代斋仪的基础上，制定了“九斋十二法”的斋醮体系，并撰述一系列斋戒仪范之书。他汲取儒家的礼法、道德规范以及佛教的

“三业清净”思想，完善了道教的斋戒仪范理论。形式的规范和思想的完善，对道教的发展起到了巨大的作用。第三，对道教经典进行了整理和分类。他勘正《灵宝经》，编撰《灵宝经目》，撰《三洞经书目录》，创造了三洞四辅十二类的道教典籍分类体系，为隋唐以后历代整理道书、编修《道藏》所沿用。第四，一生著述甚丰。刘大彬《茅山志》谓其“著斋戒仪范百余卷”，今《正统道藏》存有《太上洞玄灵宝众简文》《洞玄灵宝五感文》《陆先生道门科略》《太上洞玄灵宝授度仪》《洞玄灵宝斋说光烛戒罚灯祝愿仪》各一卷，而根据各种书目，已经散佚的著作在二十种以上。所有这些成就，与陆修静深厚的学养是分不开的，因此他到庐山之后，也为庐山道教注入了高层次文化的血液。

陆修静从大明五年（461）至庐山，到宋明帝泰始三年（467）入朝，在庐山前后七年。他在庐山建立的道观名太虚观，去世之后，朝廷追谥他为“简寂先生”，太虚观因此易名为简寂观。梁朝沈璇《简寂观碑》载：“耸构互甍，升降相邻，峻坂六层，倾途九折，丹崖翠壁，削刻殊形……晨桴晓唱，声仿佛其既闻，玉阙金台，路寂寥而方启。”可见当时道观的规模甚大。简寂观中还曾先后建有白云馆、朝真馆，有礼斗石、放生池、浮来石、捣药臼、听松亭、赤壁石等名目。

陆修静去世后，简寂观依然非常兴盛，道士最多时有五六百人。唐宋时期，简寂观出现了许多高道，文人学士的歌咏也很多。南宋之时，简寂观毁于兵火，后来虽有修葺，但趋于衰败，朱熹云：“于今知几载，故宇日荒废。空余醮坛石，香火难复燃。”明清时更趋冷落，王思任诗云：“古鼠剿萝殿，荒鸡叫草厨。”清朝时，人们已多半不知简寂观方位所在。经过咸丰三年（1853）以及抗战的劫难，简寂观只剩下若干古迹了。

吴宗慈、胡迎建《庐山诗文金石广存》收录的简寂观碑目,除沈璇的《简寂观碑》之外,尚有《庐山记》卷五载录的《有唐庐山简寂观熊君尊师碣》,题“门人三洞弟子朝散大夫使持节杭州诸军事守杭州刺史柱国于德晦撰,范商皓书”;吴王杨溥顺义十年(931)张崇的《庐山简寂观重造大殿记》;陈觉的《庐山简寂观新建石坛记》;唐保大乙卯(955)王路的《庐山改建简寂灵宝并斋堂记》;保大十三年(955)徐宪的《庐山简寂观修石路记》等,但这些文章在各种文集中都已经失载。

陆修静一生对道教的建树很多,但并非都是在庐山完成的。考察他在庐山的活动,若笼统开列他全部的成就,并无多大意义。只有细究他在庐山的活动和留下的痕迹,才可以对道教史起到一定的补充作用。

首先,陆修静整顿天师道,得借助于朝廷和官府的力量。如规定在三会之日,道民必须到本师治所参加宗教活动,交纳租米命信,以及道官按级晋升等,都不是陆修静在庐山时所能完成的,以一个在野道士的力量,即使做出再多的规定和约束,也没有实际的效力。

其次,陆修静整理道教典籍之事,大部分也不是在庐山完成的。

元嘉十四年(437),陆修静即着手勘正《灵宝经》,编撰《灵宝经目》,此时他尚未到庐山。吴筠的《简寂先生陆君碑》说他入京师之后,“先是洞元之部,真伪混淆。先生刊而正之,泾渭乃判。”唐僧道世《辨道经真伪表》记载宋泰始七年(471),陆修静答明帝云:“道家经书并药方符图等一千二百二十八卷。”严可均《全后周文》收录甄鸾的《道经未出言出》,说陆修静于“泰始七年,因敕而上经目。”据此可知,灵宝派的经典,小部分在陆修静到庐山之前已经整理出来,大部分是在离开庐山到京师后整理完成的。今存的《陆先生道门科略》,亦作于建康时期。

上清派经典,大多是陆修静离开庐山之后整理完成的。相传由鲍靓所造的《大有三皇经》为陆修静所得,于是他“总括三洞”,校理卷数目录,于泰始七年(471)奉敕撰《三洞经书目录》献上。李渤《真系》说:“简寂陆君南下,立崇虚馆,真经尽归于馆。”

《云笈七签》卷四收载陆修静于宋元嘉十四年(437)所撰的《上清源统经目注序》,此序及陶弘景的《真诰·叙录》都提到,东晋的《上清经》法,由杨羲传于许谧、许掾,许掾传于其子许黄民,许黄民传于马朗、马罕。元嘉六年(429),马朗藏经于净室,以铜灌锁,约家人不复开。宋废帝景和元年(465)逼取至京,置于华林园,暂开后仍付道士马氏。泰始初(465),“季真乃启,将出私解。”因此,这一部分上清经典,是陆修静在泰始三年(467)从庐山入京、居崇虚馆之后整理完成的,当时他又得到了朝廷收藏的杨羲、许谧手书的《上清经真诀》。

《真诰·叙录》记载,东晋杨羲书有《灵宝五符》一卷,本藏句容葛集处。泰始年间,葛柔以之示陆修静,“甚加隐闭”。《云笈七签》卷六《三洞经教部》说,鲍靓于晋惠帝永康年间于嵩山石室得《三皇天文》,后授葛洪。“陆修静先生得之,传孙游岳。”此事与庐山无关。《太平御览》卷六百七十九引《三洞珠囊》云:“孙游岳字玄达,东阳永康人也。宋泰始中,陆元德自庐岳下都阐扬至教。游岳乃出京师问道,亲侍帷席,预入室之流。其弘言奥旨,非游岳不传。”据此,陆修静到京师之后,才获得《灵宝五符经》等著作,并将它传给孙游岳。

陆修静到庐山之前,因避难而南游,吴筠《简寂先生陆君碑》说:“先生确乎不拔,遽有太初之难。或推独见之明,遂拂衣南游。遐讨绝境,志悦庐岳。”在朝廷发生政变的情况下,陆修静不可能携带大量典籍南游,来到庐山之后,也就缺乏整理道教经典的基本条件。清毛德琦《庐山志》卷四云:

> 简寂观道士相传,昔观中有道藏阁,乃陆修静奏请御赐道家经并符图一千二百卷,龙筐贮之,后被回禄。

可见简寂观起初并没有多少典籍,陆修静入朝之后,请朝廷颁赐道经,藏于观中,这才丰富了观中的藏书。

再次,陆修静创立的各种斋法,有不少也不是在庐山完成的。吴筠《简寂先生陆君碑》说陆修静入京师之后,“明年,天子不豫,诏先生为涂炭之斋”。但涂炭斋不是在庐山首创的。陆修静《洞玄灵宝五感文》中说:“以癸巳年冬,携率门人建三元涂炭斋。”癸巳即“太初之难”发生的那一年(453),此时陆修静还没有到庐山。《太平御览》卷六百六十七“道部九”引《道学传》曰:“陆修静字元德,吴兴人。泰始七年,率众建三元露斋。”说明三元露斋是在离开庐山之后创作的。在各种斋法中,与庐山关系较大的当为“洞真上清斋法”两种以及“三元”“八节”斋法等。

陆修静在庐山七年,致力最多的是个人的身心修炼。

第一,逃避人世的喧嚣,以不断的自我反省,祈求消除自身的灾难。

陆修静到庐山，实则是因为避难。元嘉三十年(453)，宫廷发生政变，刘劭杀死宋文帝刘义隆，自立为皇帝，改元"太初"，在位仅三个月，又被刘骏击溃，刘骏即帝位后，称刘劭为元凶。经历这场劫难的陆修静，颇有感触。他在《洞玄灵宝五感文》中说：

> 卷志谢芳洁之声，开怀受尘垢之污；乞免分竞之斧斤，请保无用以自足。既闲且宴，逍遥永日，研经玩理，时修功德。以癸巳年冬，携率门人建三元涂炭斋，科禁既重，积旬累月，负戴霜露，足冰首泥，时值阴雨，衣裳沾濡，劲风振厉，严寒切肌，忍苦从法，不敢亏替。

癸巳(453)即元凶刘劭杀害宋文帝的当年。他在这年创建了极为折磨人的三元涂炭斋，其本心是庆幸自己躲过了这一场劫难，能够"既闲且宴，逍遥永日""乞免分竞之斧斤，请保无用以自足"。因而建斋祈神，期望以自己的辛勤换得神灵的怜悯，永保平安。他于大明五年(461)至庐山后，仍然保持这一想法，希望潜心山林，躲避尘世的纷争。

沈璇《简寂观碑》：

> 若乃炼质归真，萦情遁俗，控八龙而朝四圣，拥三界而役群英，就迹非神，求心在德。而嗜欲滞累，伤生惑性，名利玩习，夺志扰心……自非托隐幽栖，凭高面沼，声迹绝象，风马无津，观荣落而曷游，隐云烟而慕远，岂能濯秽归真，因枝表实，七变化体，九易怡颜，文生五脏，花开六腑，

> 奏琼英于紫台，披金篆于碧室者乎？三洞法师陆修静，心怀寡欲，性蓄兼善……以宋大明五年，置馆于庐山高岭。夫止烦曰简，远嚣在寂，即义表名，因心显号。

沈璇的碑文作于公元515年，上距陆修静去世不过38年，对陆修静的描述是比较准确的。他说陆修静修道庐山，可用“简寂”两字概括，“止烦曰简，远嚣在寂”；也就是做到了清心寡欲，远离名利之场，免却了伤生惑性。陆修静建观于庐山之麓，背倚高峰，面对大湖，在云霞雨露和水光山色之中，淘洗了自己的名根嗜欲，也就达到了“保无用之身”的目的。唐代大诗人白居易《宿简寂观》云：“岩白云尚屯，林红叶初陨。秋光引闲步，不知身远近。夕投灵洞宿，卧觉尘机泯。名利心既忘，市朝梦亦尽。暂来尚如此，况乃终身隐。何以疗夜饥，一匙云母粉。”可以说深得陆修静简寂之意。

简寂观有礼斗石，又名演经礼斗石、醮石，高六七尺，方广丈余，今尚存，上刻诗曰：“古地名踪一任游，山清如故水长流。当年礼斗人何在？石上空余绿意浮。”南宋方岳有《礼斗石》：“一方苍石老莓苔，只合渊明共酒杯。岁晚出山成底事，至今笙鹤不归来。”南宋时南康守钱闻诗云：“先生礼斗望乾门，拜石千年今尚存。料得一心同七曜，四时常运紫微垣。”

礼斗的意义，乃是祈福消灾，同时也具有强烈的自我反省之意，类似于基督教的忏悔。《太上玄灵北斗本命延生真经》云：

> 凡有男女，于本命生辰及诸斋日，清净身心，焚香持此真文，自认北极本命所属星君，随心祷祝，善无不应，灾罪

消除，致感万圣千真俱来卫护①。

后代道士常用此仪，遂形成一套仪式，其用意也是“命由天府，凡有厄难，投告北斗，即获康泰”。不过，程式化之后，已经看不出陆修静原来的用意。陆修静《洞玄灵宝五感文》载：

其四法，三元斋，学士一年三过，自谢涉学犯戒之罪；其五法，八节斋，学士一年八过，谢七玄及己身宿世今生之罪。

三元八节斋如果配起来用，几乎每个月要实行一次。如此频繁地谢过，体现了陆修静处于乱世中的心态，说明他经常提醒自己，远离名利场的竞争，以保全无用之身。修道之人，本来就是要图个清静自在，何必再与名利产生“剪不断、理还乱”的纠葛？在清静自在的前提下，致力于自身的修炼，这才是道教的本意。这一点，实为陆修静的可贵之处，比那些依赖符箓斋醮以射利，乃至卷入朝廷争斗、祸害国家的行为，不知道要好多少倍。而以儒家思想和礼法改造天师道的陆修静，在这种反思中也悟出了道教的真谛。陆修静的自我反省和自我忏悔，对于社会上的人们来说，具有普遍的意义。因为很多的社会问题，很多的残杀与争斗，都是因人们放纵自己的欲望、不知反省引起的。方岳嘲讽陆修静“岁晚出山成底事，至今笙鹤不归来”，其实并不了解陆修静真实的内心世界。陆修静离开庐山去

①《道藏要籍选刊》第3册，上海古籍出版社，1989年，第7页。

京师，情非得已，他并不愿意涉足朝廷事务，李渤《宋庐山简寂陆先生传》说："宋明皇帝袭轩皇淳风，欲稽古化俗，虚诚致礼，至于再三。先生固称幽忧之疾，曾莫降眄。天子乃退斋筑馆，恭肃以迟之，不得已而莅焉。"在皇帝的反复邀请下，陆修静不得已而出山；而在朝廷，他在宋明帝猜忌骨肉、残杀宗室，朝廷斗争非常激烈的情况下，始终采取不介入的态度，一心热衷于施行苦痛无比的涂炭斋法，以求自全。吴筠《简寂先生陆君碑》云："明年，天子不豫，诏先生为涂炭之斋。"这种表现，与他在庐山时的自我反省有很大关系。

第二，陆修静在庐山采用的修炼方法，主要是存思、运气炼形之类。

王承文《敦煌古灵宝经与晋唐道教》指出，陆修静多自称"三洞弟子"，沈璇《简寂观碑》也提到他的弟子称"三洞弟子王道恩"；且对于东晋以来道书所录灵宝经之传法谱系，多不记具体的灵宝经名，而称"三洞真经"或"上清三洞太真道经"（此处"上清"系指灵宝经所在的"上清玄都玉京七宝紫微宫"）。究其原因，是陆修静及其门徒皆共同推崇"三洞真经"，以为灵宝经可以兼摄上清、三皇众经。所以，自称为"三洞弟子"的陆修静，兼习灵宝、上清而自成一体系①。此论甚为有理。

《灵宝领教济度金书》载《宁全真传》，说东华派的肇始者为王古和田灵虚（名思真），创建人为宁全真。据称，北宋末有道士田灵虚"遇陆简寂于庐山，玄受三洞经教"，与东华丹元玄旨会合。陆修静逝世后，被谥为简寂先生，宋徽宗敕封为丹元真人，故丹元真人、

①王承文：《敦煌古灵宝经与晋唐道教》，中华书局，2002 年。

简寂先生，皆指陆修静。田灵虚声称“遇陆简寂于庐山”，纯属伪托，但反映道教流派中一直称陆修静为三洞教派。

综合看来，陆修静对两派经典，既有吸收，也有改造和舍弃，我们完全可以把他在庐山创立的修炼法命名为“三洞修炼法”，这种修炼法既包括斋法等仪式，也包括存思、运气等修炼方法，相对灵宝法、上清法来说，均大为简化而直取其要旨。陆修静在庐山修炼时，并不注重天师道的符箓驱鬼之术，也不注重为他人驱鬼、求神、祈福、禳灾等斋醮活动，而是比较注重自身的修炼，有一套去烦嚣、养心性、运真气的修炼方法：虽然也讲服食，但不以此为主；虽然也炼外丹，但并不特别注重。

吴筠《简寂先生陆君碑》云：

> 先生方弦琴以乐元和，覃思以运正气，伫功充而道叶，聊驾景以高举①。

符载《庐山元德先生碣铭》：

> 邈哉先生，体尚无为。爰自东岱，泛然来兹。宴坐空山，照本冥思。万虑去矣，视身如遗。时时辅和，醇酒一卮。溪声松籁，尽为埙篪。天有晦明，形亦迁移。颓然委顺，与化相推②。

①董诰等编：《全唐文》卷九百二十六，山西教育出版社，2002年，第5699页。
②周绍良：《全唐文新编》卷七百三十，吉林文史出版社，2000年，第7818页。

又李渤《宋庐山简寂陆先生传》：

> 及太初难作，人心骇疑，遂溯江南游。嗜匡阜之胜概，爰构精庐，澡雪风波之思，沐浴浩气，挹漱元精。

这些叙述，皆表明陆修静在庐山的修炼以气为核心。

陆修静曾论及神与气的关系，《祝愿仪》云：

> 夫万物以人为贵，人以生为宝。生之所赖，唯神与气。神气之在人身，为四体之命。人不可须臾无气，不可俯仰失神。失神则五脏溃坏，失气则颠蹷而亡。气之与神，常相随而行；神之与气，常相宗为强。神去则气亡，气绝则身丧。一切皆知畏死而乐生，不知生活之功在于神气。

既然生命之本体在于气，修炼亦当以此为主。《祝愿仪》又云："圣人以百姓奔兢五欲，不能自定，故立斋法，因事息事。禁戒以闭内寇，威仪以防外贼。礼诵役身口，乘动以反静；思神役心念，御有以归虚也。能静能虚，则与道合。"建立斋法，是为了清除欲望，将心的本体恢复到虚无的状态，如此方能与虚无之道体"玄合"。《洞玄灵宝五感文》云："道体虚无，我有故隔，今既能忘，所以玄合。"根据这一点，他的斋法，也属于修炼的一部分，目的是借有形的斋仪，修炼无形的心性。

陆修静著作中有《服御五芽道引元精经》，今佚。按《灵宝》有服御五芽之法，五芽为五行之生气，以配五脏元精。经云：

> 常以立春之日鸡鸣时,入室东向,九拜,平坐,叩齿九通,想东方安宝华林青灵始老君,九千万人下降室内,郁郁如云之覆己形,从口中入,直下肝腑。咒曰:"九气青天,元始上精。皇老尊神,衣服羽青。设御天宫,焕明岁星。散辉流芳,洵溉我形。食咽朝霞,服饮木精。固养青芽,保慎于零。肝腑充溢,玉芝自生。延年润色,颜返孩婴。五气混合,天地长并。"毕,引青气九咽,便服《东方赤书玉文》十二字也。

陆修静的"服御五芽道引元精",大体上也应当如此。大约作于唐朝的《三洞道士居山修炼科》,以"服气品"为第一,也与陆修静的提倡有关。

第三,陆修静在庐山,也行服药、炼丹之事,但已经大为简化。简寂观有炼丹井、捣药臼、洗药池等。沈璇《简寂观碑》说陆修静"九丹秘绝,匪俗所听闻",说明陆修静的"九丹"与神仙道教的外丹有很大的区别。所谓的"九丹",似乎并非传统意义上由各种药物炼成的外丹,如东晋早期上清派重要经典《九丹上化胎精中记》云:

> 凡修学之家,仰希神仙,当知炼身于九丹,解结于五神,引气于本生,灭根于三关,九炼十变,百节开明,断绝胞结,乃知本真。既知本真,便成上仙。

其中的九丹,差不多就是"内丹"。沈璇《简寂观碑》说陆修静的弟子王道恩“科述明炼”,行“饵养精淳”之道,“方且浴日餐霞,飞金化玉”,所服食的是云霞之类的天地之气。《云笈七签》卷三十七引《玄门大论》记载有“九食斋法”:“一者粗食,二者蔬食,三者节食,四者服精,五者服芽,六者服光,七者服气,八者服元气,九者胎食。”其中服精是指符水及丹英,而云芽、光、气、元气之类,无非云霞及一切天地间运行之气,因此所谓的服食,除了正常的呼吸之外,基本上是意念性的。陆修静大约也服食庐山常见的松柏、灵芝之类,沈璇《简寂观碑》云:“道基松木,业著芝琼。”以松木、芝琼比喻他的道行,也道出了他服食松柏、灵芝以养生的情形。陆修静曾于简寂观周围广植松柏,并亲手栽种松柏十六株,后人皆称“六朝松”,就与这种服食有关。这种简单的服食,已经接近于医药养生,与两晋神仙道教的烧丹、炼药有很大的区别。

如同早期道士一样,陆修静也希望通过化气炼形、服用丹药,做到“尸解”成仙。吴筠《简寂先生陆君碑》云:

> 逮元徽五年春正月,谓门人曰:“吾将还旧山,可饰装整驾。”弟子佥怪诏命未许,而有斯言。至三月二日,乃偃然解化。肤色晖烁,目瞳朗映,但闻清香,唯不息而已。化后三日,庐山诸徒,咸见先生,霓旌纷然,还止旧宇,斯须不知所在。相与惊而异之,顾命盛以布囊,投所在崖谷。门人不忍,遂奉还庐山,春秋七十有二。所谓炼形幽壤,腾景太微者也。

沈璇《简寂观碑》亦云:“俗滓难排,灵迹易隐。俄而,先生托身剑杖,飞迹壶天。”这些都是典型的“尸解”现象。然而除此一节,陆修静生前并没有制造一些离奇荒诞的故事,这是他的可贵之处。

第四,陆修静在庐山修道,吸收了佛教的劝善思想。

唐宋以来,相传有《虎溪三笑图》,说释慧远送客不过虎溪,有一次送陶渊明、陆修静,一路谈得契合,不知不觉过了虎溪,三人相与大笑。陈舜俞《庐山记》:“陆修静亦有道之士,远师尝送此二人,与语道合,不觉过之,因相与大笑。今世传三笑图,盖起于此。”但是释慧远逝世于东晋义熙十二年(416),此时陆修静还是一个孩童;陶渊明去世于元嘉四年(427),此时陆修静尚未到庐山,故而此事属于传说,前人多已指出其不可靠。这件事虽然是虚构的,却可看出陆修静与佛教有密切的关系。在《洞玄灵宝斋说光烛戒罚灯祝愿仪》中,陆修静要求道教徒遵守十戒,其中“心不恶妬,无生阴贼”“守仁不煞,愍济群生”“守贞让义,不淫不盗”“口无恶言”“不犯口过”等等①,既有儒家伦理的影子,也与佛教的戒律相似。而在陆修静生活的年代,庐山的佛教非常兴盛,这十戒的形成,是他致力于调和佛道关系的表现。

关于陆修静在庐山,还有甜苦笋的故事。据说陆修静修筑简寂观之后,法力所及,使周边的苦竹笋苦中有甜,成为一道难得的山肴。陈舜俞《庐山记》:“简寂观中甜苦笋,归宗寺里淡咸齑。言皆珍快也。”宋朝钱闻诗:“先生仙去拥霓旌,数宇犹存简寂名。还向个中真得味,从教甜苦笋边生。”简寂观侧还有油盐石,相传石下小穴每天不断地流出油盐,后因一道士贪心,扒大了穴口,油盐遂停止

①《道藏要籍选刊》第8册,上海古籍出版社,1989年,第505页。

流出。

这两个故事,很可能是陆修静所造。甜苦笋意味着修道生涯虽然清苦,但苦中有甜,自有一种清贫安逸的福分;世俗的名利虽然迷人,但未必不是甜中有苦。油盐石的故事,则警示道士不要起贪婪之心,以防在世俗的崇拜中迷失自我。

陆修静在庐山的修炼,为道教创立了一个良好的典范,即注重消除自身的罪过,劝善行善;注重身心的修养,在劝善、收心、养自身元气的修炼模式中,融合了三教理论,体现了老庄淡泊无为的精神,促进了伦理道德的发展,实为道教修炼的正确方法。当时的天师道注重方术,上清派注重服食求仙,对身心修炼皆不够重视,所以陆修静的作为具有重要的开创意义。这一点,在后来的庐山道教乃至各地道教中都得到了发扬光大。唐宋时期,庐山成为内丹道教的一个重要发源地,实与陆修静的养生实践密不可分。

陆修静的弟子中,有孙游岳颇为著名,但他与庐山没有多大关系。

陈国符《三洞四辅经之渊源及传授》一文对孙游岳的生平有详细考述。综合《茅山志》卷十、《三洞珠囊》卷二引《道学传》、《云笈七签》诸书,孙游岳最初于浙江缙云山拜陆修静为师,却粒辟谷,饵麻屑与松术,服谷仙丸,居缙云山四十七年,不与世人接交。宋明帝泰始三年(467),陆修静至京师,孙游岳往从之,《云笈七签》:“宋太初(当作泰始)中,陆简寂至自庐岳,云游帝宅,先生乃抠衣而趋。”指的就是这件事。陆修静将《三洞》及所秘藏的杨真人、许掾手迹传授给他。元徽五年(477),陆修静去世,孙游岳遂返回旧居,与褚、章、朱及四君交好,研讨道经,陈国符认为褚、章、朱即《真诰·叙录》中所说的褚伯玉、章灵民、朱僧标。齐武帝永明二年(484)，有诏让他接替师父陆修静的职务，兼主兴世馆，于是四方搜奇之士，争相来投，如凤凰栖息于梧桐，万禽争赴。孔德璋、刘孝标等争结尘外之好，名士沈约、陆景真、陈宝识等皆从之学。后来屡次谢病归山，朝廷不允，永明七年(489)五月十五日卒。有门徒弟子数百人①。

《仙鉴》卷二十四云："宋太初(当作泰始)中，简寂至庐岳，乃执籍事之。"陈国符认为此事有误。按陆修静元嘉末至京师，太初难作，离京南游，大明五年(461)始居庐山，不可能有泰始中到庐山而孙游岳从之一事。对比《云笈七签》，"简寂至庐岳"实际上为"简寂至自庐岳"，脱漏一字。孙游岳一生皆在缙云山或京师，未曾在庐山修炼；陆修静葬于庐山时，孙游岳自当跟从到庐山，但时间很短，不久就回到旧室了。

二、三洞成教：驱邪祟的庐山道士

南朝至隋朝的庐山道士，受陆修静的影响，多自称三洞道士。他们或修炼服食，或行法术，大多具有救人济世的精神。

《云笈七签》卷一百十引《洞仙传》卷一：

冯伯达者，豫章建昌人。世奉孝道，精进济物。道民陈辞得旨，与戴矜生相似，又是同时人也。元嘉中，伯达下都，后寄戴乡人还，南行至梅根，阻风连日。伯达谓船主曰："欲得速至家，但安眠，慎勿开眼。"其夜，闻舫下刺树杪，而不危抗，窃有窥者，见两龙挟梁翼船，迅若电逝，未晓

①陈国符：《道藏源流考》，中华书局，1963年，第45—47页。

到舍。伯达寻入庐山，不返。

与吴猛驱龙飞船过庐山的故事如出一辙，可见吴猛一派的遗踪。

宋陈葆光《三洞群仙录》卷七有“灵舆福地，山图洞天”条，引《高道传》云：

> 王灵舆者，九江道士，居五老峰，夜有神人告曰：“得道者各有其地，如植五谷于沙石之间，则不能成。既有飞仙之骨，当得福地灵墟，可以变化，非其地则魔坏其功，无由冀矣。”师曰：“可柄者何地。”曰：“朱陵之上峰，紫盖之邻岫，乃洞天福地也，可以冲天。”师从之，遂迁居衡山。一纪功成，天监中白日上升。

又据《道学传》《仙鉴》《南岳志》等载，王灵舆“性和缓而勤于道”，从庐山迁到南岳中宫，修行十二年，复迁朱陵洞东的九仙宫，后得道成仙。宋徽宗重和元年(1118)赐号“通微集虚大师”。

王灵舆事迹，亦见于《南岳九真人传》。此书一卷，据卷前序，北宋道士欧阳道隆以家藏道书《南岳九仙传》求廖侁(北宋真宗天禧间奉议郎致仕骑都尉)作序，侁“削其叙说稠叠者十有一处，正其字体谬误者二十有一，又较升举年月不同者四，取旧碑为定。”《南岳九真人传》记六朝时衡山道士陈兴明、施存、尹道全、徐灵期、陈慧度、张昙要、张始珍、王灵舆、邓郁之修道升仙事，具列其名号故里，升举日期。篇后并记后世曾在九真升举处建宫。此书记载王灵舆于“梁天监十一年(512)七月十三日就坛升举”①。

南岳有许多关于王灵舆的传说,如说他在南岳修道时,常来往峰壑之间,劝山民行善,为山民治病,他在山上种了很多玉簪花,为山民治疗阴毒疮疖,山民为了纪念他,把玉簪花叫做灵舆花。还说他渡浔阳江时,船沉,船上三十多人被溺,唯灵舆得救,他上岸后,悯同船人被溺,不愿独生,复投江中。不久,灵舆和同船人都被浪推送到沙岸上,安然无恙。又一说灵舆仙举五百年后,孙沔被贬永州,梦见一道者,道者说所在的道观田产为邻人所没,乞求清理。不久孙沔来南岳谒九仙观,见灵舆像极似梦中人,核其祠产,果为邻所侵,孙为厘正之②。张齐政《南岳寺庙建筑与寺庙文化》认为王灵舆与徐灵期、邓郁之等同为灵宝派道士,而归属于陆修静三洞合一的上清派③。如其中陈兴明习《洞玄灵宝道士明镜法》,修明镜玄真之道;施存习《三皇内文》,学驱策虎豹之术;尹道全学洞真还神彻视之道等。王灵舆所学,也与他们相似。

庐山康王谷的传说,由来已久,而谷中的神灵祭祀,也早已有之。桑乔《庐山纪事》云:

> 毒龙潭在康王谷。初,谷有汉王莽时铜马,久而为妖,土人庙祀之,其妖愈炽,而毒龙潭时时溺人,并为厉。适有道士丁玄真得三洞法,能役鬼神,符敕铜马,徙庙于涧西,其妖乃息。庙今废。

---

①《道藏》第6册,文物出版社、上海书店、天津古籍出版社,1988年,第861页。
②湖南省道教文化研究中心编:《道教与南岳》,岳麓书社,2003年,第18页。
③张齐政:《南岳寺庙建筑与寺庙文化》,花城出版社,1999年,第26页。

据此，早在王莽之时，康王谷就建有铜马庙，祭祀铜马。又《太平御览》卷九百六十三引周景式《庐山记》：

> 康皇溪道士，种松及筋竹竿。

又可知晋宋之时，康王谷中就有道士居住。

清朝毛德琦《庐山志》引释定嵩《通志》：

> 天顺间，有老妪八十余，为尼，不知所从来。居康王观，时攫祭余饲兽。人畏恶之，辄逐去，已而复来，后于岩中坐逝。

吴宗慈《庐山志》辨析云：桑乔《庐山纪事》引晋周景式《庐山记》载老妪事相同，但无"天顺间"三字，定嵩所载不知其何据。既然此事出现在周景式的《庐山记》中，则这位神异的老妪，就是晋宋之间人，而不是"天顺"时人（天顺为明英宗年号）。那时的康王谷，已经有康王观。

《庐山志》云："景德观俗称康王观，梁大同中道士张施（一作"族"）深学老子术、栖谷中。武帝嘉之，为立观。"《历世真仙体道通鉴》卷十："梁大同初，乃立观其侧，武帝诏为康王观。"梁武帝下诏为张施深建康王观，当在原来的基础上扩建。

康王观中的道士，实际上也受到陆修静一派的影响，自称为"三洞道士"。《庐山志》记载"隋朝丁玄真得三洞法，能役鬼神，符敕铜马，徙庙于涧西，其妖乃息。"丁玄真其人其事，《历世真仙体道通

鉴》卷三十一有详细记载:

丁法师名玄真,字仲诚,浔阳人也。天资恪敏,严于持戒,为乡里推仰。尝遇野人得法,其要精妙,能摄鬼神而驱役之,无不如意。每以康王谷地最灵秀,其谷口有铜马庙,云汉王莽尝造铜马,岁久有物附之,肆为妖怪,食民物畜稼苗之类,为害弗堪,居人乃为立庙以祈之。玄真恶其事,即毁荐其庙,乃取是地置真宇焉。遂送铜马于南江,人未回而马已复其旧处,玄真又断马之左足,而马乃化人形,泣曰:"愿得一食之所。"玄真遂移其祠于涧之西,许其弗为害也。前又有毒龙潭,因风雨晦冥,忽见二龙出而弄珠,光彩照烁。玄真叱之,辄取其珠置真殿内。而龙又入殿取珠,既而弗得,乃吐涎满地。复见殿柱有张僧繇所画二龙,即与之,闻风雨震吼,冲倒檐楹。玄真遂书铁符,烧铁钟,镇其潭龙,龙穿山西而去。又复以铁钉钉殿柱,画龙之目,其患乃止。于是神怪避地,始为福庭。时隋文帝开皇十年也。江州刺史状其事封章朝廷,帝闻而异之,降诏褒崇,命州郡加礼遇焉。炀帝大业三年解化,其夕有白光亘于天之东南。及玄真既逝,方没。春秋七十八。

隋文帝开皇十年(590),为南朝陈灭亡的第二年。丁玄真于隋炀帝大业三年(607)去世,年七十八,则其生于梁武帝中大通二年(530),主要活动在陈朝。他学的是三洞法术,但具有浓厚的民间道教色彩,对修炼之类不太讲究。此一故事,当为陈朝灭亡之后,丁玄真有意取宠于隋朝而编造。又《正一法文法箓部仪》云：

> 右十二时狩士真名，服符存呼之，不得传非其人，秘之慎之。戴先生授谢颍川，谢颍川授道士陈艺，道士陈艺授毋仲度，度授刘散骑道符，符授道士丁玄真①。

其中提到的丁玄真，当即康王谷道士丁玄真。

南朝之时，南齐道士宋文超在紫霄峰下建造了灵溪观。周必大《庐山后录》记载：

> 次至祥符观，旧名灵溪。记云："三武士尝栖溪侧，汉武赐名。齐永明元年，道士宋文超建，南唐重修。"今石衢甚广，而屋宇极不振。由此至归宗道上，尚有三将军别祠。

陈舜俞《庐山记》卷二引《九江录》云："齐永明元年，道士宋文超依庐山南麓而创焉。"又有先天观，在紫霄峰下，梁大同二年(536)鄱阳令李友江建，五代时的女道士杨保宗在此修炼。又据南朝齐谢灏《广福观碑》，乡里在祭祀匡续的基础上，兴建了广福观。

梁朝之时，庐山有女道士李令称，《上清道类事相》卷一引《道学传》云："又有李令称者，庐陵女人也。少出家离俗，入庐山，于千福乡延静里造精舍，名曰华(林)馆。"《三洞珠囊》卷一引《道学传》云："梁元帝时，世子方等疾笃，徐妃摄心洁已，遣人到李令称华林馆

①《道藏》第33册，文物出版社、上海书店、天津古籍出版社，1988年，第205页。

作功德。妃夜梦见二青衣童子，容服异凡，称华林侍童，被使相告疾者，为取观坛石，宜送，乃痊。觉即问世子。世子云：近造山池取用。遣送还，并遣侍读王孝祀入山，更建斋忏谢，世子即愈之也。”

在神仙文化的推动下，南朝时庐山陆续出现了一些仙话故事，这些故事的主角是庐山道士或修习仙道的文人。

明朝桑乔《庐山纪事》卷十二引《十三贤共注庐山记》：

> 饶子卿隐居康王谷，茅茨数椽，不避风雨，每漏湿，则张盖于梁上而危坐其下，终日无闷色，茅烛则易，谓之屋龙更衣。

故事又见陈舜俞《庐山记》《表异录》卷十八（据《庐山记》），最早见于唐朝冯贽的《云仙杂记》，其中“张盖于梁上”，作“以油幄承梁”。因此，此事最晚在唐朝已经出现。

《十三贤共注庐山记》一书，不得详知，当为唐人所注解的周景式《庐山记》。周景式一般被称为晋人，但应当生活到南朝刘宋时期，其著作如《庐山记》《孝子传》已佚，仅部分篇章散见于唐宋时所编撰的类书之中。

《太平广记》卷二百九十五引《八朝穷怪录》录有刘宋时刘子卿的故事。《八朝穷怪录》是一部神仙志怪小说集，著者不详。据闻一多先生考证，可能是隋唐时期的小说。刘子卿故事有“故不欲取笑于人代”之语，以“人代”替代“人世”，明显是避唐太宗李世民之名讳。该书早已失传，清人所编类书《古今图书集成》中尚存有少数残篇。文章记载刘子卿是徐州人，居庐山虎溪，好学不倦，雅慕悠闲,又于庭前溪边,遍种花木。宋文帝元嘉三年(426)春天,繁花绽放,刘子卿赏玩不已,“忽见双蝶,五彩分明,来游花上,其大如燕,一日中,或三四往复”。三月三日的夜晚,月朗风清。刘子卿在歌吟之际,忽闻有人叩门,出门看见两位十六七岁的女子,容貌绝佳,衣服华丽,说:“君常怪花间之物。感君之爱,故来相诣,未度君子心若何。”遂与刘子卿同衾并枕。如此数次,刘子卿苦问来历,两女子说自己“实非人间之人,亦非山精物魅”,终不肯明言。数年之后,刘子卿遇乱归乡,二女遂绝。“庐山有康王庙,去所居二十里余。子卿一日访之,见庙中泥塑二女神,并壁画二侍者,容貌依稀,有如前遇,疑此是之。”文笔细腻生动,有意为小说的痕迹明显,从故事中可知庐山康王庙中祭祀的还有女神。

第二章
从民间到文人：唐朝五代的庐山道教

第一节　总监善恶：庐山九天使者的崇拜

唐朝皇帝自认是老子之后，对道教十分看重。这一风气，也影响到庐山一带。如李白有诗《浔阳紫极宫感秋作》："何处闻秋声，翛翛北窗竹。回薄万古心，揽之不盈掬。静坐观众妙，浩然媚幽独。白云南山来，就我檐下宿。懒从唐生决，羞访季子卜。四十九年非，一往不可复。野性转萧静，世道有翻覆。陶令归去来，田家酒应熟。"据《永乐大典》引《江州志》，此诗作于天宝八年(749)，宋徽宗大观四年(1110)李瑛重新书写刻石[①]。这个紫极宫是江州一处规模较大的道宫。唐玄宗天宝二年(743)，改西京玄元庙为太清宫，东京为太微宫，天下诸郡的玄元皇帝庙均改为紫极宫。江州的紫极宫，出现得还要早一些。按元朝危素《江州路玄妙观碑》所叙，开元二十年(732)作紫极宫，冶铜为唐玄宗像，侍立玄元皇帝老子之侧。宋朝祥符五年(1012)改为天庆观[②]。

在唐朝，庐山南北最为兴盛的道教圣地，莫过于九天使者庙。九天使者庙建于圣治峰下，在董奉的杏林和慧远的东林寺之间。南唐改名通玄府，宋太宗时改名为太平兴国观，宋徽宗时改名太平兴

①见《永乐大典方志辑佚》，中华书局，2004年，第1521页。

②参见钱伯城等主编：《全明文》卷六十一，上海古籍出版社，1994年。

国宫。一直到元朝中后期,太平兴国宫都有金碧辉煌的宫殿,数百上千的道士,络绎不绝的香客。众多文人纷纷慕名来访,留下了大量的歌咏诗文。直至元末毁于兵火,太平宫才结束了它的辉煌历史。入明之后,有一定程度的恢复,但规模远不如以前。清朝至于近代,它就成为一般的小道观了。

一、天子一梦:九天使者庙的建立

开元十九年(731)二月十五日,唐玄宗夜寝灵符殿,做了一个梦。一位神仙朱衣金冠,乘车自天而降,其后有羽卫千乘万骑集于空中。他对皇帝说:

> 吾是九天使者,被受混元正真玉帝、太上老君敕命,采访九天九地、三界十方……观察巡游,较定天人禄寿,生灵罪福,建立采访总司……吾今开治江州庐山。可于三山兴置斋祠,后五百年福及生灵。

第二天,唐玄宗召集群臣,把梦中的景象说给大家听。以宰相张说为代表的群臣,对此表示怀疑,于是唐玄宗设案焚香,诚心祷告。须臾,云鹤仙仗,布散含元殿前,唐玄宗又看见使者"乘青龙之车""瑞相端妍",降临人间。皇帝虔诚地下拜,九天采访使以左手牵他起身。众人还同时看见了"五百灵官、九江水帝、十二溪真、上清二十四位真人,仪仗罗列"。皇帝遂令吴道子画出九天采访使的画像,令内供奉张奉国及法师张平公等将画像送到江州,命刺史独孤正、县令魏昌建祠于庐山之阴,即九天使者庙,宋代太平兴国宫的前身。

根据《庐山太平兴国宫采访真君事实》①，九天采访使是尊贵无比之神，相当于天帝的钦差大臣。《太上三天正法经》云：

> 九天使者，监御万灵之贵神，巡察三界、赏善罚恶之总司也。

《南唐降现真图记》称天帝赐予九天采访使者佩戴和印剑，其冠帽是“九德偃月金晨玉冠”，其衣服是“九光红霄飞云金罗之被，曳红霄碧衬海岳之裳”，这位使者手执“太元碧琳之圭”，佩带“九天采访南上真君使者金册”和“九元之剑”，所带的印章有五：“五帝伏魔之印，九天真王之印，采访灵威摄邪之印，北极天帝、五灵尊神、吏兵天丁之印，五百灵官、五帝、三官、三河、四海、五岳、四渎、九江、五湖、十二河源溪女、吏兵之印”；有了这些印章，九天使者便可以指挥上述一切神灵。其随从护卫有白鹤狮子、青龙白虎、六丁六甲、九天仙女等，可谓是华服衮衮，随从如云，俨然是人间的一个帝王。

九天采访使在不同的历史时期，分别以不同的名目出现：上三皇时，下降凡间，为九龙使者；中三皇时，为九都使者；下三皇时，为玄都使者；黄帝时，为真元使者；帝尧时，为太清使者；帝舜时，为九疑使者；大禹时，为元夷苍水使者，助禹治水成功；周穆王时，为天灵使者；唐玄宗时，为九天采访使者。

---

①本书所引《庐山太平兴国宫采访真君事实》，据《道藏》第32册，文物出版社、上海书店、天津古籍出版社，1988年。以下引用此书，简称《事实》。其中所载录的典籍，有《太上三天正法经》《南唐降现真图记》《地主祀堂记》《使者征祥记》《九天使者庙碑并序》《刘仙石记》《真仙感遇记》《李文正公南行录》《洞天灵迹记》《缙绅传信录》《神药总录》《太平遗事》《李文正公南行录》等，本节引用时，只称书名不出注。

九天采访使统管天地万物，以定灾福。所有天下万国、九州八极、十方世界的天人禄寿、算数贵贱，都归他管理。他有无限的神通，无限的分身，上代天地而教化，下镇洞天福地，利泽邦家，体现上帝的恩泽，不是一般的小神、野神。

九天采访使的来历，可以追溯到上古时期对南方之神的崇拜。古人认为，南方主生养，如《黄帝内经·素问》："南方者，天地所长养，阳之所盛处也。"《汉书·律历志》："南，任也。阳气任养物，于时为夏。""任"即"妊"的古字。又《白虎通·五行》："南方者，任养之方，万物怀任也。"因此，天上的南斗，地上的南岳，其神灵皆主生养。如《无上秘要》卷二十四引《洞玄诸天内音经》云："南斗北斗，司命司杀。"意即南斗司命，北斗司杀。在华夏大地上，衡山为南岳，它是司命之神的所在地。晋朝女道士魏华存居南岳衡山，后来便被封为司命之神，唐朝颜真卿有《晋紫虚元君领上真司命南岳夫人魏夫人仙坛碑铭》。到了西汉时期，天柱山亦被称为南岳，《史记·封禅书》记载元封五年(前106)冬，汉武帝"至江陵而东，登礼潜之天柱山，号曰南岳。浮江，自浔阳出枞阳。"天柱山因汉武帝而号为南岳，这里也就成为司命之神的所在地，而随后得到汉武帝封赠的庐山，则成为天柱山的侍从。杜光庭《洞天福地岳渎名山记》载："天柱山，九天司命真君，在舒州。庐山，九天使者真君，在江州。""右佐命山，三上司山，皆五岳之佐理，以镇五方，上真高仙所居也。"汉武帝先登天柱山，后登庐山，前者有幸被封为南岳，而更在南面的庐山，只能作为天柱山的陪祀了。因为天柱山之神为九天司命真君，所以庐山之神就成为九天司命真君的使者，故称九天使者。又《历世真仙体道通鉴》卷十：

> 先生飞升之后，上帝命司吴楚水旱，及赐以主温之印，统摄八部温神，俗因号为和温康阜先生……汉武帝元封元年南巡狩，登祀天柱，尝望秩焉。继而射蛟浔阳江中，顾问此山何神主之，博士刘歆奏曰："匡续先生得道于此。"帝由是封先生为南极大明公，仍命立祠于虎溪旧隐，列于祀典。

战国时，"司命"一说已经非常流行，如屈原《九歌》中就有《大司命》《少司命》之名。在《无上秘要》中，反复出现"南极长生司命君"一号，这与"九天司命真君"其实是一个意思，同指天上的司命之神。在庐山的匡续，被汉武帝封为"南极大明公"，也反映了庐山之神的陪祀地位。南方司命之神为君，而匡续只能位列三公，是司命主神的下属，当然其职责与司命主神一致，负责主管"吴楚水旱"和人间瘟疫。因此，九天采访使之名实源于南方之神司命说和庐山的匡续崇拜。

桑乔《庐山纪事》记载，宋朝叶义问、王阮皆言开元年间"明皇梦庐山使者求立庙，诏刺史独孤正营建，则其所祀乃庐山使者，非采访"。唐明皇所赐篆额，也只称"九天使者之殿"，《录异记》才开始称"采访"，后世沿袭之，反而废弃了庐山使者之祀，甚为无理。其实据上所云，庐山使者就是九天使者。汉武帝加封之后，匡续被进一步神化，成为庐山的山神，俗称庐山君，如晋祖台之《志怪》："建康小吏曹著为庐山君迎至庙。"到唐朝司马承祯，重新疏订名山之神的等级，庐山君遂称为九天使者，九天使者庙的建立，也与司马承祯的提议有关。《太平广记》卷二十九引《录异记》云：

初，玄宗梦神人日，因召天台道士司马承祯，以访其事。承祯奏曰："今名山岳渎血食之神，以主祭祠，太上虑其妄作威福，以害蒸黎，分命上真，监莅川岳，有五岳真君焉。又青城丈人为五岳之长，潜山九天司命立九天生籍，庐山九天使者执三天之符，弹劾万神，皆为五岳上司，盍各置庙，以斋食为飨。"玄宗从之。

唐朝王瓘《广黄帝本行记》云：

帝乃到峨嵋之山，清斋三月，得与皇人相见……帝受道毕，东过庐山，署九天使者，秩次青城丈人，比御史，主总仙官之籍，为五岳之监司也①。

《庐山纪事》录宋朝洪刍《奉安玉册记》云："开元中，天台司马子微（即司马承祯）谓五岳皆有上清真人降任其职，因敕五岳各立真君祠。"认为庐山九天使者庙的出现，与司马承祯的《五岳真形图》有关。这一说法是正确的，不过洪刍忽略了"九天使者"即"庐山君"这一历史渊源。

唐玄宗梦见九天使者，此事在开元十九年（731）。到了开元二十一年（733），朝廷分全国为十五道，每道置采访处置使，简称采访使，职责为检查刑狱和监察州县官吏。唐肃宗乾元年间（758—760），废采访使。九天使者的职责，看起来与采访使类似，故知唐玄

①《广黄帝本行记》，《丛书集成初编》，中华书局，1991年，第4—5页。

宗后来又加封九天使者为九天采访使。唐代《宣室志》曰：

> 唐开元中，玄宗梦神人朱衣金冠，谒帝曰："我九天采访，巡纠人间，欲于庐山西北置一下宫，自有木石基址，但须工力而已。"①

在皇帝的推动下，庐山出现了很多有关九天采访使的神话。

首先是选址时出现的神异故事。唐玄宗起初派人到庐山南北寻访建庙之处，但找来找去，没有一个合适的地方。圣治峰下的山谷一带，地势平坦，有一户姓陈的人家居住。一天，忽然有一个道士登门拜访，对主人说："此地宜使者庙基，汝盍舍诸，当获灵佑。"陈氏表示愿意，但因家贫，想尽快搬迁很困难。道士便说："吾为汝迁，谨无费。迁已，汝身后为此方土地。"说完就倏忽不见。据说这位道士，就是九天采访使的化身。当天夜里，风雷大作，等陈氏一家天亮醒来时，已连人带房子迁到庐山之南去了。后来，太平宫左侧有为陈氏所建的地主祠，"血食一方，灵通昭著"。

相传这个出让土地的陈氏，是义门陈的先祖陈伯宣。根据文献记载，这种说法不可信。《永乐大典》所录《江州志》收有胡旦撰的《义门碑》，碑文据《陈氏家谱》叙述义门陈为陈宜都王叔名（明）之后。五世孙兼，唐玄宗时举进士，为右补阙；此后的世系依次为陈京（德宗朝）、陈褒、陈灌（避难泉州）、陈伯宣（隐居庐山）、陈某（不知

①陈士元：《梦占逸旨》"玄宗造九天采访宫"注，见石午编：《术数全书》（中），中州古籍出版社，1994 年，第 42 页。

名)、陈旺(徙居德安)[1]。桑乔《庐山纪事》引《山疏》指出,据《陈氏家谱》,陈伯宣当生于唐敬宗、穆宗时,去建庙时甚远,捐宅之说不可信。而南宋白玉蟾《地主祀堂记》曰:“隐君,陈其姓,莫知名者。”可见当时也并不流行陈伯宣捐宅之说。又据《德安县志》,陈朝灭亡后,陈叔明率众避难到福建莆田县,五世孙陈兼于唐玄宗开元年间移居江西庐山,陈兼的后代陈旺由庐山龙潭窝迁至蒲塘场太平乡常乐里永清村(今德安县车桥镇义门村),成为江州义门陈的始祖。陈氏世代聚居,到宋仁宗时,人口发展到3978人,田庄有300多处。据此,捐宅的当为陈兼,他虽然在朝为官,但或许在庐山有田庄。

其次是建造时的灵异。开元时任彭泽尉的潘观,在《使者征祥记》里记载了九天使者庙建造时的五件灵异之事[2]。第一件是九天使者庙建造时,登山太高,浮水太远,运送木材极为困难。突然有一天,既没下雨也没刮风,“水忽漂涨,汀州泛溢,吹筏近山”,木材刚一送到,水又退下去了。有人说:“是材也,昔九江王布拟作宫殿之用,沉埋湓浦,以待今日。”第二件是建造九天使者庙需要大量的丹青涂料,在众人苦于寻求时,监工的使者梦见神人曰:“粉垩丹绿,此地有之,不待他求,凿祠之北,五色具备。”然而“私访者失路迷津,缘庙者往求必获”(李玭《九天使者庙碑并序》),若不是为建庙去山上挖取,则必然迷路。第三件是动土之际,风云晦暗,焚香祷告之后,“云收风歇,野光火色,尽耀山林,腾焰数回,明朗如昼”。第四件是庐山附近各县的鄱阳湖渡口,时常有几百人结伴求渡,“云我今

①见《永乐大典方志辑佚》,中华书局,2004年,第1666页。

②《永乐大典》卷六千六百九十七,引《江州志》:“《灵验记》,潘观纂,开元二十一年建,治平重立。”

往庐山谒使者庙,汝载我渡,当酬汝直”。而得到钱的人,过了一夜再看,所有的钱都成了纸钱。第五件是经常有木偶、泥人来供驱使,有时泥人因通身流汗而化掉。

九天使者庙位于庐山圣治峰正前方。按照道士的解释,其方位是“连引横山,在巽天医之方;自艮临震,乃得贪狼而归”。震为兔,月亮称为玄兔,所以称“玉兔生黑”,又《太上三天正法经》云:“九天真王与元始天王俱生始黑之先。”九天采访使为九天真王的使者,所以用玄兔、震位来寓意。震方为天医,巽方为生气,天医主拯救生灵,生气主长养万物,用以代表“回骸起死、度人济物”的道家,也是合适的。

九天使者庙的左右,龙虎蜿蜒,左右盘踞,互相揖抱,“十有二重,应十二辰”。又有大溪、小涧,发源于庐山及圣治峰,合流于庙前。宫前面的案山,名“游鱼上水”,孤峙宫前,有如朝拜。外案即今幕阜山脉,自瑞昌县排列以至蕲黄二州,环望数百里,重叠如屏障,襟江带湖,如拱手作揖。圣治峰高出于诸峰,左右群峰,千峦万叠,为之辅翼。九天使者庙之南,接虎溪福地、匡真人道场、葛仙翁炼丹之井;其北跨咏真洞天、董真君种杏上升之馆。背抵五老峰,倚天耸立,作为屏障。

唐朝九天使者庙的建筑,主要见李玭《九天使者庙碑并序》所叙。《庐山纪事》引宋朝江州德安县人王阮所叙,说唐玄宗下令建造九天使者庙,刺史独孤正行文各州,令所在各地的学士制作碑文,作者681人,独蕲州黄梅县的李玭此文入用。宋朝《太平宫旧记》所刊此序,才551字。淳祐乙巳(1245),中书程沧洲于秘书省得全文,有1772字。不过,《九天使者庙碑并序》是骈文,对庙宇建筑的叙述虚实相间,比较简略。

唐朝的九天使者庙到底有多少间房子？李玭文中有“三间四表”“八维九隅”之语,系采用《鲁灵光殿赋》的成句,意指“室每三间,则有四表,四角四方为八维,并中为九”,并没有说明多少间。据“飘颻净戒之庭”“耀跃精思之地”“法供天厨”“真经云帐,万劫修行”“斋室盟祠”等语,九天使者庙至少有用于净戒、精思的房子,进行斋醮活动的斋室、盟祠以及厨房等,还有“倒井叶藓,芳坛竹扫”,规模不一定很大,但功能齐全。庙的外观,是“红壁列钱,丹楹绣础”,绚烂夺目,相当华丽。李玭文章说:“开元十九年八月二十一日,降明旨曰:青城山丈人庙,庐山使者庙,宜准五岳真君庙例。”但五岳真君庙的规模多大,也不清楚。桑乔《庐山纪事》引《山疏》云:“宝石池在宫内。初,池有异石晶莹,夜发光彩。《池记》:唐玄宗所赐也,后为乱兵所焚,石死池尚存。”则当时尚有宝石池等建筑。

九天使者庙建成之后,道士蔡仙觉、孟仙真等人被选派到庙里主持香火。开元二十年(732)八月初一日,举行庆祝庙宇落成的斋醮活动。当日官员、民众、道士等聚集了数千人,斋醮活动延续了几昼夜,时值莲花盛开,赶到使者庙朝拜的人,各持一朵莲花为供,争相置放于殿陛之下。于是众人欣然说:“此会殊胜,盍命为莲花会?”主持者遂与众人相约,年年八月一日于此聚会,“祈年谷,禳庛疠”,称为莲花会。这种活动,缘于官府的倡导,但仍然具有浓厚的民间色彩。莲花会一直延续到南宋,陆游《入蜀记》云:“自江州至太平兴国宫三十里,此适当其半。是日,车马及徒行憧憧不绝,云上观,盖往太平宫焚香,自八月一日至七日乃已,谓之白莲会。莲社本远法师遗迹。旧传远公尝以一日借道流,故至今太平宫岁以为常。

东林寺亦自作会,然来者反不若太平之盛,亦可笑也。”陆游认为白莲会源于东林寺,其实太平宫的莲花会自有来历。

在安史之乱中,九天使者庙并没有遭到多少破坏。《真仙感遇记》记载唐代宗永泰元年(765)杨泰明弃官入庐山学道,十四年后称遇见九天使者,得授经书。唐宪宗元和八年(813)正月一日飞升。《李文正公南行录》记载唐敬宗宝历二年(826),长沙人向子文拜谒岳庙(即九天使者庙),遇龚庆长,得授石精金光藏景录形神剑之法,中黄太一默朝之道。《太平遗事》记载唐文宗大和二年(828),徐司谏除江西节度使,捐私钱三万,整修庐山使者庙。这些都是中唐时期九天使者庙尚存的佐证。

唐末战乱也没有波及此庙。著名道士杜光庭,于唐末纷乱之际,漂泊不定,曾经过庐山,在九天使者庙中祈祷,道士张崇允为他举行斋醮,杜光庭亦作《张崇允修庐山九天真君还愿醮词》云:“臣顷岁以谪宦九重,漂蓬一叶……乞为臣更蠲罪录,永削灾躔,成匡尧赞禹之功,享二首六身之寿,得倾忠孝,以奉君亲。”(见《全唐文》)《洞天灵迹记》记载唐僖宗时,有鄂州人刘德本看见九天使者庙丹碧绚烂,上有金篆,题曰“紫元景曜之门”;楼台层列,宫室相连,门卫森严。可知这时九天使者庙仍然很气派。《缙绅传信录》记载唐昭宗大顺二年(891),京兆人王琳任邢州尧山尉,出私财安葬死者。后在金陵放生,梦见九天使者。徐铉《庐山九天使者庙张灵官记》记载唐昭宗天祐初(904),道士沈太虚为江西连帅南平王钟公设醮于庙,梦见军将张怀武。甲辰岁(944),张怀武因制止兵士斗殴而自杀,成了九天使者庙的一位灵官①。《神药总录》记载隐士李云卿居于庐山九天使者庙旁,行医修道,得九天使者派人授道,后唐庄宗同光二年(924)八月一日升仙。延续到南唐时,朝廷将九天使者庙易名为通玄府。

二、善恶分明:九天使者庙的故事

唐朝九天使者庙的道士以灵宝派、上清派为主。

灵宝派始创于东晋末年,自晋安帝隆安年间,江东道士葛巢甫造作《灵宝经》三十余卷,南朝宋时陆修静搜集整理灵宝诸经,补充增益,灵宝之教遂大行于世。灵宝派以《灵宝经》为主要传习经典,奉元始天尊为最高神,假托葛玄为开派祖师。其修行法术重视诵经存神,与上清派近似,但更为重视斋戒功德,劝善度人,有较为完备的宗教活动仪式,因此较之侧重个人修炼的上清派有更多的信徒。宋元时期,该派以江西清江县阁皂山为本山,号称阁皂宗,元代以后此派逐渐与龙虎山正一派融合。《事实》记载太平宫"有天师堂,榜曰正一之殿",也反映了这一现象。

陆修静在庐山活动甚久,补充完善了灵宝派的经典、理论,大力推动该派的发展,对庐山后世的道教产生了巨大的影响。其后,他有不少徒弟留在庐山,继续传习灵宝派理论。九天使者庙的道士,也成为灵宝派的重要传承者,这在庙中道士所守的戒律上可见一斑。

唐朝王悬河《三洞珠囊》卷六引陆修静《受持八戒斋文》云:

①《全宋文》第1册,巴蜀书社,1988年,第431页。

一者，不得杀生以自活。二者，不得淫欲以为悦。三者，不得盗他以自供给。四者，不得妄语以为能。五者，不得醉酒以恣意。六者，不得杂卧高广大床。七者，不得普习香油，以为华饰。八者，不得耽著歌舞以作倡伎（今作“娼妓”）。今日善男子、善女人等人，若不犯此之八事，则八败无从以起，则八成自然而立。立久不失，则延年保命，神通洞达。

以上内容亦见于《云笈七签》卷四十。佛教有所谓“八戒”，如不杀生、不偷盗、不淫欲、不妄语、不饮酒、不用香油涂身、不近歌舞娼妓等。陆修静的八条戒律，与佛教戒律很像，袭用的痕迹十分明显。他说道士持此八戒，则“身心齐整，保无乱败”“延年保命，神通洞达”。文章开头称上启“元始天尊、无极大道”，与《灵宝经》一致，当为灵宝派戒律。陆修静到庐山时，东林寺佛教已经很有影响，因此遵循类似于佛教的戒律，是有利于道士立足庐山的。

《事实》编录的人物传记记载，宋代道士毕道宁、齐武直、刘大彰等人皆诵习《度人经》（或称《灵宝度人经》，或称《度人经》一卷）。他们所传习的，就是《灵宝无量度人上品妙经》，该书出现于南北朝时期，至宋朝增益为六十一卷本，宋真宗亲自为之作序，北宋道士补道职时皆必须试以此经。毕道宁诵习《度人经》一卷，当为《灵宝无量度人上品妙经》第一卷，这一卷古已有之，宋朝以前九天使者庙的道士多半与此有密切关系。

现存太平宫的道教故事，具有浓厚的劝善色彩，与灵宝派的戒律一致。它们着力渲染“不杀生以自活”的主旨，讴歌拯救百姓的善行。绝不妄杀无辜之人，极力救护众生，是九天使者庙道教故事的重要主题。

徐铉《庐山九天使者庙张灵官记》记载，唐昭宗天祐初（904），道士沈太虚为江西连帅南平王钟公设醮于庙。醮毕，沈太虚梦见一人曰："我张怀武也，常为军将，有微功及物，帝命为灵官。"沈太虚醒来之后，四处寻访张怀武，没有人知道，他便告诉了进士沈彬。二十年后，沈彬游醴陵，邑令陆生招待了他。正在吃饭时，有军吏许某来了，沈彬说起张怀武，许曰："怀武者，蔡之裨将，某之长吏也。"他说甲辰岁（944）大饥，张怀武与另外一个将领各自率领部下去豫章就食。才到武昌，两队人马就开始斗殴起来，谁也拦阻不住。于是张怀武携剑上楼，去掉梯子，对他的部下说："吾与汝今日之行，非有他图，直救性命耳。奈何不忍小忿，而相攻战哉？夫战必强者伤而弱者亡，如是何为去父母之国，而死于道路耶？凡两军所以致战者，以有怀武故也。今我为汝等死，两军为一，无构难矣。"于是挥剑自刎而死。部下大哭，遂与另一队人马和解。这个张怀武，就成了九天使者庙里的一位灵官①。《永乐大典》卷六千六百九十七引《江州志》："《张灵官记》，徐铉撰并书篆，岁次癸酉上元。"癸酉即973年，时南唐尚存。

行医救人、赈济灾民，乃是早期道士惯常的行为。九天使者庙的道士也是如此。

《洞天灵迹记》记载，刘德本，字孝叔，好古多能，不求仕进，在大江中乘船往来经商。乾符六年（879）十月，黄巢攻陷鄂州，沿江震

①《全宋文》第1册，巴蜀书社，1988年，第431页。

动,刘德本自度不能还乡,便将一万石米散发给灾民,自己到庐山中躲避战乱。有一日,忽然有一个蓬着头、披着鹿裘的道士来访,也不说自己的名字,与刘德本相从游山。一日,两人偶然走到五老峰下,不知不觉已经日暮,便携手进入深涧中,看见石门中有一老人倚杖而立。听刘德本自我介绍之后,老人喜曰:"可同到后院。"行约四五里,见一门,丹碧绚烂,上有金篆,题曰"紫元景曜之门"。进去之后,看见楼台层列,宫室相连,门卫森严。刘德本甚为震惊,不敢仰视。老人说:"此咏真洞天也。九天使者真王采访人间,汝捐家财巨万以赈饥民,善行可嘉,故许一造神府。当刊名九天仙录,度世不死矣。"刘德本问九天使者现居何处,老人说他骨相未清,未可问也,应当严持戒行,继续济物利生,他日必得救度。老人引刘德本出门,倏忽不见,刘德本也一下子回到了原处。同游道者说:"即此洞天灵官,九天使者真王之隶也。尔既曾造神宫,躬授严训,吾与汝请从此别。"遂揖而去。

《缙绅传信录》记有"王琳放生葬死"故事。王琳为京兆人,唐昭宗大顺二年(891)任邢州尧山尉。时值兵戈战乱,死于刀下的人不计其数。王琳深感哀痛,于是出私财,买棺椁,安葬死者。数年之间,所葬不可胜计。金陵同事高应成卒于官,家中母老食众,贫不能归,王琳竭力资助其家还乡。在金陵时,每过市肆,经常买鱼鳖放生。有一天,买了一条"赤鳞金目,长丈余"的鱼放掉,当夜梦见一武士,衣冠甚伟,对王琳曰:"公放生葬死多矣。九天使者已录善功,当享长年之福。"王琳曰:"九天使者何神也?"曰:"天之贵神也。受命上帝,采访人间善恶而诛赏之。在庐山之阴,公岂不知?"王琳觉而异之,每日供奉香火,活到一百余岁而终,"二子六孙亦皆耆耄",

京师谓之长寿王家，其家刻石记之。

九天使者庙建成以来，产生了不少以神灵为中心的故事。这些故事宣扬九天使者是真实存在的，以任何方式触犯他的权威，都要受到严厉的惩罚；如果虔心相信神灵的存在，给予敬重，听从神灵的暗示，则会得到好处。《事实》中采录的这类故事，有很多是在社会上流传的，并非出于道士之手。它们的出现，反映了相信神灵存在的社会风气。

《太平遗事》记载，唐文宗大和二年(828)，徐司谏除江西节度使。捐私钱三万，整修庐山使者庙。浔阳令派一吏掌管此事。小吏入城召集画工，画工背负绘画材料，与他一同去九天使者庙。才出城门，小吏忽然把自己的衣带扯下来扔在地上。画工以为他醉了，就捡起来；但小吏还是不停地脱衣服、摔帽子，走到三十里开外，只剩下遮体的内衣了。走近庙门时，忽然有一个健壮的士卒，从山涧中一跃而出，把小吏抓去。画工连忙救护说："此醉人也，恕之。"士卒不睬，只是怒目而视，将小吏摁住坐在水中。画工这才知道遇鬼了，连忙入庙喊人。待到众人来看，士卒已经不见，小吏依然坐在水中，仔细一看，他已死了。大家一查账簿，才知道小吏贪污了一大半整修庙宇的钱，故而触怒神灵而死。

《太平遗事》又载，庐山下有斋油者，养母颇孝，有一日，被暴雷震死。母以其子无罪，每日号泣于使者之祠，祈知其故。一夕，梦朱衣神人告曰："汝子杂取鱼膏，以伪乱真，欺人而谋利，吾祠斋醮用之，腥气熏蒸。灵仙所恶，震死晚矣。"

三、清心敬神：九天使者庙的修炼

正如陆修静兼习灵宝、上清法一样，九天使者庙的道士也有上清派的特点。

上清派约形成于东晋时期，主修《上清经》。《上清经》衍生于《黄庭经》，也称《大洞真经》。上清派最具特点的修炼方法是存思，认为通过存思，天地之神可以进入人体，人体之神与天地之神混融，即可长生不老，飞登上清。具体方法有存思、服气、咽津、念咒、佩符等。上清派以晋代女道士魏华存（南岳魏夫人）为第一代宗师，杨羲为第二代宗师，而陆修静是第七代宗师，唐朝李渤《真系》对此有叙述。陆修静在庐山，修习上清派的存思之术，这对后来的道士影响很大，也影响到九天使者庙的道士。

《真仙感遇记》记载，杨泰明本为儒生，事父母甚孝，人称杨孝子。后为长安县令，入郭子仪幕府，每劝子仪曰："军政虽曰尚严，人命至重，不可轻杀。"郭子仪掌兵二十余年，驭下宽厚，不妄诛戮，军士爱之如父兄，就有杨泰明的一份功劳。唐代宗永泰元年(765)，杨泰明弃官来庐山峰顶，结庵修道，造青粳饭，修炼辟谷术，常祈祷于九天使者，求长生之道。十四年后的一个秋夕，天宇清霁，忽然看见祈祷的地方有一神人降临，金冠绛袍，旁有一人执玉斧，一人捧玉函。神人说："我乃九天使者，采访人间善恶。以汝积世有功于民，秉心清苦，精持道行，诚达九天，玉清太素三元君命我授汝《九天太真道经》。"遂将玉函打开，授杨泰明以宝书，告诫他坚持不懈，"道成之日，吾当召汝"。语毕，风云骤起，忽然不见。杨泰明开经观之，乃《高上大洞真经》三十九章也。从此依经行持，屏迹人世，凡三十六年。至宪宗元和八年(813)正月一日午时，祥云布满天空，杨泰明乘之飞升而去。

《九天太真道经》，即《上清大洞真经》，简称《大洞真经》，又称

《三天龙书》《三十九章经》，是道教上清派早期经典，属《上清经》首卷，也是《上清经》中最主要的一卷。

《大洞真经》被视为道家“三奇第一之奇”，历代流传不绝，陶弘景甚至说：“若得《大洞真经》者，复不须金丹之道也，读之万遍，便仙也”（陶弘景《真诰》卷五《甄命授》第一）。北宋茅山道士朱自英为之作序，指出上清有三十九帝皇，大道有《三十九章经》，人的身体中有三十九种部位，修炼者存思每章经之一神，神就能降临保护修炼者的某一部位，“开生门”“塞死户”，这样闭斋诵读万遍，就可以“乘云驾龙，即日升天”，跻身于虚幻仙境。杨泰明长期向九天采访使祈祷，才得以传习《大洞真经》，这位传授者显然来自九天使者庙。

此外，又有高云举读《大洞经》之事。《李文正公南行录》记载，高云举为钱塘隐士，潜心奉道，喜读《大洞经》。有一日，忽然看见仙驾从空中飘然降临，上有一仙人，“冠服霞映，容貌玉光”。仙人问曰：“子读是经，亦知其旨乎？”高云举曰：“尝闻三十九章尊贵之书。但窃读之，未造奥旨。”仙笑曰：“吾九天采访使者，闻子读洞经不倦，故来观耳。果若不替，久之自造其妙。子宜勉之。”语未毕，忽然升空而隐。这个故事表明，受九天使者庙影响，附近的道士皆修习《大洞经》，而庙中道士，颇能传授此经之妙。

《李文正公南行录》记载，向子文，长沙人。唐敬宗宝历二年（826），拜谒岳庙（即九天使者庙）时，方当盛暑，留宿一旬有余。忽有一人来庙中，穿青布紫裘，面如琢玉，神色威严，须眉如画。向子文往见之，此人说自己是龚庆长，洛阳人，少年时遇见委羽洞天的灵官司马隐元于鸣皋山下，这位灵官的职责是“采访善恶，闻于九天使者之府”。司马隐元对龚庆长说,你前世身居要职,有洗雪冤屈、起死回生之功,不幸碰上朱泚叛逆,尽节而死,忠愤之气不衰,故得再生为人。“九天使者录汝之功,命我授汝石精金光藏景录形神剑之法,中黄太一默朝之道,因得度世。”因登庐山紫霄峰望气,看见岭外有妖气,欲往禳除,经过九天使者庙,故来朝谒。龚庆长为向子文鼓琴,其曲有《金鲸跃海》《雨滴秋荷》《醉淘月》《白雪引》之类,音韵清越,不同凡响。临别时,向子文想随他南游,龚庆长曰:“未可也,汝尚当仕进,更十八年,中条山相见。”向子文请学道,龚庆长曰:“学道先乎功行,逢时得志,汝宜勉之。至于吐纳、服饵,乃其余事。”又告诉向子文:“汝父祖旅殡僧舍,颇苦鬼役,早卜吉壤,以终大事。”遂翩然而去。

石精金光藏景录形神剑之法,是尸解法的一种,要点在于以剑代身。《云笈七签》卷八十四《尸解部一》有《释石精金光藏景录形法》:

> 夫石者,铁之质;精者,石之津;金者,剑之干;光者,刃之神。藏玄飚乱,景录四宝之形……诸以剑尸解者,以剑代身,五百年之后,此剑皆自然还其处也……轩辕自采首山铜以铸鼎,虎豹百禽为之视火参炉。鼎成而轩辕疾崩,葬桥山。五百年后山崩,空室无尸,唯宝剑赤舄在焉,一旦又失所在也……王子乔墓在京陵,战国时,复有发其墓者,唯见一剑在室,人适欲取视,而剑忽然飞入天中也。案神剑代身,五百年后剑自归其处,当是灵人使故,有崩发者,令剑得出,而上飞冲天乎!

中黄太一默朝之道,是典型的上清修习法。此“中黄太一”,与东汉太平道的“中黄太一”无关,而是一种存思法。《登真隐诀》卷上曰:“丹田上一寸为玄丹宫”。《云笈七签》卷三十四《存思》:

> 玄丹宫,有中黄太一真君居之。太一真君厥讳规英,字化玄。貌如婴孩,坐在金床玉帐之中,著紫绿锦衣,腰带流火之铃,铃赤色,光声闻于十万里。左手把北斗七星之柄,右手把北辰之纲。乃存北极辰星,中有紫气满宫,溢出身外,身与紫气混合为一;又存日从天上下,入玄丹宫紫气中央;次存中黄太一真君,从北极紫气中下,入兆玄丹宫日中央坐,口吐紫气满玄丹宫中;又存己身,上入玄丹宫中,对中黄太一真君坐。因兴起再拜,膝前问道,求神仙长生之意,因存口吞紫气四十过。又存北斗七星,中有一赤气大如弦,下入己玄丹宫中;又存太一真君,与兆俱乘日入赤气道中,上诣北斗魁中,寝卧良久。行之十八年后,使玉童玉女。

存思神仙的修炼法,对后来的心性理论有重要的启示意义。金元全真教修炼内丹,究其实质,乃是把早期道教存思外在神仙的方法改造成了存思内在的仙境,其目的则从求仙变成了修炼内丹,但无论是存思外在的神仙还是存思内在的仙境,对于收敛散乱的神思、专心凝神所起的作用都是相似的。九天使者庙道士的修炼,与当时其他庐山道士以及隐居文人的修炼一致,成为内丹心性修炼的滥觞。

除了上清法，九天使者庙的道士也有修习其他方法的。

《神药总录》记载，李云卿，唐之隐士。“每云上真高仙，必须阴功济物，精持戒行，遂留心医道。”凡用药不犯生命，只用金石草木，认为古仙制方，偶尔有用虫鱼为药者，受此牵累，不得轻举，当引为鉴戒。后居于庐山九天使者庙旁，邻近数州求医问药者，络绎不绝。李云卿用心救治，却不收分文之赠。每旦焚香祷告，请求九天使者加以庇佑。居山六十余年，颜色红润，目光炯炯。一日，随采药人至深山中，忽睹一人，圆冠紫袍，曰：“我此山之神也。九天使者真王传命，以汝救物有功，使我授汝太清九华神丹，太微天帝君飞天罡步地纪金简玉字一通。自此当屏迹人间，精意修持。”授以神丹玉字之诀，其神遂隐没不见。李云卿乃就圣治峰土穴为室，专修其道。后唐庄宗同光二年(924)八月一日，白日升仙。

按《云笈七签》卷八释《三十九章经》，上清真人呼日月为“太宝”“九华”。又《神仙传》云：“阴长生，新野人，事马鸣生，鸣生将入青城山中，以太清神丹经授之，长生持归合之，丹成，服半剂，在民间三百余年，然后飞升云。”因此，《太清九华神丹》实为修炼外丹的一种经书。

太微天帝君飞天罡步地纪金简玉字，实即“步天纲飞地纪”，又称“步纲蹑纪”“步纲”“飞步之道”，传为太微帝君授，金简玉字又称“金简内文”。《云笈七签》卷七引《内音玉字经》云：“天真皇人曰：《诸天内音》，自然玉字，字方一丈，自然而见空玄之上，八角垂芒，精光乱眼。”《云笈七签》卷二十《三洞经教部》收《太上飞行九神玉经》，一名《金简内文》，又有《九晨玄图金简文》，曰：“修飞步九晨之道，亦当依步天纲之日，兼而行之，益求飞天之远，玄斗屡鉴也。若兼修者，当先行九晨，而后行步天纲也。”又《步天纲》云：“太微帝君昔授皇清洞真君，步天纲，飞地纪；据玄斗，攀星魁；接九真，乘飞龙；游三命，浮二生；固三宝，出六害……行之二十年，受书为上清真人。”可知它是早期道教所修炼的一种白日飞升之道。

第二节　存善思过：庐山三洞道士的修行

有唐一代，三洞法颇为流行。唐玄宗先天元年(712)壬子十二月，太清观道士张万福撰《传授三洞经戒法箓略说》(见《道藏》第三十二册)，可见三洞法之一斑。葛兆光认为：从后来道教的文献中可以看到，张万福对斋醮和授度仪式的这次清理，大体奠定了陆修静以来，以灵宝斋法为基础的新斋醮仪范，成了后世如杜光庭等人重新建设仪范的基础，也是六朝道教自我清整运动在盛唐时代的余波①。三洞法的流行，甚至影响到皇帝，如会昌六年(846)十月十六日，唐宣宗亲受三洞法箓于衡山道士刘玄静。庐山是陆修静的重要活动地点，唐朝时除了九天使者庙，其他道士亦多修炼三洞法，其传承或多或少都与陆修静有关。

一、丹井救人：木瓜洞里的刘混成

据《历世真仙体道通鉴》记载，刘玄和(714—794)，号混成子；另一种说法是刘混成，字玄和。祖籍彭城(今江苏徐州)，因晋南迁，家住都昌(今江西都昌)。虞集《白鹤观记》称都昌“五穆里刘氏其族也”。东晋之时，彭城人刘遗民曾为柴桑令，后弃官隐居庐山虎

①葛兆光：《屈服史及其他：六朝隋唐道教的思想史研究》，三联书店，2003年，第101页。

溪，与陶渊明、周续之号“浔阳三隐”，或为刘混成之先祖。父祖皆儒学出身，喜田园归隐之事，因而青年时期的刘混成，依儒家之理行事，能尽孝养宗亲之礼。

在年近三十之时，刘混成入庐山龙兴观，拜住持三洞法师何子玉为师，天宝二年(743)度为道士。因此，他也是一个三洞道士。

刘混成所居道观，初名白鹤观，后来易名龙兴观。陈舜俞《庐山记》卷三引《九江录》云：

> 唐弘道元年十二月初奉敕置，在浔阳城下。神龙二年六月三日，敕置龙兴观，因移山中，易名龙兴。大历中，道士刘玄和、何子玉居焉。

虞集《白鹤观记》：

> 初，唐高宗以老子降诏天下皆建白鹤观。九江之观在德化之白鹤乡。景隆中，又诏天下建景隆观，又建隆(龙)兴观。郡即以白鹤易名以应诏，复迁今观于山阳。宋祥符中，改名承天观，然后人仍名之曰白鹤，旧名古柏坛者也。

据此可知，白鹤观初建于德化白鹤乡，唐中宗神龙二年(706)敕置龙兴观，因移山中，易名龙兴观，但乡人仍称白鹤观。虞集称“景隆中”，应为“景龙”，乃唐中宗年号。

刘混成之师为三洞法师何子玉，一说何子玉是他的弟子。估计起初何子玉为师，刘混成为徒，但因刘混成后来于庐山“遇见异人”,所学更为精妙,名声也更大,超过了何子玉,所以反过来成了师父。刘混成自遇见异人,得其传授之后,栖息于五老峰石室,即木瓜洞,前后五十二年。另一种说法是刘混成居白鹤山久之,留其弟子何子玉守舍,自入五老峰石室。木瓜洞,在庐山东南石船峰前,洞如石屋,洞顶薜荔蔓延,洞旁有木瓜树,结实如梨,洞门至今尚存“木瓜洞”石刻,洞内有“石破云修”“枯木云留迹,瓜生月播烟”等题刻。

刘混成在木瓜洞,手植木瓜为食。修炼勤苦,食饵松桧,咽二景流霞,养三田玉醴。《历世真仙体道通鉴》说“斯乃道气真淳,物我莫干,情识两忘,和之至也。”据此可知他的修炼以简单的药物服食、炼气养和为主,不过也从事炼丹。《庐山纪事》引《山疏》:“白鹤观者,唐道士刘混成之居也。事具虞集记中。观有混成炼丹井、捣药臼。”

刘混成所居之处,庭有老杉,其高百尺,为刘混成亲手种植,又于观西自植松桧,《庐山记》卷三:“观之东北山上有木瓜岩。刘玄和始居岩中,尝植之,至今余蘖犹有存者。观中有大杉,其高百余尺,围二十尺,亦当时所植。熙宁五年,朝廷作中太一宫于京师,诏求幡竿木一百二十尺之长者。天下差官行山林,此杉几伐焉。”

刘混成在庐山,亦以医术、法术救人济世,《历世真仙体道通鉴》称他“凿丹井汲水以疗人之疾,多获痊愈”。这一点,是他在庐山享誉甚隆的主要原因。

《历世真仙体道通鉴》又记载,唐德宗贞元(785—805)中,吴元济乱,洪帅命幕府王遘奉表于京师,为乱军所擒。王遘家人到山中求玄和解救,玄和说:“观中有司命、司录二真君者,乃玉皇之侍臣,汝可精祷。”当即为拜章。不久,“有二神人导遘,车骑疾驰千里,由是脱难归家”。人以为拜章应验，自此朝野景慕。

按《全唐诗》卷七百九十四收入皎然（清昼）的联句诗《建安寺西院喜王朗中遘恩命初至联句》，作于大历（766—779）年间，共有29首，涉及的诗人有潘述、汤衡、裴济、王遘等。王遘（？—793），《旧唐书》记他于天宝十四年（755）官南昌令。《皎然集》卷十称王遘于代宗朝官祠部郎中兼侍御史。然而王遘之事与吴元济无关。唐宪宗元和九年（814），吴少阳死，其子元济匿不发丧，伪造少阳表，称病，请以元济为留后。朝廷不许。吴元济于是遣兵焚舞阳、叶县，攻掠鲁山、襄城、阳翟（今河南禹州）。宪宗发兵讨伐。此事在刘玄和、王遘去世之后。因此，“吴元济”当为吴少诚（750—809），幽州潞县人，淮西节度使，割据自雄，不听朝命，割据时间为贞元元年至元和四年（785—809）。

《庐山记》卷三引张弘《道门灵验记》云：“刘玄和地仙也，尝为郡守李承、薛弁章奏，皆有天曹批报，事悉符验。”按岑参有《送薛弁归河东》：“薛侯故乡处，五老峰西头。归路秦树灭，到乡河水流。看君马首去，满耳蝉声愁。”岑参（约715—770），与刘玄和同时，据其诗歌看，薛弁为庐山附近人。

自王遘脱险之后，朝野上下对刘混成非常景慕，《历世真仙体道通鉴》称“当时名贤顺风稽首礼敬”。但刘混成“唯平心静默，虚己济人，无求于世”。行法术却不以法术谋利，这是刘混成的可取之处。

韦应物有《寄黄、刘二尊师》：“庐山两道士，各在一峰居。矫掌白云表，晞发阳和初。清夜降真侣，焚香满空虚。中有无为乐，自然与世疏。道尊不可屈，符守岂暇馀。高斋遥致敬，愿示一编书。”韦应物(737—792),唐朝诗人,曾任江州刺史,此诗所寄,当为刘玄和、黄洞源。黄洞源为著名三洞法师,唐德宗建中元年(780)四月,迁居江州庐山,贞元五年(789)十一月复迁居润州茅山,因此韦应物此诗作于这九年之间。从诗歌来看,时人敬重刘混成,主要是因为他淡泊无为,高尚出尘。

《历世真仙体道通鉴》记载,贞元十年(794)十月十八日,刘混成对门下弟子范仙舟说:“吾久住五老峰,将游金华,玄谱有名,吾即往矣。汝等各宜勤苦学道,无身沈坠。”言讫仙逝。遗命藏剑于柏坛,弟子禀其遗旨。当往之日有白鹤翔鸣,晴天雷震,验之则尸逝柩空。去世之后,门弟子范仙舟等崇立殿堂,以昭严奉,后亦得道,莫知所终。按四川青城山有《青城山常道观敕》,碑阴最末之署名有“玄士范仙舟”。此敕为开元十三年(725)年颁,其中的范仙舟,或即刘玄和弟子。

唐朝之时,以行医著名的庐山道士还有薛肇。《太平广记》卷十七引《仙传拾遗》记载,“薛肇,不知何许人也,与进士崔宇于庐山读书”。文中又称“西城大仙陈溪薛君”,按浙江上虞有陈溪,薛肇当是上虞人。在庐山隐居读书的风气,兴盛于中唐时期,薛肇也应当是中唐人。薛肇与崔宇,还有其他两人,结伴在山中读书,但那两人耐不住清苦,学未成而去。崔宇勤苦于举子之业,不久便中了进士;薛肇致力于修道,不知师从何人。数年之间,薛肇已得“神仙之道”,擅长医术。庐山下有人患风劳,积年医治无效,待在家中等死。薛肇经过他家门口,憩树阴下,听人说起这回事,便去诊治,说:“此甚易耳,可以愈也。”留了一粒比米粒还小的丹药,对病人家属说:“明晨掐半粒,水吞之,自当有应。未愈,三日外更服半粒也。”病人家属不以为然，但还是让病人服了半粒丹药。没想到病人一吃下去，便能起身活动，到中午便能饮食，三日之后再服半粒丹药，病人"即神气迈逸，肌肤如玉，髭发青鬓，状可二十岁许人。"一个多月以后，薛肇复来，说此人有得道之相，就把他带上了庐山五老峰，从事修炼。崔宇及第之后，授东畿尉，赴任途中，忽逢薛肇，看见薛肇风尘满面，颇为感叹，又难免为自己而洋洋得意。薛肇请崔宇去自己的贫居叙话，实际上把他带入了一个仙境，其中"田畴花木，皆异凡境""高楼大门，殿阁森沉""女乐四十余辈，拜坐奏乐"，且"有一箜篌妓，最为姝颖"。临别，薛肇送给崔宇金三十斤。崔宇至官月余，求婚而得柳氏，一见面，正是那个箜篌妓。两人各话其事，大为惊骇，方知薛肇已经得道①。这个故事，与庐山三洞法师黄洞源之徒入仙境的故事如出一辙；而薛肇精于医术，又与刘混成一派类似。他可能兼得了两派的道术，总体上依然属于三洞道士。

二、春秋思过：屏风叠下的蔡寻真、李腾空

唐朝之时，女道士很多，庐山也有不少。如符载（？—约 813），字厚之，蜀人，初隐庐山，后辟西川掌书记，加授监察御史。他在庐山隐居时，曾为女道士梁洞微作《庐山故女道士梁洞微石碣铭》云：

> 有形必尽，至精不死。默默顺道，归根复始。灵龟或昏，鲜得造彼。仙师独觉，闭迹山水。岩岩庐峰，上承太空。紫云深处，石室在中。灵以静生，境因圆融。形气无朕，与天浑同。道昭成毁，时则代谢。人皆恶迁，我不拒

①王汝涛编校：《全唐小说》卷四，山东文艺出版社，1993 年，第 3083—3064 页。

化。鹤飞尘外，坛寄松下。唯馀天风，萧瑟晨夜[①]。

可知女道士梁洞微修炼长生飞升之术。杨衡《宿青牛谷梁炼师仙居》："随云步入青牛谷，青牛道士留我宿。可怜夜久月明中，唯有坛边一枝竹。"此梁炼师，或即女道士梁洞微。

唐代女道士蔡寻真、李腾空在庐山修道，闻名遐迩。《庐山志》记载：

蔡寻真，侍郎蔡某女也。李腾空，宰相李林甫女也。幼并超异，生富贵而不染，遂为女冠，同入庐山。蔡居屏风叠之南，李居屏风叠之北，学三洞法，以丹药、符箓救人疾苦。至三元八节，会于咏真洞，以相师讲。贞元中，九江守许浑以状闻，昭德皇后赐以金帛、土田。已而蜕去，门人收簪简瘗之，乡俗岁时祭祀不绝。昭德崩，许浑入朝，因乞赐观额，以昭追奉，诏以咏真洞寻真观（腾空所居）为昭德观。

这段记载，有不少模糊之处，亦有不少异说。

其一是两人入庐山修道的时间。《庐山志》说李腾空"幼并超异，生富贵而不染"，《历世真仙体道通鉴后集》说："二人少有异越，生长富贵无嗜好。每欲出家学道，父母不能夺其志。"则李腾空入庐山当在李林甫为相时期。李林甫于开元二十三年（735）任礼部尚书、同中书门下三品，旋封晋国公，在朝十九年，口蜜腹剑，人称"奸

①周绍良：《全唐文新编》卷七百三十，吉林文史出版社，2000年，第7818页。

相”,卒于天宝十一年(752)。李腾空入庐山,不会晚于李林甫去世之时,即天宝十一年,否则不能称“生富贵而不染”“父母不能夺其志”。

其二是两人修道的下限,即去世的时间。《庐山志》称“贞元中,昭德皇后赐以金帛、土田。已而蜕去”。昭德皇后去世,朝廷赐观额。陈舜俞《庐山记》卷三:“江州刺史柳浑入朝,会昭德皇后卒,因言庐山咏真洞尼蔡寻真并李腾空所居可锡观名,以申追奉,乃名寻真等所居为昭德观。”按昭德皇后在唐德宗即位时,册封为淑妃,贞元二年(786)十一月甲午,册立为皇后,当日去世,谥为昭德,故而“赐以金帛、土田”不可能发生在她被册封为皇后并去世的当日,而在此以前。赐号昭德观时,已出现“乡俗岁时祭祀不绝”的情况,可知李腾空已经去世好几年,她在庐山修道的下限当在唐德宗即位之初。

蔡寻真为蔡侍郎之女,生平不可考。易顺鼎《壬辰初春由沪至浔入庐山绝句》云:

> 生天太晚亦堪怜,搔背愁无鸟爪仙。海变桑田田变海,麻姑怕也近中年(以下二首过山中相思桥作。桥为李腾空与其师蔡寻真别处)①。

据此,蔡寻真实为李腾空之师,当比李腾空年长,亦在李腾空之前去世。

---

①钱仲联主编:《中国近代文学大系》第4辑第14卷《诗词集》,上海书店出版社,1991年,第705页。

其三是两人所建的道观名。

祝穆《方舆胜览》云：

延真观，在南康军城北四十里，旧名昭德。唐女真李腾空所居。

陈舜俞《庐山记》卷三：

张山之西三里，至延真观，旧曰昭德观。治平三年，赐今名。唐贞元中，李女真所创。女真名腾空，宰相李林甫之女……柳浑自江州刺史入朝，会昭德皇后薨，因言咏真洞蔡寻真并腾空所居可锡观名，以伸追奉。德宗因以寻真名咏真洞。而是观也，以昭德之谥名之。

周必大《书太白庐山诗记》云：

庐山之南，有寻真冲虚观，古名咏真。道书《真诰》述三十六洞天，而咏真为第八；七十二福地，庐山为元辰福地，是观即咏真洞天，五老峰正在其后。唐贞元间，女冠蔡寻真居之，因以名观。后有白龙潭飞瀑注焉。右见熙宁中陈令举贤良《庐山记》。乾道丁亥十月己未，予来游宿焉[1]。

---

①《永乐大典》卷九百零五，录《周益公大全集》。

元朝李洞《庐山游记》：

随至寻真观，女道士蔡寻真于此仙去，祠故在焉。

光绪《江西通志》卷一百二十四《胜迹略》：

寻真观，一名冲虚观。在星子县北二十五里。唐贞元间，女仙蔡寻真修炼于此，尝有诗，名《阑干曲》。道书以为第八洞天。

南宋王阮《延真观》诗序云：

唐女道士李腾空葬科简乘鸾处也。腾空，李林甫女，故太白诗："羡君相门女，学道爱神仙。"

根据这些记载，可知两人所居，并非一处，《庐山志》"蔡居屏风叠之南，李居屏风叠之北"的说法有道理。蔡寻真所居之处，原名咏真洞天，在五老峰下，即《真诰》所述三十六洞天之一（咏真洞天亦泛指庐山）；唐德宗时，始赐予观名，叫寻真观，冲虚观之名当为后出。李腾空所居，称为昭德观，宋英宗治平三年（1066）赐名延真观。

其四是给皇帝上奏请求赐予观名的官员。《庐山志》称："贞元中，九江守许浑以状闻。"按唐朝有诗人许浑，为唐文宗大和六年（832）进士，去唐德宗时甚远，不可能是他。《庐山记》卷二称"柳浑自江州刺史入朝"，唐德宗时有柳浑，曾为相，但史传并未记载他任江州刺史。按《新唐书·柳浑传》,柳浑于天宝初中进士,调单父尉,累除衢州司马。另据《武宁县志》,柳浑弃衢州司马之职,隐居武宁柳山,建有精舍,山因他而得名。后拜监察御史,求外职,遂知江西租庸院事,时约天宝二年(742),此后直至唐德宗登基,崔佑甫辅政(780),方才入朝为官,直至贞元五年(789)去世。柳浑在江西为官四十多年,对庐山甚为熟悉,《全唐文》收录他的文章,内有记载海昏县(在今永修县)及许逊之作。昭德皇后去世时,唐德宗令宰相张延赏、柳浑作《昭德皇后庙乐章》,嫌文才不足未用,可见柳浑此时方得德宗信任。或许此时江州刺史上奏李腾空事,故而柳浑有借机请封昭德观之举。

蔡寻真、李腾空所学为三洞法,她们也是三洞道士。《庐山志》说她们"至三元八节,会于咏真洞,以相师讲"。农历正月、七月、十月的十五为上元、中元、下元,合称三元;八节指立春、春分、立夏、夏至、立秋、秋分、立冬、冬至等八个节气。这些都是道士举行斋法的日子。

《云笈七签》卷三十七"斋戒部"引《洞玄灵宝六斋十直》云:"八节日,有八神记人善恶,三元日,天地水官校人之罪福。"故而必须于三元、八节举行斋醮。《道门大论》云:"灵宝斋有六法……第四,三元斋,首谢违犯科戒。第五,八节斋,忏洗宿新之过。"说灵宝斋分为六种斋法,第四种为三元斋法,若有人违犯科戒,于此时忏悔谢罪,请求神灵的宽恕,第五种为八节斋法,用以忏悔过失,迎接新生。又引《玄门大论》云:"十二斋:……八者三元斋,学士己身悔罪。九者八节斋,学士谢过求仙。""八节斋:凡八节之日,是上天八会大庆之日也。其日诸天大圣尊神,上会灵宝玄都、玉京上宫,朝庆天真,奉戒持斋,游行诵经。此日修斋持戒,宗奉天文者,皆为五帝所举,书名玉历。”也就是说在三元、八节,天上所有的神仙聚会,在这些日子举行斋戒,可以得到天帝的恩泽,名登仙籍。

具体的斋戒方法,见于《云笈七签》卷三十七《四极明科》云:

> 立春、春分,然九灯于庭;立夏、夏至,然八灯;立秋、秋分,然六灯;立冬、冬至,然五灯;本命日,十二灯,自此陈乞谢过祈恩。用灯于庭……咒曰:高上太真万圣帝皇五帝玉司总仙监真,今日吉辰,八节开陈。阳罪阴考,绝灭九阴。于今永始,拔释七玄。免脱火乡,永离刀山。三涂五苦,不累我身。得同天地,长保帝晨。五愿八会,靡不如言。咒毕,解巾叩头百二十过,当令额向地而已 ,勿令痛。竟复巾,仰天,心念:我身今日,上享天恩,赐反形骸,受生飞仙。毕,仰咽二十四气止。如此三年,宿衰除,身与真同。

李腾空学三洞法,对其中悔罪、谢过的三元、八节斋特别看重,或者与她的出身有关。她的父亲李林甫,为相时害了不少好人,李腾空代父悔罪,为家人消灾,也是正常的表现。

蔡寻真、李腾空修道,后世慕之,如五代时庐山杨保宗就是步其后尘者。民间还流传着蔡寻真的诗词,清朝宋长白《柳亭诗话》云:“蔡即上清真人,陈少阳闻歌于勾阑者也。”洪迈《夷坚志》云:

> 陈东,靖康间尝饮于京师酒楼,有倡打坐而歌者。东不顾,乃去倚栏独立,歌望江南词,音调清越,东不觉倾听。

> 视其衣服皆故弊,时以手揭衣爬搔,肌肤绰约如雪,乃复呼使前再歌之。其词曰:"阑干曲,红飐绣帘旌。花嫩不禁纤手捻,被风吹去意还惊。眉黛蹙山青,铿铁板,闲引步虚声。尘世无人知此曲,却骑黄鹤上瑶京,风冷月华清。"东问何人制,曰:"上清蔡真人词也。"歌罢,得数钱,即下楼。亟遣仆追之,已失矣。

陈东(1086—1127),字少阳,镇江丹阳(今江苏镇江)人。倜傥负气,以贡入太学。宋钦宗即位,上书论蔡京等六人为六贼,请诛以谢天下。李纲罢,复率诸生伏宣德门上书,从者数万,于是诏李纲复领行营,除陈东太学录。陈东再请诛蔡氏,辞官以去。南渡后会李纲去相,陈东上书乞留李纲,不报,乃与布衣欧阳澈同被宋高宗斩于市。后追赠秘阁修撰。有《靖炎两朝闻见录》及《少阳集》传世。《宋史》有传。陈东所闻蔡寻真作的《望江南》,不知真伪,但可知当时依然有蔡寻真的故事流传。

三、桃源归来:紫霄峰侧的三洞法师

唐德宗建中元年(780),三洞法师黄洞源来到紫霄峰,《江西通志》卷一百八十记载:

> 黄洞源,桃源洞人,有道术,时号三洞法师。建中元年入庐山紫霄峰下,得石坛,筑庵居之①。

---

①(光绪)《江西通志》卷一八百十,《续修四库全书》,齐鲁书社,1996年。

黄洞源，又作黄洞元（698—792），茅山派十五代宗师，号洞真先生。符载《黄仙师瞿童记》：

> 郎州桃源桃花观，南岳黄洞元居焉……仙师以建元中（应作建中元年）自武陵卜居于庐山紫霄峰下，古坛石室，高驾颢气①。

黄洞源于建中元年自武陵移居于庐山。符载此记作于贞元元年（785）八月二十日，时黄洞源尚在庐山。符载曾和杨衡、李元象、王简言同隐庐山，称“山中四友”。符载《荆州与杨衡说旧因送游南越序》云：

> 载弱年与北海王简言、陇西李元象洎中师高明会合于蜀，四人相依然，约为友，遂同诣青城山，斩刈蓁苇，手树屋宇，俱务佐王之学……无几何，共欲张闻见之路，方乘扁舟，沿三峡，造浔阳庐山，复营蓬居，遂我遁栖。二三子以道德相播，以林壑相尚，精综六籍，翱翔百氏，繇是声誉殷然，为江湖闻人。居五六年，载出庐岳，归蜀问起居……噫！青城匡庐，岑嵚际天，下有烟霞，上有神仙。缅怀曩昔逍遥其下，背负素琴，手持道书，掬泉扫石，吟啸终昼。

杨衡也有《登紫霄峰赠黄仙师》诗，紫霄峰在庐山。又温造《瞿

①周绍良：《全唐文新编》卷六八九，吉林文史出版社，2000年，第7798页。

童述》:

> 建中元年四月,洞源迁居江州庐山。贞元五年十一月,复迁居润州茅山。

贞元五年(789),黄洞源从庐山迁居茅山,在庐山前后呆了十年。

黄洞源早年在茅山师事李含光,后嗣韦景昭之学。他先住在当时茅山道教的胜地朗州的武陵观,收有一位弟子瞿童,据传瞿童白日升仙,此事传诵一时,引起众多文人的关注。

符载《黄仙师瞿童记》说黄洞源"有弟子姓瞿字柏庭……大历四年庚寅岁,自辰溪来,稽首宇下,愿荫道域,厕役隶之末"。可是这个瞿童"往往独行,入溪洞中,根究深处,信宿方返"。也就是动不动就游到仙境中去。黄洞源对此很是不满,瞿童说:"偶造佳地,遭遇神圣耳。"又说仙境中的"草木、屋宇、饮食,使人澹然忘情,不乐故处"。大历八年(773),正衣冠与师友拜别于户外,自言"灵期逼近,难可留止",从此长去不返矣:

> 室有同学道士朱灵辨者,恐童子精神慑懦,为妖邪所攻,将欲载丹笔符而御之。童不怿,且多傲词,云他辰之相见,岁在降娄矣。庭际有大栗树,远人不过数仞,遂背行冉冉,从树旁灭没化去,有声隆然,如风飘雷震。众以为事出言妄,怪愕失次,驰告邻落,四围而索之,千崖沉沉,漠然无声。洞西行一二里,有巨蛇,威猛甚盛,自道中拖腹横据,

势不得近。次至于东隅,见右足八指,罗印于地上,折弱筱八枝,纵横插植,若志冥验之数,馀不复睹。

温造《瞿童述》叙述更为生动:

七年二月,朗州刺史胡叔清招洞源下郡,赴之。留柏庭山中植果药。逾一十日,洞源来。柏庭一不植,诘之,答曰:"见尊师去州,于山林寻仙穴。"洞源曰:"汝所寻何见?"答曰:"见石室、石床、石几。"洞源曰:"石室何许?"曰:"约去一里半。"洞源疑而不穷入。旬日,柏庭于药园中得一棋子,捧呈洞源曰:"秦人棋子。"洞源异之曰:"谁为谓汝,乌知其然?"复曰:"是诚秦人棋子。"洞源谛视之,状若小龟,光润如玉①。

根据这些叙述,可知黄洞源使用以符箓驱除邪祟的法术,而且屡屡制造成仙的故事。在温造的叙述中,可明显看出陶渊明《桃花源记》的影响。

喜欢使用三洞法术的庐山道士,还有茅安道。《太平广记》卷七十八录薛用弱《集异记》:

唐茅安道,庐山道士,能书符役鬼,幻化无端,从学者常数百人。曾授二弟子以隐形洞视之术。

①周绍良:《全唐文新编》卷七百三十,吉林文史出版社,2000年,第8458页。

茅安道能画符驱鬼,变化隐形,两位弟子学得法术之后,托言归养双亲辞去。茅安道叮嘱他们不得四处炫耀法术,"苟违吾教,吾能令尔之术,临事不验耳"。两位弟子阳奉阴违,听说韩滉在润州,非常痛恨他们这一类人,就打算去试一试。到了韩滉那里,韩滉根本不礼待他们,于是两位弟子故作放诞,韩滉大怒,命吏卒缚之,两位弟子行法术想遁形,却不灵验了。韩滉将处死他们,两位弟子说师父误我,韩滉就想把茅安道找来一并杀之,但茅安道已突然出现在面前,"遽令召入,安道厐眉美髯,姿状高古。公望见,不觉离席,延之对坐"。茅安道请责备两位弟子后再杀,突然之间喝了一点砚台水,喷在两位弟子身上,"当时化为双黑鼠,乱走于庭前。安道奋迅,忽变为巨鸢,每足攫一鼠,冲飞而去。"小说之言,虽不足信,但可知茅安道也是一个三洞法师。

故事中的韩滉(723—787),字太冲,长安人,至德年间任吏部员外郎,性强直。贞元初加检校左仆射及江淮转运使,封晋国公。因此该故事发生在贞元时期,茅安道或许就是黄洞源在庐山的传人。

李玄真,生卒年不详,唐辽东(今辽宁辽阳)人,庐山崇玄馆道士。精于道教的符箓诸术,著有《上清金母求仙上法》一卷。书中绘有九组灵宝符,并有相应的译解文字,所谓"先画真符,诀解其音"。第十组有译解,但没有符;另有十九符,既无符文,又无译解,所谓"版符已出,音诀未出",仅标其名,如《九天太素阴生符》《三天太玄阴生符》等。此书对道教符箓派的发展有一定的推动作用,成为道士研习符箓之术的重要典籍。《上清金母求仙上法》序云:

王母请问太上道君曰:不审《灵宝经》中符图,则有文字，其文秘隐，未蒙训授……如蒙晓究，则遭启拔，运遇自然。

道君曰：……昔元始天王于金格玉台之上，赐授众符音诀，听传有道之人，云一劫之周，当有邈世高贤，白帝西灵之质，请求此文。子今有问，其验已明，辄不隐藏，演而宣之。子宜宝录，慎勿轻宣，若有得者，仙道便成。今缮为一卷，先画真符，诀解其音，唯有太素阳生一十九符，缄秘其文，在大小劫中，来运冀有可期。今传子灵宝见出真符，解音如左。卷内符并朱书。

其中“第一解五方真文十符音”，用于明正道、定日月、开山水，召集群真。第六解三部八景三篇玉文符用于通神摄气，使“黄中理气，元生自在，胃管幽通，六腑俱存，白元公子，桃康德淳，养育朱丹，洞神往还”。第八解五方五牙玉文符音用于采五方之气，或服食青牙，饮以朝霞；或服食朱丹，饮以丹池；或服食精气，饮以醴泉；或服食明石，饮以灵液；或服食玄滋，饮以玉饴。

《上清金母求仙上法》跋云：

庐山崇玄馆北岳游玄先生，辽东李玄真敬白同法先生道士：……夫三洞御运，起乎龙汉，大国幽藏，不备显行，灵宝一乘符图旨诀，未悉出世，末代资禀，阙少弥众，文义舛谬，乖违旧体，既寡明匠，取处莫因。历观同法所奉经图文字，僻误往往非一……但见世上同法之徒，埋身孤乡，进无明师可范，退无葛氏三真之训，擅称超俗，其实顿空……予以猥侧，运逢幸际，昔蒙师真，陶渐至化，忝荷推延，七十余载，未能挹炼还丹，服御自持，仰寻至文，实忘霜夏，研览秘籍，粗欲徧周，趣求未见，取毕寸衿。到今庚午年三月八日，于讲座令弟子王延真，开先师宝台，忽于织成蕴中，得此一卷，骇众互窥，喜庆交深，生来及长，未闻传见。于是便投黄金三两，于清冷之渊，仰禀玄师，奉受此文。到丙子岁，逾涉七年，辄以文传弟子五十八人。夫道由人弘，至化宜均，今遣弟子王延真，宣布未闻，若未盟坛，可于坛授诀。

李玄真为庐山崇玄馆道士。按《通典》："玄宗方弘道化，至二十九年，始于京师置崇玄馆，诸州置道学，生徒有差，谓之道举。举送、课试于明经同。"因此，《上清金母求仙上法》跋提到的庚午，应当是开元二十九年（741）之后的第一个庚午，即唐德宗贞元六年（790）。跋又云："予以猥侧，运逢幸际，昔蒙师真，陶渐至化，忝荷推延，七十余载"，表明庚午年李玄真已经七十多岁了。唐玄宗开元二十九年（741），朝廷开设崇玄馆，收录生徒，二十多岁的李玄真遂得以"运逢幸际，昔蒙师真"，到贞元六年（790），他已有七十多岁，修道已有五十多年。故知李玄真作《上清金母求仙上法》，就在贞元十二年（796）丙子岁，时年近八十。

第三节　从吴筠到李渤：道情文心的融合

对于隐居庐山的文人来说，三洞法术固然奇幻可喜，但不足以寄托心魂。而庐山有一些道士，专精于老庄清静之旨，这些才能满足他们的精神需要。

桑乔《庐山纪事》引《旧志》云，李道冲，唐末浔阳人，“不茹荤酒，传法箓于异人，结庵紫霄而讲庄老，忽语人：‘吾欲远游且不返。’众未悟，竞沮留之，及午而逝。”《永乐大典》引《江州志》，有李道冲《老庄论》一卷。《江西通志》卷一百八十记载：“李(一作陈)道冲，浔阳人”，其余文字与《庐山纪事》同。因此，李道冲即赵道一《历世真仙体道通鉴》卷三十一记载的陈道冲，生活在隋唐之际，并非唐末人：

> 法师姓陈氏，名道冲，浔阳人……儿时便不饮酒茹荤，每闻人讲经论道，则倾耳谛听。既长，戒行高洁，传法箓于异人，遂结庵于紫霄之别峰，即胜绝处也。有弟子八九人，亦戒行有学，门庭甚峻，不妄接人。当时蒙其容与者，名为“登龙门”，以比汉李膺焉。道冲酷嗜老庄，非徒诵其文，能彻其理方。尝以谓“吾教本宗老庄，而老庄之意，本是悟明性地。”故其言每每云：“莫若以明，此其的也。后人但知习术而泥迹，失之远矣。”晨暮必为群弟子讲说，有著论一篇传于世。

陈道冲去世于唐太宗贞观二十一年(647)春，相传他活了一百一十四岁，“举棺如无物，人以为仙去”。他在庐山紫霄峰修道，虽传法箓，更重老庄，颇有道家清静之风。这种传统，自陆修静以来就开始出现了，而对于文人来说，钻研老庄，追求清静，也特别符合他们的需要。

曾经在庐山隐居的著名道士吴筠，也在其修道生涯中体现了清虚无为的精神追求。

吴筠（？—778），唐代著名道士，字贞节，一作正节。华州华阴（今属陕西）人。少通经，善属文。因举进士不第，乃入嵩山，师事潘师正为道士，传上清经法。开元（713—741）中，遍游金陵、茅山、天台等地，唐玄宗闻其名，召见于大同殿，令待诏翰林，他亦乐意以文人自居，唐玄宗问以道法，吴筠说："道法之精，无如《五千言》，其诸枝词蔓说，徒费纸札耳。"又问神仙修炼之事，答以："此野人之事，当以岁月功行求之，非人主之所宜适意。"颇有"子不语怪力乱神"的意思，也体现了他崇尚老子清虚无为的思想取向。天宝（742—750）中，见李林甫、杨国忠用事，纲纪日紊，乃坚求还嵩山，屡请不许。不久，安禄山欲称兵，又求还茅山，玄宗许之。既而中原大乱，吴筠乃东游会稽，隐于剡中，逍遥泉石，乐于与李白、孔巢父等文人相酬和。大历十三年（778），卒于越中。

吴筠游庐山，在安史之乱后。权德舆为其《宗玄集》作序，称"虚舟泛然东下，栖匡庐，登会稽。"陈舜俞《庐山记》卷三记载庐山简寂观，"至唐宝应中，道士吴筠又作先生碑，上元二年岁次辛丑九月十三日建。二碑并保大中重立。"又记载有《简寂先生陆君碑》，题为"中岳道士翰林供奉吴筠文并书"，立于南唐保大五年（948）六月。这两处记载，指的是同一篇文章。《简寂先生陆君碑》撰于唐肃宗上元二年（761），同时刻石树碑，吴筠游庐山亦在此时。吴筠有《秋日彭蠡湖中观庐山》《酬叶县刘明府避地庐山言怀诒郑录事昆季苟尊师兼见赠》《登庐山东峰观九江合彭蠡湖》《晚到湖口见庐山作呈诸故人》等诗，均作于庐山附近。又有《云液泉赋》，序云：

> 筠所居之东岭，其侧有泉，洪纤如指，冬夏若一。山少凡石，至多云母，其水色白，味甘且滑。此则云母滋液所致，因名“云液之泉”，乃结宇其旁，引于轩庑之下。既饮既漱，永玩无斁。今兹夏季不雨，至于十月，江河耗，井涧涸。此泉泠泠，不减平昔。懿其若是，爰以作赋①。

云液泉在庐山康王谷中，《庐山纪事》引《桑疏》：“云液泉，在谷帘泉侧……清冽甘寒，远出谷帘之上，乃不得为第一，何也？”吴筠在序中提到这一年庐山大旱，从夏天到十月份都没有下雨，以至于江河枯耗，井涧干涸。查《新唐书·本纪第六》，上元二年（761）没有大旱的记载，倒是唐代宗大历七年（772）一次大旱与吴筠所叙相似：

> 大历七年二月庚午，江水泛溢。五月乙酉，大雨雹，大风拔木。乙未，以旱大赦，减膳，彻乐……十月乙亥，以淮南旱，免租、庸三之二。

这一年的大旱，从五月延续到十月，旱情非常严重，粮食大幅度减产，以至于朝廷减免了三分之二的租税。据此可知大历七年（772）吴筠在庐山隐居。

吴筠在庐山，不像专职道士那样致力于道教活动，倒是有很多文人化的表现。如《酬叶县刘明府避地庐山言怀诒郑录事昆季荀尊师兼见赠》云：

---

①周绍良：《全唐文新编》卷九二五，吉林文史出版社，2000 年，第 12711 页。

明哲良罕遇，遇君辄思齐。挺生著天爵，自可析人珪。河洛初沸腾，方期扫虹霓。时命竟未合，安能亲鼓鼙。从此罢飞凫，投簪辞割鸡。驱车适南土，忠孝两不睽。庐岳镇江介，于焉惬林栖。

这首诗写刘明府有意于用世，颇有匡扶朝廷之志，只因时命不合，不得不归隐庐山，以求自适，实质上这也写出了吴筠自己的抱负。又《云液泉赋》云：

疢可蠲，生可益。引充狎玩，唯意所适。悬之则洁素，壅之则澄碧。昼浮光以悠扬，夜含响以澌沥。阴阳为灾，水旱失节。不雨炎夏，暨乎元月。汪汪洪波久已竭，耿耿瀑布今亦绝。挫江湖之浩荡，沉涧谷之微劣。斯泉秉彝，毫纤无亏。

这一汪澄净、透明、光泽闪烁的云液泉，可以疗伤，可以养生，秋冬不改，大旱不绝，分明象征了作者那一种虚静、淡泊、自得其乐的内心世界，玄素之心。这一点，是文人们隐居庐山、接触道教时得到的最大感悟，受到的最大影响。

吴筠这种清静无为的风度，也体现在庐山其他道士的身上，如《历世真仙体道通鉴》卷四十二记载，熊德融，字大光，荆州人，自幼淡泊，不茹荤腥，十三岁便出家访道，不辞辛苦。后至九疑山，忽遇一个“绿发朱颜，眸子莹然”的异人，便向他问道。那人将他引入山中石窟，谓曰：

夫道不欲杂，杂则扰，扰则忧，忧则不救，故圣人先存诸己而后存诸人。又曰："绵绵若存，用之不勤。子之骨法终成仙道，今犹未也。"因腰间取一葫芦，倾酒饮之，云："他日相会，勉旃勉旃。"遂入，德融伺候数日，竟不复出，因怅然而返，自失者累月。唐宣宗大中初，遂游庐山，居于简寂观。常宴坐一室，终日寂然，人莫测其所为。至懿宗咸通二年解化。葬讫后数日，有道士南归，道逢德融，幅巾华杖独步，因问何往，曰："吾之九疑寻师矣。"道士既归，语其事，发棺视之，唯有一簪而已。先是，从游者如李相国珏，崔相国植，于刺史德诲诸公，皆奉其道，称其门人焉。

唐人许彬有《酬简寂熊尊师以赵员外庐山草堂见赠》，熊尊师即熊德融。熊德融有志修仙，得九疑山高人指导，遂以清静淡泊、修养心性为事。这一点深得文人欣赏，故而崔植等人皆乐意与之往来。

唐朝时期，到庐山隐居、修道的文人很多。这些文人接受三洞道士的影响，旨在躲避喧嚣、排解忧闷、保形炼气，他们对这些方面的推崇，反过来又促进了三洞道士的转化，使庐山道教向修心养性、炼气颐神的方向发展，进而促进了内丹术的产生。

伟大诗人李白，与庐山关系密切，一生曾五上庐山，一度隐居于屏风叠。《赠王判官时余归隐庐山屏风叠》诗云："大盗割鸿沟，如风扫秋叶。吾非济代人，且隐屏风叠。"李白在庐山的活动，常与修道炼丹有关，诗歌中有"仆卧香炉顶，餐霞嗽瑶泉""早服还丹无世情，琴心三叠道初成"等表述。还丹相传为黄帝九鼎神丹之四，由水银、雄黄等物质配制炼成。“琴心三叠”当指《黄庭内景经》所载“三叠琴心化胎仙”,是说血脉和平之极,圣胎结出,便可成仙。李白炼丹、修心并举,与当时庐山道士所为一致。

李白续娶的宗夫人崇道,李白有《题嵩山逸人元丹丘山居》云:“拙妻好乘鸾,娇女爱飞鹤。提携访神仙,从此炼金药。”宗夫人是武则天、唐中宗时期宰相宗楚客的孙女,她与喜好神仙的李白志同道合,后来又到庐山,拜女道士李腾空为师。李白有《送内寻庐山女道士李腾空》二首,其一云:

君寻腾空子,应到碧山家。水舂云母碓,风扫石楠花。若恋幽居好,相邀弄紫霞。多君相门女,学道爱神仙。素手掬青霭,罗衣曳紫烟。一往屏风叠,乘鸾不着鞭。

安旗《李白全集编年注释》将此诗系于上元二年(761)春末,说李白遇赦归豫章与宗氏重聚后,即送其往庐山修道,次年李白便去世了;但这一说法尚不能确定。诗中提到的云母,为炼丹药物之一,庐山盛产,服用时以水碓捣炼,舂成细末。从宗夫人向李腾空学道的情景,可窥见李白在庐山炼丹服砂的大致情形。

李白在庐山修道,与他失意仕途、自放于山水之间的心态是密不可分的。在现实中屡屡受挫的他,在修道名山的生涯中得到了莫大的快慰,这一点对后人影响很大,也让众多文人看到了道教的文化价值。

中唐时期,北方比较动荡,南方相对安宁,在庐山一带修道炼丹的文人也更多了。他们一方面习道,一方面研究典籍,创作诗文,对庐山的道教文化、山水文化贡献颇多。

李翱《故处士侯君墓志》记载:

> 侯高字玄览,上谷人。少为道士,学黄老练气保形之术,居庐山,号华阳居士。

李翱说侯玄览为文有汉魏之风,与平昌人孟郊(东野)、昌黎人韩愈(退之)、陇西人李渤(浚之)、河南人独孤朗(用晦)、陇西人李翱(习之)相往来。贞元十五年(799)到苏州,后在盱眙、信安、剡县等地为官,不幸得心疾,留其子狗儿于李翱家,自己返回庐山,尚未到达而卒①。侯高青年时在庐山为道士,学黄老练气保形之术。据《三洞群仙录》记载,东晋抱朴子葛洪之叔祖葛玄,学炼气保形之道,后白日飞升,位登太极左宫,人称葛仙翁。此炼气保形术,也与陆修静修习的类似。

唐代大诗人白居易被贬为江州司马以后,悲愤莫名,常游览庐山寺观,与释道交往,论禅修仙,藉以平息内心的痛苦。他曾作《寻郭道士不遇》《寻王道士茶堂》《寻李道士山居》等诗,与道友的交往颇为频繁。如《寻王道士茶堂》云:"白石先生小有洞,黄芽姹女大还丹。常悲东郭千家冢,欲乞西山五色丸。但恐长生须有籍,仙台试为检名看。"以道教的悲幻人生观,化解仕途波折带来的痛苦。他还试图学习烧炼外丹,《东坡志林》卷一《乐天烧丹》条谓:"乐天作庐山草堂,盖亦烧丹也,欲成而炉鼎败。"白居易《思旧》诗云:"退之

①董诰等编:《全唐文》卷六百三十九,山西教育出版社,2002 年,第 3812 页。

服硫黄,一病讫不痊。微之炼秋石,未老身溘然。杜子得丹诀,终日断腥膻。崔君夸药力,终冬不衣绵。或疾或暴夭,悉不过中年。唯余不服食,老命反迟延。”指出了外丹的荒诞。炼丹失败后,白居易转心于静坐养气,对于化解心理症结来说,这才是正确的方法。

中唐时期的名臣李渤,早年隐居庐山、嵩山,唐宪宗时被荐为官,曾任考功员外郎、江州刺史、桂州刺史、桂管都防御观察使等职,《旧唐书》《新唐书》皆有传。《新唐书》称他“孤操自将,不苟合于世,人咸谓之沽激。屡以言斥,而悻直不少衰,守节者尚之”。少年时的李渤,因父亲流放施州(今湖北恩施),耻于“家污”,漫游四方,不肯入仕。在漫游中,李渤隐居庐山甚久。

李渤在贞元十四年(798)以前就到了庐山,作有《辨石钟山记》。石钟山在湖口县,离李渤隐居的庐山白鹿洞很近,文末题名曰“贞元戊寅岁七月八日白鹿先生记”,贞元戊寅即贞元十四年(798)。《太平寰宇记》卷一百一十一“江州都昌县”载录此文,并云“白鹿先生姓李名渤,字浚之,时隐庐山,因所居洞为号,后任江州刺史。谏议大夫给事中权管观察使大和元年八月七日故吏湖口镇将吴文干刻石。”大和元年即827年,离贞元十四年(798)不过39年,因此这一记载是很准确的。

李渤住在庐山南的白鹿洞,陈舜俞《庐山记》云:“又五里至白鹿洞。贞元中,李渤字浚之,与仲兄偕隐居焉。后徙少室。”历代《白鹿洞书院志》均记载李渤与其兄李涉在此隐居读书。李渤养白鹿一头,白鹿颇通人性,出入随行,还能独自前往市肆为主人购物,山民甚以为奇,尊李渤为“白鹿先生”“白鹿山人”。后来李出任江州刺史,又到庐山,于洞中创台榭,引流植花,正德《南康府志》《庐山通志》对此皆有记载。南唐在白鹿洞设书院，南宋朱熹又兴复之，白鹿洞遂扬名天下。

唐朝时，庐山一带的道教文化非常兴盛，李渤在这里隐居，其兴趣也在慕隐慕道方面。《新唐书·李渤传》说：

与仲兄涉偕隐庐山。尝以列御寇拒粟，其妻怒，是无妇也；乐羊子舍金，妻让之，是无夫也。乃摭古联德高蹈者，以楚接舆、老莱子、黔娄先生、於陵子、王孺仲、梁鸿六人，图象赞其行，因以自儆。

李渤敬重这些人物高蹈方外、不染尘俗的气节，也想做一个类似的隐士。其诗《喜弟淑再至为长歌》："庐山峨峨倚天碧，捧排空崖千万尺。社榜长题高士名，食堂每记云山迹。我本开云此山住，偶为名利相萦误。自负心机四十年，羞闻社客山中篇。"就体现了这种心迹。

广西桂林南溪元岩，有唐朝宝历元年（825）李涉的《南溪元岩铭并序》碑刻，题为"青溪子李涉"刻，铭曰：

予之仲曰渤，受天雅性，生不杂玩。少尝读《高士传》《列仙经》，游衡、霍幽遐之境，巢嵩、庐水石之奥，凡俗所覩，必皆砻磨大璞，剪凿遗病，意适而制，非主于名①。

①张家瑶：《古代桂林山水文选》，漓江出版社，1982 年，第 142 页。

可见李渤在庐山兼慕列仙，不仅仅是高隐而已。

李渤在白鹿洞，筑有类似于道者所居的栖真堂。《云笈七签》卷五收录了李渤的《真系》，又名《真系传》[①]。《新唐书·艺文志》目录亦有李渤《真系传》一卷，文末题“于庐山白鹿洞栖真堂中述”。

《真系》这一组文章，对道教上清派人物作了溯源探流的叙述，说“道门以经箓授受，所自来远矣”，从“晋兴宁乙丑岁，众真降授于杨君”，一直到“司马君授李君，李君至于杨君，十三世矣”。这种叙述，对了解上清派的历史颇有价值，也可见李渤在这方面有深入的钻研。其中《茅山玄静李先生》所云的李先生即李含光，广陵江都（今江苏扬州）人，精通黄老之术，与司马承祯结为方外交，住东都洛阳龙兴观，后移居嵩山修道达二十年。唐代宗大历四年（769）于茅山去世，离李渤在庐山隐居不到四十年。李渤说：“无为而无不为者，我真宗之道也。”似乎他还正式皈依了道门。

李渤《真系》末题为“时贞元乙酉岁七月二十一日，于庐山白鹿洞栖真堂中述”。乙酉即唐德宗贞元二十一年（805）。然而，李渤又有《少室仙伯王君碑铭》，记载隋唐著名道士嵩山王远知（530—635）事迹，文末题为“贞元癸未，鄙人至自庐岳，栖托瀍溪，牵萝践危，深入丹窟……礼空投诚，铭辞于石”[②]。贞元癸未为贞元十九年（803），可知此年李渤从庐山来到嵩山。根据史传，李渤隐居嵩山之后，即得到了朝廷的征召，初辞而复出，遂定居洛阳，故而入嵩山之后不可能再有时间回到庐山隐居。《真系》题为“贞元乙酉岁”在庐

①《云笈七签》卷五，《道藏要籍选刊》第1册，上海古籍出版社，1989年，第27—33页。

②董诰等编：《全唐文》卷七百一十二，山西教育出版社，2002年，第4314页。

山白鹿洞栖真堂中撰述，似乎李渤入嵩山后又返回庐山去了，这与上述事迹不吻合，所以乙酉应为“癸酉”即贞元九年（793）或“乙亥”即贞元十一年（795）之误。法国施舟人《韩愈之友李渤及其〈真系传〉》说：

> 贞元乙酉七月二十一日当公元805年8月10日，此后不足一月，宪宗于805年9月5日即位。渤撰《真系传》可能与此时情况有关。渤序谓其时彼仍在庐山，而据上引铭文，则渤于贞元癸未已抵少室，此种时间上的矛盾，或正与宪宗登极有关①。

施舟人说，唐宪宗好道，李渤为出仕计，故意撰《真系》以博取皇帝欢心。但唐宪宗此时还没有即位，久居山野的李渤，去取悦一个深居宫廷的皇子，于情理上说不通。如果说《真系》作于唐宪宗登基之后，则李渤又何必假托一个并不在庐山的时间以故意露出破绽？李渤曾推辞朝廷的征召，入朝后也不以道术取媚，因此这一时间上的矛盾，只能是传抄错误所致。

李渤《真系》叙述人物，最看重的是道士那种超然于人间悲欢、游心于物外的气度。《真系》序：“且知理而不知神，非长生之士也。超理入神，混合于气，无为而无不为者，我真宗之道也。”就明确指出了这一点。《梁茅山贞白先生传》：“少忧戚，无嫉竞，灭喜怒，澹哀乐……深慕张良之为人，率任轻虚，飘飘然恒有云间器。其所修为，

①施舟人等：《韩愈研究论文集》，广东人民出版社，1988年，第332—333页。

皆自得于心，非傍识能及。”《中岳体元潘先生传》：“先生神标仙骨，雅似隐居。夫阶真韬冥，练景游化者，其有类乎？”《茅山元静李先生传》：“孕育至化，虚融物心，心一变至于学，学一变至于道。同淑气自来，得之不见，所以抠衣而进者，仰范元和，若秋芳之依层巘，夏潦之会通川也。”皆可见他所看重的是道士们的虚淡之心，凌云之气，这一点，也集中反映了在庐山与李渤同游的其他文人的思想，对庐山道教的发展颇有影响。

李翱《故处士侯君墓志》提到上谷人侯高“少为道士，学黄老练气保形之术，居庐山，号华阳居士”，经常往来者，有孟郊、韩愈、李渤、独孤朗、李翱等，后来汴州乱，“兵士杀留后陆长源，东取刘逸淮，乃作《吊汴州文》，投之大川以诉。贞元十五年，翱遇元览于苏州，出其词以示翱”。宣武节度使陆长源为乱军所杀并被烹食，时在贞元十五年(799)，在这之前，侯高与李渤在庐山往来，而“黄老练气保形之术”是他们的共同爱好。

吴宗慈《庐山志》引《豫章诗话》记载有“萧存、魏弘、李渤同游大林题名”①，按萧存字成性，颍川(今河南许昌人)，生卒年为739—800，符载《尚书比部郎中萧府君墓志铭》(见《全唐文》卷六百九十一)云：

> 自贞元元年夏至十年春，凡再为侍御史，四为尚书郎……竟罢归浔阳。君有草堂在庐山下紫霄峰，晚节学无生，得禅悦之味，每天气寥朗，神有所诣，辄驾紫骝，携酒壶

①吴宗慈编，胡迎建等校注：《庐山志》(下册)，江西人民出版社，1996年，第562页。

学业,同紫府之客,恣游其上,弄泉坐石,不记早暮。

根据铭文,萧存到浔阳之后,恣意游览,但“无几何”,在登黄石岩之绝巅时,突发疾病,从此得了“右体麻痹不仁”的病,类似于偏瘫,“虽药膳充席,不得施其力焉”。最终于贞元“十六年冬十月五日卒于浔阳湓城之私第。”萧存在浔阳为贞元十年(794)以后,贞元十六年(800)去世。去世之前很长一段时间,他的右半个身子偏瘫,不能行走,因此与李渤同游庐山大林寺大约在贞元十三年(797)或者十四年(798),李渤也是文中所说的一位“紫府之客”。紫霄峰在庐山南,离李渤隐居的地方不远。几个文人同游庐山,共品“禅悦之味”,以山水的恣游印证心灵的浪游,都反映了文人好道的实质。

李渤的好道、慕道之举,对其他文人颇有影响。陈舜俞《庐山记》卷三:“谷源东北行二里,至证寂院,旧名折桂庵。唐相李逢吉,旧依李渤学于此山。逢吉去而为僧居,故名折桂。”李逢吉曾依李渤学,所学当为道教之书。《全唐文》卷六百一十六李逢吉《折桂庵记》云:“吾顷年奉家君牧九江,得从白鹿先生浚之游观焉……贞元辛巳岁六月十五日李逢吉述。”贞元辛巳为贞元十七年(801)。

综合上述,李渤在庐山隐居的时间,在贞元十四年戊寅(798)至贞元十九年癸未(803)之间,五六年中,他与隐居庐山的文人交往,品味道教修行的真谛,形成了庐山道教的一种潮流。

除了白鹿洞那个具有浓厚道教色彩的“栖真堂”外,李渤还在附近的栖贤谷一带建有居所。朱遵度《栖贤寺碑》引张密《九江新旧录》云:“栖贤寺本在州南二十三里,齐永明七年,谘谇张希之造。隋末始废,洎唐宝历初,给事中李渤,以庐宫是栖隐之所,遂舍旧宅,以建精蓝。奏置废寺额，仍请先归宗智常禅师以居焉。"说明李渤在栖贤谷建有旧宅，后来他出任江州刺史，遂在旧宅的基础上建造栖贤寺，并奏请朝廷让僧智常来主持。智常本是庐山南归宗寺的和尚，白居易贬为江州司马时，与他交往密切，李渤来江州后，因白居易的介绍认识了智常。《宋高僧传》卷十七《唐庐山归宗寺智常传》记载李渤问智常曰："教中有言，须弥纳芥子，芥子纳须弥。如何芥子纳得须弥。"智常曰："人言博士学览万卷书籍，还是否耶？"李渤曰："忝此虚名。"智常曰："摩踵至顶只若干尺，身万卷书向何处着。"李渤俯首无言，再三称叹。

李渤入仕后，虽然屡遭权贵打击，但爱民之心不忘，利民之举甚多。他在江州刺史任上，上奏朝廷减免江州百姓所欠赋税，又于湖上修筑堤坝，人称李公堤，湖称甘棠湖，据传又曾修建景星书院，亦在德安县一带建造书堂，人称李渤书堂或李渤书院。四部丛刊本彭贻孙《茗斋集》中有《李渤书堂》诗云："江州刺史有书堂，迤逦群峰绕夕阳。蝌蚪水田池漠漠，云烟鸟迹晚苍苍。何时白鹿高贤去，无恙青山古道长。父老几人知旧迹，担囊欲问使君乡。"体现了人们对这位贤臣的怀念之情。

第四节　吕洞宾在庐山：外丹道教的转折

吕洞宾是道教史上一位特别重要且影响巨大的人物，他的出现，显示了道教从外丹向内丹转变的大趋势，因而后来的内丹教派，莫不以他为祖师，制造了大量的故事，演绎了许多相关的理论。根据各种资料，可知吕洞宾与庐山的关系非常密切。

学术界对吕洞宾颇为关注，研究成果丰富，争议也很多。例如吕洞宾到底实有其人还是并无其人；是唐朝人还是宋朝人；是本为唐朝宗室，姓李，因常居岩石之下，故名岩，又常洞栖，故号洞宾，还是唐朝礼部侍郎吕渭之孙；是曾经进士及第还是未曾及第；《全唐诗》收有他的诗作二百多首，到底是他本人所作还是后人伪托；等等。

笔者以为，说吕洞宾是唐朝人是可信的，因为江少虞《宋朝事实类苑》卷四十三所引北宋初杨亿的《杨文公谈苑》已经提到吕洞宾，而《宋史·陈抟传》称陈抟隐居华山时与吕洞宾时有过从。即便这些都属于传说，从一个人物的产生到相关传说的流行，也要经历一段很长的时间；况且尚在人世者，即使有一些神乎其神的表现，也容易被人识破而导致传说难以流行。因此，大致可以断定吕洞宾生活于唐末，北宋初已经开始流传他的故事，如同著名道士张三丰大约生活到元朝末年，而明朝永乐年间已经开始盛传他的故事一样。

就吕洞宾的活动年代而论，两宋的一些史料，大多可以串联起来，并不矛盾。范致明《岳阳风土记》说他于“会昌（唐武宗年号）中两举不第”，会昌为唐武宗年号（841—846）。吴曾《能改斋漫录》卷十八引北宋《雅言杂载》称吕洞宾“关右人，咸通初举进士不第。值巢贼为梗，携家隐居终南，学老子法”。《能改斋漫录》卷十八则说：“吕洞宾尝自传，岳州有石刻，云：‘吾乃京兆人，唐末累举进士不第。’”咸通为唐懿宗年号（860—874）。从唐武宗时一直考到唐懿宗时，还没有考上进士，当然可以称为“唐末累举进士不第”。张邦基《墨庄漫录》说他是“唐僖宗时进士”，唐僖宗在位时间为875年至888年。经历了漫长时间，才考上进士，这也是说得通的。假设吕洞宾初次参加科举考试时（会昌年间）为20岁，则他大约生于822年（唐穆宗长庆二年）；假设他活到85岁（906），则陈抟与他交往也很正常，陈抟的生活年代为871—989年。有意思的是，与上述说法相矛盾的资料，更多出现于宋代以后，这说明宋代关于吕洞宾的说法大体上是一致的，也基本上可以认定吕洞宾生活于晚唐时代，唐朝灭亡之际去世，即使生活到五代，为时也很短。

吕洞宾从青年时开始参加科举考试，直到年近花甲才中进士，青壮年时都在失意潦倒中度过。根据宋代的资料，中进士之前，他曾游览庐山，在这里修道。

《历世真仙体道通鉴》卷三十一“钟离权”条云：

> 后有唐进士吕绍先屡举不第，乃纵游天下，首于庐山，遇火龙真人传剑法，复于长安道中遇真人题壁间，云：“坐卧常将酒一壶，不教双眼看东都。乾坤世界无名姓，疏散人间大丈夫。”……真人临去谓绍先曰：“尔既到此，从吾奉道，今子当名岩字洞宾。吾今去矣，汝但解屏尘劳，肃清仙骨，吾不晚即还。”

《历世真仙体道通鉴》成书于元朝，所引资料应出自宋朝。《永乐大典》卷八百二十六九引《江西志》：

> 唐施肩吾，字希圣，江州人。工诗文，举进士第，不调官。入庐山，过吕洞宾，授金丹之妙，著《三住铭》，三住者，谓气住、神住、形住也。

《永乐大典》所引《江西志》仅此一条,但引用宋朝《江州志》的资料很多。这条资料所叙也是江州之事,当出自《江州志》。据此可见吕洞宾曾在庐山修道,并且收徒传道。施肩吾,字希圣,洪州(今江西南昌)人,或云睦州人,此处又称为江州人。《全唐诗》称他于唐宪宗元和十年(815)中进士,隐居洪州西山,终身不仕。有诗名,为诗奇丽,著作有《西山集》,《全唐诗》载诗一卷。张籍(约767—830)有诗《赠施肩吾》:"世间渐觉无多事,虽有空名未著身。合取药成相待吃,不须先作上天人。"假设施肩吾元和十年(815)20岁,享年80多岁,则当去世于唐僖宗即位前后。张邦基《墨庄漫录》说吕洞宾是"唐僖宗时进士",以此推理,施肩吾在庐山跟吕洞宾学道,是吕洞宾未中进士之前的事。

据永乐宫三清殿中统三年(1262)碑文记载,吕洞宾中进士之后,未入仕途,于"暮春游澧水之上,遇钟离子授内丹秘旨及天遁剑法,自是谢绝尘累,结茅于庐山,号纯阳子",最终成仙①。中统三年(1262)时南宋尚未灭亡,所以这条资料也出于两宋之时,与施肩吾在庐山跟吕洞宾学道的说法吻合。

《庐山太平兴国宫采访真君事实》记载,宋哲宗绍圣间(1094—1098),太平宫轮困子杜旷著《冲真先生胡公遇仙传》,有云:

> 尝闻之,晋钟离权栖隐于山中欤,唐吕洞宾过山中,遇钟离,获刀圭之传,后与之俱仙矣。

---

①刘泽民等主编:《山西通史(宋辽金元卷)》卷四,山西人民出版社,2001年,第343页。

文章记载宋神宗熙宁中,宫内道士胡冲真遇吕洞宾,求长生之术,吕洞宾"以刀剜土,沥酒漱津和土,嘘呵成墨,掷之几上,铿然有声。语胡曰:'服此可愈疾入仙矣。'"年余七旬,貌若处子,酒量如初,由是渐厌人间。一日留诗,蜕形而去。桑乔《庐山纪事》引《宫志》云:"皇甫坦尝采其事闻于德寿。"《庐山太平兴国宫采访真君事实》还记载南宋初太平宫道士骆守明曰:"余病时不吉,吉时不病。如遇吕真人,便是我好命。"这些资料说明,吕洞宾在庐山修道之事,早在北宋哲宗之前就已经开始流传,应该不是虚构的。

南宋时,白玉蟾到庐山,也反复提到吕洞宾在庐山修道一事。其《授墨堂记》采用了杜旷《冲真先生胡公遇仙传》的说法。又《海琼白真人语录》卷三《结座云》载,嘉定十四年(1212)于姑苏结纯阳会:"我闻唐代吕纯阳,师是钟离字云房"。吕洞宾"曾担两瓮过庐阜,复吹双笛行天台",又曾"清风明月黄鹤楼,白苹红蓼溢江浦""当年饮罢一刀圭,谁信无中养就儿。空存毕法十八诀,未肯轻轻说与伊";"取将坎画归离腹,化作纯乾阳气足";"要须会得纯阳心,始堪学得纯阳道"。这些说法表明在北宋后期和南宋之初,吕洞宾在庐山修道的故事已经广泛流传开来。

《历世真仙体道通鉴》说吕洞宾在庐山遇见火龙道人,因此得道,而杜旷《冲真先生胡公遇仙传》说吕洞宾在庐山遇见钟离权而得道,说法不一。按《永乐大典》卷二万零三百一十所收录的《江州志》云:

> 唐吕岩,字洞宾,泾川人,礼部侍郎渭之后也。举进士不第,羁穷河朔,遇钟离权,授火符刀圭之旨,即浩然南游。

> 数至九江，望江亭有其亲题，微示人以不可测之迹。瑞昌集仙堂有李道者，本丐徒，双足拳挛，以手凭物，蛙行者二十年。嘉定三年五月十三日，憩安陆桥，逢道流谓曰："吾能起子废。"以手按其膝，与药一丸吞之，立起如健步，回视道人，失所在矣。人曰："子遇洞宾，无自弃。"由是入道。

《永乐大典》收录《江州志》的内容颇为丰富。其中卷六千七百《江州志》云："靖节祠，在楚城乡，即旧居，晋置，相传始于谢康乐，本朝自元丰至嘉熙间四加修葺。"称宋朝为本朝，又出现宋理宗嘉熙年号(1237—1240)，故知《江州志》成书于南宋晚期。书中说吕洞宾于河朔一带遇见钟离权，"授火符刀圭之旨，即浩然南游"，应近事实。"望江亭有其亲题"当指《吕祖志》收入的《江州望江亭自记》，南宋吴曾《能改斋漫录》卷十八著录之，云吕洞宾"尝作自传，岳州有石刻"。

又南宋时《五灯会元》云：

> 吕岩真人，字洞宾，京川人也，唐末三举不第，偶于长安酒肆遇钟离权，授以延命术，自尔人莫之究，尝游庐山归宗，书钟楼壁曰："一日清闲自在身，六神和合报平安。丹田有宝休寻道，对境无心莫问禅。"

《五灯会元》作者为南宋僧人普济(1179—1253)，是书据《景德传灯录》《天圣广灯录》《建中靖国续灯录》《联灯会要》《嘉泰普灯录》五种书删削汇编而成，渊源有自，比较可靠。据此钟离权的确在长安传道于吕洞宾。

元朝道士秦志安（1188—1244）所撰《金莲正宗记》云：

> 先生讳岩，字洞宾，蒲州蒲坂永乐人也，唐德宗兴元十四年丙子四月十四日生于林禽树下。至唐文宗开成元年丁酉岁擢进士第，年二十有二岁也……后任五峰、庐山令。因暇日游庐山之胜迹，偶与正阳先生相遇。一话一言之间，心与心契。密受大道天遁剑法、龙虎金丹秘文，赐号纯阳子。由是之后，休官弃爵，专心向道①。

《金莲正宗记》书前有“太岁辛丑平水长春壶天序”，辛丑为1241年，时值蒙古太宗末年，南宋理宗淳祐元年。这条资料也出于两宋之时，但所叙吕洞宾生年显得太早。其中说吕洞宾于担任庐山令（应为浔阳阳令）之后，遇见正阳先生钟离权，得授金丹大道。又《安庆府志》亦云：“（吕岩）天宝时人，以进士授江州德化县令。私行庐山，遇钟离真人授天仙剑法。”可知吕洞宾在庐山遇见钟离权，亦属事实，但时间是在他担任德化令（应为浔阳令）之后。

明代陆西星《道缘汇录·火龙传剑记》：

> 吕先生会昌中，功名失意，遂游江州至庐山，遇葛仙公弟子火龙真人，姓郑名思远，号小祝融，世称神医，人有疾则书符诵祝，立见消融，与上古祝融氏相类。真人见吕祖

①《正统道藏》，台湾艺文印书馆，1977年，第3428页。

骨相清灵，游心世外，即传以内丹炼己之诀，制成通天灵剑。并诗曰："万里诛妖电光绕，白龙一片空中矫。昔持此剑斩邪魔，今赠君家断烦恼。"临别嘱曰："子可居此山，以完玉炼。他日闻钟声响处，乃得闻金炼之诀。"遂去①。

明代茅元仪《征异录》亦云：

会昌中两举进士不第，游庐山遇火龙真人，授天遁剑法。后遇钟祖师，授以金丹大道。

《吕祖全书》引《入终南记》云：

咸通三年，吕祖宰江州德化县。六月炎天，游庐山避暑。忽闻钟响，钟祖从山中出来，心知其时到也，即求指示前途。钟祖即偕坐林间，授以金丹妙旨，并教其致仕归家，早入终南。吕祖即抽簪解组，卜吉小阳之月，即往从师。行次终南第一层，即见师面。钟祖曰："真信人也。子得火龙之法，今已炼还童体。当此六十四岁，卦气尽而返于天，复成乾象，可号纯阳。"又云："而今而后子即吾山中之友也，为更名岩，字洞宾，并勉其结庵静坐。"

以上三则资料，虽然出于明人之手，但并非全然无据，可供了解

①董沛文：《新编吕洞宾真人丹道全书》（下册），团结出版社，2009年，第897页。

吕洞宾在庐山修道的情况。综合起来,吕洞宾是关中人,屡次落第之后,于长安酒肆中遇见钟离权,"授以延命术",尔后漫游天下,到了庐山,遇见火龙道人,授以天遁剑法。此后他终于中举,出任过五峰、浔阳县令。在担任浔阳令时,浪游四方的钟离权也到了庐山,所以吕洞宾再次遇见他,得授金丹妙旨,并弃官而去。

吕洞宾任浔阳(德化)令之事,各种典籍多有提及。德化县,即唐朝时的江州浔阳县,当时江州辖浔阳、彭泽、都昌三县,治所在浔阳(今九江市),故吕洞宾所任应作浔阳令为是。《金莲正宗记》《安庆府志》以及《嘉靖九江府志》《同治九江府志》均提到了他担任浔阳(德化)令之事。《嘉靖九江府志》记载吕洞宾"拜浔阳令,能以德化民,游庐山,遇异人,得长生诀,后游湘潭、渚鄂之间,天下悉知其名"。吴宗慈《庐山志》引《藏典》云吕洞宾本姓李,"为江州德化令二月之久",将入山时,妻子刘氏已丧,故改姓吕,"一为避乱,二谓阴阳配合,必夫妻两口乃可",用吕姓来代替两口。清俞樾《茶香室丛钞》引明都穆《听雨纪谈》云:"元遗山编《唐诗鼓吹》有吕洞宾诗一首,郝天挺注曰:'洞宾名喦,京兆人。咸通中及第,两调县令。值巢贼乱,移家归终南。得道,莫测所往。'……天挺此说,岂别有所据邪?《集仙传》云:'吕喦字洞宾,一字希云,九江人也。'则又非京兆人。"说吕洞宾两调县令,所据的也是宋朝史料。

吕洞宾在庐山的重要事迹,还有参黄龙一事。南宋时《五灯会元》云:

吕岩真人,字洞宾,京川人也,唐末三举不第,偶于长安酒肆遇钟离权,授以延命术,自尔人莫之究,尝游庐山归

> 宗，书钟楼壁曰："一日清闲自在身，六神和合报平安，丹田有宝休寻道，对境无心莫问禅。"未几，道经黄龙山，睹紫云成盖，疑有异人，乃入谒，值龙击鼓升堂，龙见，意必吕公也，欲诱而进，厉声曰："座旁有窃法者。"吕毅然出问："一粒粟中藏世界，半升铛内煮山川。"且道："此意如何？"龙指曰："这守尸鬼。"吕曰："争奈囊有长生不死药。"龙曰："饶经八百劫，终是落空亡。"吕薄讶，飞剑胁之，剑不能入，遂再拜，求指归，龙诘曰："半升铛内煮山川即不问，如何是一粒粟中藏世界？"吕于言下顿契，作偈曰："弃却瓢囊撼碎琴，如今不恋汞中金，自从一见黄龙后，始觉从前错用心。"

《五灯会元》成于南宋，渊源有自，吕洞宾参黄龙之事应当属实。另外，南宋咸淳五年（1269）刊行的志磐《佛祖统记》亦记载有此事，该书卷四十五还记有元丰三年（1080）禅师以吕洞宾参黄龙作话题之事，云："黄龙旧话何不举似？"而提到此事的尚有《本如实性禅师景川和尚语录》卷下、张商英《护法论》等。

元代全真道士缘督真人赵友钦著《仙佛同源云》：

> 黄龙诲机者，乃商山四皓之一，夏黄公所化也。初引钟离祖师见东华帝君王玄甫，继托迹于庐山黄龙寺，架箭张弓以俟吕真人，其慈悲可谓至矣。其所启发者，亦复不少。则吕祖之受益于黄龙，黄龙之传灯吕祖，使其集大成、归神化者，岂浅鲜也哉。

这段论述指出，吕洞宾开创内丹修炼，与庐山佛教的启发颇有关系。

吕洞宾参黄龙一事，成为后代佛道争论不休的公案。近代道教学者陈撄宁作有《吕祖参黄龙事考证》，对吕洞宾参庐山黄龙之事进行详细考述①，他搜集的资料颇为丰富，自认为“虽不能说完全，大概可以十得八九”（《吕祖参黄龙事疑》）。汇集众多资料，可以认为这件事的背景的确与庐山有关。

按庐山有黄龙山，在星子县西三十里。

> 黄龙山，在隘口东南，去县西三十里。旧志：“山秀耸，蜿蜒磅礴，周五十里。相传广明中有黄龙见，故名。”山有两岩，谶云：“三爪踏三溪。”谓沙溪、潴溪、龙溪也。（桑乔《庐山纪事》、同治《星子县志》）
>
> 灵阳净慧禅寺在汤泉上，俗谓之灵汤寺。寺僧尝凿石为龙首以出泉，今并废。（桑乔《庐山纪事》引《旧志》）
>
> 黄龙山在灵汤之南，亦庐山之别峰也。（陈舜俞《庐山记》）
>
> 旧名黄龙院，在县西三十里。宋景德三年赐名净慧，俗谓之灵阳寺，今废。（吴炜《续志》）

黄龙山得名于唐朝，相传唐僖宗广明年间（880—881），山上有黄龙出现，因此名为黄龙山。黄龙山上的寺庙，在宋真宗景德三年

①胡海牙、武国忠主编：《陈撄宁仙学精要》（上册），宗教文化出版社，2008 年，第420—425 页。

(1006)以前名黄龙院,此后名净慧寺,俗称灵阳寺、灵汤寺。黄龙山的得名以及寺庙出现的时间,皆与吕洞宾生活的年代吻合,所以说吕洞宾曾游此地是有道理的(庐山上亦有黄龙寺,但不是吕洞宾曾游之处)。

近代著名道教学者陈撄宁认为,《指月录》第二十八卷的"太史山谷居士黄庭坚……既依晦堂,乞指捷径处""此段公案与吕祖、黄龙皆无干涉。此名诲堂,彼名诲机;此是宋朝人,彼是唐朝人"。因此这条资料可以排除,其他没有提到庐山、黄龙山的亦可排除。而在宋元明三朝的资料中,关于庐山参黄龙一事的表述基本一致。

《五灯会元》说吕真人"尝游庐山归宗(寺)""未几,道经黄龙山,值黄龙禅师升座"。

《吕祖年谱》引元代赵友钦著《仙佛同源》云:"黄龙诲机者,乃商山四皓之一夏黄公所化也。初引钟离祖师见东华帝君王玄甫,继托迹于庐山黄龙寺,架箭张弓,以俟吕真人。"陈撄宁说"赵缘督《仙佛同源论》中无此说,不知其何所据而云然?"然《吕祖年谱》可能别有所本。明瞿汝稷集《指月录》卷二十二:"尝游庐山归宗,书钟楼壁曰:……未几,道经黄龙山,睹紫云成盖,疑有异人,乃入谒。"明朝陆西星《道缘汇录》云:"乃复继游庐阜。至黄龙山,值诲机禅师升座。"

这几条资料,皆说吕洞宾因游庐山而遇黄龙禅师,甚至更具体地提吕洞宾于游览庐山归宗寺之后到黄龙山。唯黄龙山、黄龙寺以及黄龙禅师、龙禅师的说法不一。可以说,上述作者对庐山的地形未必了然于胸,故而互有参差。真实情况当为:吕洞宾游览庐山之南的著名佛教丛林归宗寺,之后到了附近的黄龙山,两者之间的距离，不过五六里。吕洞宾在黄龙山（在今星子温泉附近）遇见了禅师讲法，但这里的寺庙未必叫做黄龙寺，寺中的这位禅师也未必叫做诲机，而应该是“黄龙山的禅师”。《道缘汇录·游平都山》云：“咸通中，吕祖由南康黄龙山之湖南，泛览彭蠡洞庭。”正可见这一黄龙山为南康军（治今星子县）的黄龙山。只有少数资料说黄龙山在武昌。《吕祖圣迹纪要》云：“吕帝经鄂州之黄龙山，睹紫云成盖，知有异人，乃入。值诲机禅师升座，意必吕公也。”清刘体恕辑、清邵志琳增辑《吕祖全书》云：“吕祖至武昌黄龙山，值诲机禅师升座。”但这种说法显然不甚流行。

现存吕洞宾之诗，有不少写到庐山的，略加考证，也都是有来历的。从这些作品约略可知吕洞宾曾经多次游历庐山，踪迹遍及山南的简寂观、归宗寺、黄龙山等以及山北的九天使者庙。

吕洞宾《下庐山遇轩辕集来访诗》云：

> 因携琴剑下烟萝，何幸今朝喜暂过。貌相本来犹自可，针医偏更效无多。仙经已读三千卷，古法曾持十二科。些小道功如不信，金阶拾手试看么。

轩辕集实有其人，《太平广记》卷四十八记载有“罗浮先生轩辕集”之事，唐宣宗曾经召见此人。据任继愈《中国道教史》年表，会昌六年（846）四月，唐宣宗即位，杖杀道士赵归真，诛刘玄靖、邓元起等十二人，流放轩辕集于岭南，以其说惑唐武宗排毁释氏故也。

又载大中十一年（857）十月，迎罗浮山道士轩辕集至京师，问长生事。

明朝《新镌绣像列仙传》:

轩辕集,不知何许人。相传数百岁,颜色不老。坐暗室,目光长数丈。每采药于岩谷,则毒龙猛兽随之,若为卫护。居常人家,请斋者虽百处,皆分身而至。与人饮酒,则袖出一壶,才容二升。宾客满座,倾之弥日不竭。自饮百升,不醉。遇病者,以布巾拂之,应手而愈。宣宗召入,问长生可致不…… 久之,辞还山,命中使送之。每见其于一布囊内探钱施人。比至江陵,已施数十万,取之不竭。未及至山,忽亡所在。不日,南海奏:"先生已归罗浮矣。"①

轩辕集为一道士,活动于唐宣宗时期,曾从江陵至罗浮,庐山为必经之地。其时吕洞宾尚未入仕,但已经在庐山修道,两人相遇自在情理之中,而这首诗也是比较可靠的。

吕洞宾《浔阳紫极宫留题》:"宫门昼闲入,临水凭栏立。无人知我来,朱顶鹤声急。"

此诗见于宋朝庄绰《鸡肋编》卷下,云:"又楚州紫极宫门楣壁上,亦有题诗云:'宫门一闲入,临水凭栏立。无人知我来,朱顶鹤声急。'"据此该诗为吕洞宾所作,但创作地点不在浔阳,而是在楚州。又有《庐山简寂观磨剑示侯道士》:

欲整锋芒敢惮劳?凌晨开匣玉龙嗥。手中气概冰三

①还初道人辑、傅钢等标点:《新镌绣像列仙传》,中国社会科学出版社,1996年,第113页。

尺，石上精神蛇一条。奸血默随流水去，凶豪今逐渍痕消。削平浮世不平事，与尔相将上九霄。

此诗见阮阅《诗话总龟》前集卷四十六引刘斧《青琐摭遗》所载，清代《全唐诗话续编》引刘斧《摭遗》，称吕洞宾"一日游寂简观，淬剑于石，作诗赠道士侯日晦"[①]。江少虞《宋朝事实类苑》卷四十三引《杨文公谈苑》云："洞宾诗什，人间多传写"。这首诗应该就是当时传抄的吕诗之一。

吕洞宾《游庐山钟楼远眺题》云："一日清闲一日仙，六神和合报平安。丹田有宝休寻道，对境无心莫问禅。"此诗出于《五灯会元》，称"尝游庐山归宗，书钟楼壁曰"。吴宗慈《庐山志》作《书归宗寺楼壁》。此诗为归宗寺题壁诗，应属可靠之作。

吕洞宾《赠江州太平观道士》诗云：

落魄薛道士，年高无白髭。云中闲卧石，山里冷寻碑。今我饮大酒，嫌人说小诗。不知什么汉，一任辈流嗤。

此诗见载于北宋张靓《雅言杂载》[②]。太平观即唐朝的庐山九天使者庙，宋太宗时改名太平观，宋徽宗时改名太平兴国宫，故此诗传抄的时间在宋徽宗以前。

吕洞宾早年学道庐山，后来弃官于浔阳，之后又数次游览庐山，与庐山道教的关系很大。不过，现在盛传的吕洞宾与庐山仙人洞的

①王夫之：《清诗话》，中华书局，1963 年，第 671 页。
②王夫之：《清诗话》，中华书局，1963 年，第 670 页。

关系,却是后来才出现的。陈舜俞的《庐山记》、桑乔《庐山纪事》均未提到吕洞宾修炼于仙人洞之事。据叶至明《庐山道教初编》,仙人洞最早有吕祖神龛,约在明朝中后期;清朝嘉庆年间,道士晏纯一于此建纯阳殿,供奉吕洞宾;光绪三十一年,长安道人静阳子建老君殿,重修纯阳殿,仙人洞于是香火大盛①。

综而论之,吕洞宾为晚唐一落魄儒生,数十年困顿场屋,因而遁入教门之中。后来虽然中了进士,担任过为期很短的县令等职,但时逢黄巢造反,天下大乱,临近暮年的吕洞宾,也就不再恋栈,再度回归道教之中。他与庐山道教的关系颇为密切,最初是在这里学得了所谓的"天遁剑法",此剑法当由"石精金光藏景录形神剑之法"演绎而来,据《庐山太平兴国宫采访真君事实》引《李文正公南行录》,唐敬宗宝历二年(826),长沙人向子文拜谒岳庙(即九天使者庙),遇龚庆长,得授"石精金光藏景录形神剑之法,中黄太一默朝之道"。吕洞宾与庐山的三洞法也有密切关系,如《吕祖全书》引《入终南记》记载钟离权告诉他:"第一混洞大无元""第二赤混大无元""第三冥寂玄通元""三号虽殊,本同一也。三君各为教主而又一气相连,乃三洞尊师也。""三洞尊师"的说法表明吕洞宾对庐山一带长期流行的三洞法颇有沾染。参黄龙的故事,又表明吕洞宾接受了庐山佛教的很大影响。作为一个文化修养很高的落魄文人,吕洞宾接受道教影响,重在排忧解闷,这种心理基础,使他综合庐山三洞法、庐山佛教的各种成分,逐步形成了自己的内丹修炼术,也促使庐山道教进入了另一个发展阶段。

---

①叶至明:《庐山道教初编》,华文出版社,2000 年,第 14 页。

第五节　从殊途到同归：五代十国的道士

五代十国时期(907—960)短短的五十多年间，庐山出现了很多道士。乱世本是宗教滋生的沃土，而南唐、闽国、吴越等君主对道教的推崇，也促成了道教的兴盛。如南唐曾经将庐山九天使者庙改名为通玄府，其详细情况虽然不得而知，但可见朝廷对这一道观的尊崇。此外，五代时庐山的道士谭紫霄、杨保宗、许坚等人均曾被南唐君主召见。而钱朗、闾丘方远则被吴越王钱镠招致，受到器重。简寂观道士孙晟，投奔后唐庄宗，也得到重用。

一、白云洗心：谭紫霄及杨保宗

南唐时最著名的庐山道士是谭紫霄。

《十国春秋》记载闽帝康宗王昶好巫，曾拜道士谭紫霄为"正一先生"。闽亡，谭紫霄隐居于庐山栖隐洞。

谭峭(860 或 873—968 或 976)，字景升，唐末五代道士，著名道教学者。泉州府清源县(今属莆田市华亭)人。幼而聪慧，博闻强记。及长，辞家出游，足迹遍及天下名山，随嵩山道士十余年，得辟谷养气之术。入南岳衡山修炼，炼丹成，又隐居青城山。所著《化书》，在道教思想史上有重要的地位。

后人多以为谭紫霄即谭峭。如明代王一清(号体物子)作《化书新声》，序云："忆昔初见紫霄真人《化书》，伏读之，茫然莫能测其指归。"表明道门中有称谭峭为紫霄真人的说法。余嘉锡《四库提要辨证》说："是紫霄尝自闽中游建康，与陈景元跋所谓历建康见齐丘者合，然则五代史之谭紫霄盖即著此书之紫霄真人谭峭也。陆游及吴任臣作《紫霄传》,均不知其名峭,盖犹考之未审矣。"清代学者周学曾等纂修的《晋江县志》载:"谭峭……师嵩山道士,得辟谷养气之术。尝醉游,夏作乌裘,冬衣葛衫,或卧霜雪中。南唐主召至建康,赐号紫霄真人。归,修炼于清源紫泽洞。"说谭峭曾被南唐主赐号紫霄真人。光绪《江西通志》卷一百八十也称谭紫霄"著《化书》行于世"。

清代吴任臣编著《十国春秋》云:

> 谭紫霄,泉州人也。与陈守元相善。守元劚地得木札数十,贮铜盎中,皆汉张道陵符箓,朱墨如新,藏弃而不能用,以授紫霄。紫霄尽皆通之,遂自言得道陵天心正法,劾鬼魅,治疾病,多效。康宗奉为师,封正一先生,月给山水香焚之。闽亡,寓庐山栖隐洞,学者百余人。有道术。醮星宿,事黑煞神君,禹步魁罡,祈禳灾福,颇知人寿夭。南唐武昌节度使何敬洙宠婢置井中死,人无知者。敬洙遘疾,召紫霄,中夜被发仗剑考治,见女厉,自诉为祟之由。诘旦,屏人以语敬洙,乃书丹符遣之,疾良已。庐山僧辟路,有大石,坚不可镵;紫霄往视曰:"斯固易尔。"索杯水噀之,命工施镵,应手如粉。南唐后主闻其名,召至建康,赐号金门羽客,阶以金紫,比蜀之杜光庭,皆让不受。金陵既下,紫霄年百余岁,卒于庐山栖隐洞,人谓之尸解。归葬,日有祥云白鹤绕之①。

①王文春主编:《闽国史汇》,暨南大学出版社,2000 年,第 137—138 页。

《十国春秋》所说的陈守元,闽国道士,《新五代史·闽世家》云:"鏻好鬼神、道家之说,道士陈守元以左道见信,建宝皇宫以居之。""昶亦好巫,拜道士谭紫霄为正一先生,又拜陈守元为天师,而妖人林兴以巫见幸,事无大小,兴辄以宝皇语命之而后行。"陈守元与谭紫霄惑乱闽国君主,为世人所诟病。陈守元将所学的张道陵天心正法传给了谭紫霄,谭紫霄用以"劾鬼魅,治疾病,多效"。但《历世真仙体道通鉴》说谭紫霄"南之玉笥山为道士,后遇异人,授以魁罡斗极、观灯飞符之术,行之灵验,自是名倾江湖,依之如流。遂入闽中"。则说明谭紫霄在入闽之前就学到了那些道术。

谭紫霄离开闽国之后,绝大部分时间在庐山,亦曾两度应召入金陵。据《十国春秋》,谭紫霄离闽之后,先到庐山,因法术有名而被南唐后主召至建康,赐号金门羽客,"阶以金紫,比蜀之杜光庭,皆让不受"。而《历世真仙体道通鉴》则说"闽亡,归金陵,南唐烈祖闻之,遣使劳问,旁午于道,召见,应对锋辩,上悦服,乃授左街道门威仪及锡命服,加真曜先生……保大中,又赐金门羽客"。则谭紫霄是先到金陵,后到庐山,而且在金陵颇有一些时间,被南唐后主征召也不止一次。南唐后主给他赐号道宫中地位最高的金门羽客,自由出入禁宫,俨然大臣。

谭紫霄在庐山,栖止于栖隐洞。

《庐山记》卷三:

> 栖隐洞……保大中,道士谭紫霄来自闽中,赐号金门羽客,始立观于此。

《历世真仙体道通鉴》说：

紫霄素爱庐山胜概，于是卜白云峰之栖隐洞，即梁昭明太子书堂，今栖隐观是也。又于星渚之城南门创别馆以备出入，今寿圣观是也。后主久钦其高风，复召至金陵，未几还山。宋太祖开宝六年夏四月一日，沐浴上堂，端坐而逝世，春秋一百五十。

时人李中《庐山栖隐洞谭先生院留题》：

坛畔归云冷湿襟，拂苔移石坐花阴。偶然醒得庄周梦，始觉玄门兴味深①。

建安(今建瓯)人孟贯有《赠栖隐洞谭先生》：

先生双鬓华，深谷卧云霞。不伐有巢树，多移无主花。石泉春酿酒，松火夜煎茶。因问山中事，如君有几家②。

据《历世真仙体道通鉴》所记，谭紫霄从南唐保大中到开宝六年(973)，基本上呆在庐山，时间长达三十多年。

谭紫霄在庐山从事的道教活动，主要是"事黑煞神君，禹步魁罡，祈禳灾福，颇知人寿夭"，从他学习的有上百人。《历世真仙体

①陈贻焮主编：《增订注释全唐诗》卷七百四十三，文化艺术出版社，2001年，第1664页。
②彭定求：《全唐诗》，中州古籍出版社，1996年，第4668页。

道通鉴》说他“能醮星象,事黑煞,禹步指诀,禁诅鬼魅,为人烧奏祈禳……或召之,则浣沐,至暮,独坐一阁,焚炉刺关,奏法事,然后爇灯为验,迟明,尽能言人算数长短,靡不应者”。谭紫霄为南唐武昌节度使驱鬼,为庐山僧人碎石头,皆使用了这种道术。

“禹步魁罡”,即步罡踏斗,是道教斋醮常用的法术。黑煞神君当即《道法会元》卷一百三十三《太乙真雷霹雳大法》所说的黑煞大元帅:“北方壬癸黑煞大元帅,天冠,仙带,皂衣,甲在袍下,执雷锤。”又《上清天心正法》、郑樵《通志·艺文略》载录符箓咒诀数十种,其中“正法三符”(天罡符、黑煞符、三光符)为天心正法的三种主要符箓,黑煞符就是用来召黑煞神君的符箓。

据邓有功《上清天心正法序》所述,淳化五年(994),饶洞天掘地得天心法箓,并从五代名道士谭紫霄受学,成为“天心始祖”。按《十国春秋》,“金陵既下,紫霄年百余岁,卒于庐山栖隐洞。”南唐灭亡于宋太祖开宝八年(975),谭紫霄于此时去世,活了一百余岁,不可能到淳化五年(994)还在世,所以饶洞天受学于谭紫霄之说,自然是伪托,不过可以想见谭紫霄的天心正法颇有名声,以致后来有不少传人。《历世真仙体道通鉴》说:“今言天心正法者,皆祖于紫霄。”宋金允中《上清灵宝大法》卷四十三云:“自汉天师弘正一之宗,而天心正法出矣……五季之后,有谭先生、饶先生相继祖述而成书。”就说明谭紫霄是承接天师道之法术而开天心正法之先河的重要人物。

谭紫霄在庐山,除了搬弄这种荒诞离奇的“天心正法”、制造一些神怪故事之外,也还有一些可取之处。一是乐善好施。《历世真仙体道通鉴》说他“凡所获馈醮祭之资,皆以延贤达,赈贫窭及待四方宾客,室无囊箱焉”。请他斋醮祈禳的,多半是达官贵人,将达官贵人赠送的钱财散给贫民和宾客,倒也是一种变相的“劫富济贫”。二是谭紫霄喜欢为门徒宾客讲《庄子》《列子》。《历世真仙体道通鉴》云:

> 道流闻风而至者百余人,每为其徒讲《庄》《列》,曰:“庄周,吾教也,熟其书本是悟明真性,要见本来无物,其说正与释氏合。若能以释氏之书参而观之,则《庄》《列》之意,较然易明。吾幼时于《金刚》《圆觉》诸经,无所不读,是以吾于本来真性,无不了悟。今时人自谓道家,便与释氏互相矛盾;不知真心求道者,不如是也。况但拾其绪余土苴有迹为之事,以是为道,非唯不悟真性,亦且背老庄之本意万万矣。”以故紫霄室中道释儒书皆有之。

谭紫霄虽然以天心正法得名,却不以此为高,在上述一段话中,他就含蓄地指出这些道术乃是“绪余土苴有迹为之事”,并不能体现“悟明真性”的老庄之道。《少室山房笔丛》论谭峭时亦云:“金门羽客谭紫霄能克鬼神,四方道流从学百余人,于三教书皆所洞晓,尝教其徒讲庄列,与今传化书意旨尤相类。”

除此之外,谭紫霄也讲养生之道,其方法已经类似于内丹之道。如清无名氏《养生秘旨》云:

> 谭紫霄曰:“神犹母也,气犹子也,以神及气,如以母召子,孰敢不至?”

谭紫霄主张参考佛教典籍,发明老庄本意,体现了“三教合一”的思想。到宋元以后,这种思想便成为风尚了。也许正因这一点,谭紫霄的事迹还见于佛典之中,如清朝周克复《净土晨钟》卷五:“昔谭紫霄被丐者殴折两齿,谢教益,王益阳以为消尽平生业。”(见《续藏经》第109册)庐山是净土宗的发祥地,《净土晨钟》对庐山东林寺多有称引,应是东林寺传人所作,亦表明谭紫霄这一故事来源于庐山。

总结起来,谭紫霄从依附权贵、滥行道术到遁迹庐山,转向民间活动,又从热衷于天心正法到执著于探讨老庄玄理,体现了一种可贵的转变。这种转变,与陆修静一派树立的庐山道教传统是分不开的。

再来看杨保宗。南唐先主李昪登帝位后,勤于政事,兴利除弊,变更旧法,又与吴越和解,保境安民,与民休息。然而因服用方士丹药中毒,个性变得暴躁易怒。升元七年(943),背上生疮,不久病情恶化去世。李璟继位,是为元宗。元宗听从其父遗教,不饵金石丹药,但仍恩宠道士,特别对杨保宗、耿先生这两个女道士十分器重。

《十国春秋》卷三十四:

> 杨保宗,不知何许人,自幼爽秀,及笄,许聘矣,忽有感悟,遂乞为女道士。入庐山,栖于上霄峰崇善观,却粒炼形,顿忘尘念。时以丹药符箓救人疾苦。元宗闻之,特召赴朝,延入禁中,命嫔妃乐道者见之,舍金钱千万,令新其字,仍赐观额,敕尚书郎韩熙载撰记。又赐保宗紫衣,诏臣下作诗送之。保宗年已老,而色如孺子,既殁,容貌如生,

举棺甚轻,人以为尸解。

参考陈舜俞《庐山记》、《历世真仙体道通鉴后集》卷五、韩熙载《真风观碑》、《庐山纪事》卷三引《南康志》等,杨保宗所居的崇善观,始建于梁朝大同二年(536),鄱阳太守杨友江置,南唐中主赐名真风观,宋时易名为先天观,离简寂观二里。陈舜俞在观中尚见到保大五年(947)八月韩熙载所作的《真风观碑》,碑阴刻当时嫔御姓氏十余人①。崇善观在庐山紫霄峰下,韩熙载《真风观碑》说这里"怪石古木,峭壁悬崖""千寻落水,飞静练于林端。万仞危峰,耸寒青于天半。昼夜若风雨,盛夏如素秋。高冈密林,豁达蓊郁。信洞府之绝境,神仙之胜游也。"但直到五代时期的四百年间,这里都没有出现著名的高道,道观也渐渐趋于荒废,"庭庑荒凉,殿堂倾侧。醮坛丹井,但有榛芜。古像隳櫓,略存香火"(韩熙载《真风观碑》)。

杨保宗为五代十国时人,不知何方人氏。她在及笄之年也即15岁左右,即将许聘,忽然有所感悟,遂向父母请求,出家为女道士。她在庐山崇善观修炼"却粒炼形"的养生术,兼习丹药、符箓,用以治病救人。因"勤行播于远迩,玄风大振",遂被南唐中主闻知,应召入朝。南唐中主命后宫嫔妃与之相见,问其所欲,杨保宗说:"旧宇湫弊,不能容众"(《历世真仙体道通鉴后集》)。韩熙载《真风观碑》云:"乃诉其颓轩未葺,真侣奚依。欲就良因,实资帝力。"南唐中主允之,赐以金钱,后宫嫔妃亦争相施舍,于是满载而归。所得金银宝贝、绫罗绸缎,总价超过千万钱。南唐中主同时还

①佛陀教育基金会:《大正新修大藏经》卷五十一,《史传部》三,第1033页。

赐崇善观为真风观,命韩熙载作记,朝中大臣作诗歌咏,以宣扬杨保宗的道行。

杨保宗回庐山后,大修宫殿,韩熙载《真风观碑》说:“间以金碧,饰以银黄。层栌次第以鳞集,厂宇参差而翼张。镂盘虬于密石,图悍兽于飞梁。下窈窕以宏丽,上嵯峨兮炜煌。宝铎玲琅,铿宫韵商。望之者愕眙,听之者凄凉。”可谓壮丽辉煌,繁盛无比。道观建成之后,“学者大集,而道门称盛。”因修炼有方,晚年时杨保宗“色如孺子”“既殁,容貌如生,举棺甚轻,人以为尸解。”

杨保宗非常仰慕在庐山修行的女真蔡寻真、李腾空,经常到“屏风叠之南北,瞻礼二祠焉”(《历世真仙体道通鉴后集》卷五)。她以丹药符箓救人,继承了蔡寻真、李腾空的三洞法,但更看重“却粒炼形”的修炼之术。注重个人修炼,使杨保宗不为朝廷的尊崇所动,依然回到庐山,从事以往的道教活动。

南唐时,追慕蔡寻真、李腾空的还有道士许碏。

据南唐沈汾《续仙传》、《历世真仙体道通鉴》卷三十六所载,许碏自称高阳人,累试进士不第。晚年学道于王屋山,周游五岳名山洞府,如峨眉山、茅山、天台、四明、仙都、委羽、武夷、霍童、罗浮等地,无不遍历。每到一处,皆于悬崖峭壁人所不及处题云:“许碏自峨眉山寻偃月子到此。”如武夷山题诗岩就有这句话①。观者见此,莫不叹为神异,但不知道偃月子是何人。后多游庐山,尝醉吟曰:“闬苑华前是醉乡,䍂翻王母九霞觞。群仙指点嫌轻薄,谪向人间作酒狂。”好事者请解其意,许碏曰:“我天仙也,方在昆仑就宴,失仪

①丘幼宣选注:《武夷诗词选》,福建人民出版社,1982年,第72页。

见谪。”人皆笑之，以为疯狂。当春景明媚之日，插花满头，把花作舞。一日上酒楼醉歌，升云而去。《全唐诗》卷八百六十一收有许碏的《题南岳招仙观壁上》：

> 洪炉烹锻人性命，器用不同分皆定。妖精鬼魅斗神通，只自干邪不干正。黄口小儿初学行，唯知日月东西生。还为万灵威圣力，移月在南日在北。玉为玉兮石是石，蕴弃深泥终不易。邓通饿死严陵贫，帝王岂是无人力。丈夫未达莫相侵，攀龙附凤捐精神。

按“偃月子”即庐山女道士李腾空。南宋王阮《义丰集》有诗《延真观并引》：

> 唐女道士李腾空葬科简乘鸾处也。腾空，李林甫女，故太白诗“羡君相门女，学道爱神仙”。
>
> 偃月堂成竟斲棺，延真人只葬衣冠。浮云眼见成云骑，不似抽身稳跨鸾。

偃月堂为李林甫的堂名，《新唐书·李林甫传》：“林甫有堂如偃月，号月堂。每欲排构大臣，即居之，思所以中伤者。若喜而出，即其家碎矣。”后世因以偃月堂称权臣嫉害忠良的地方。因此，“偃月子”就是指偃月堂李林甫之子女，即李腾空。许碏遍游名山，追慕蜕化成仙的女道士李腾空，故而多游庐山一带。

二、玄门栖儒：许坚等五代道士

中唐以后，到庐山隐居修炼的文人颇多，他们虽然有以隐求仕的目的，但无疑给庐山道教带来了巨大的变化，使之走上了文人化的道路，而五代的庐山道士，也更多地呈现了文人化以及儒化的特点，对三教合一潮流的形成有巨大的推动作用。

据《历世真仙体道通鉴》卷四十记载：

> 闾丘方远，字大方，舒州宿松人也。幼而辩慧，年十六，精通《诗》《书》，学《易》于庐山陈元晤。

闾丘方远曾问大丹于左元泽，在仙都山隐真岩刘处靖那里学修真出世之术，在天台山玉霄宫叶藏质处受法箓，笃好子史，编次《太平经》，以此远近闻名。钱镠召之，于余杭大涤洞筑室宇以安之。唐昭宗累次征召，闾丘方远以唐祚将终，竟不赴召。门弟子有二百余人。唐昭宗天复二年(902)二月十四日坐化，葬于大涤洞之傍的白鹿山。闾丘方远虽然是道士，学修真出世之术，受法箓，却更热心于钻研道教及儒家经典，尤其爱好《诗》《书》《易》以及史书，儒化的特征很明显。

《新五代史》卷三十三《孙晟传》记载，“孙晟，初名凤，又名忌，密州人也。好学，有文辞，尤长于诗。少为道士，居庐山简寂宫。常画唐诗人贾岛像置于屋壁，晨夕事之。简寂宫道士恶晟，以为妖，以杖驱出之。乃儒服北之赵、魏，谒唐庄宗于镇州，庄宗以晟为著作佐郎。”这个孙晟，起初是庐山简寂观道士，入道之后，却非常崇拜诗僧贾岛，以致简寂观道士认为他是妖邪，将他驱逐出去，而孙晟也就彻底走上了为儒入仕的道路。

钱朗,生卒年不详,字内光,洪州南昌(今属江西)人。初习儒业,读书精勤有节操,少以五经登科。唐文宗朝为南安都副使,后为光禄卿,以清直著称,去有遗爱,时论美之。后来归隐庐山,居简寂观。钱朗从东岳道士徐钧得补脑还元、服炼长生之术。唐昭宗时,钱塘彭城王钱镠礼请至杭州,时钱朗已一百五十余岁,童颜轻健。玄孙数人,皆以明经进身,仕为宰官。历二十余年,钱朗忽然告别,说:“我处世多年,适为上清所召,今须去矣。”其玄孙谓人曰:“我之高祖,年一百七十余岁。”陈尚君《全唐诗补编·续拾》卷四十五收其诗一首,事迹见《续仙传》卷中、《十国春秋》卷八十九,《历世真仙体道通鉴》卷四十五。从钱朗的生平来看,他是一个典型的儒者,但因遭逢乱世,精于儒业、为官清廉皆无用处,只能归隐修道;后来反而因此得到当权者的宠信,未免令人感慨。

《历世真仙体道通鉴》记载钱朗之师徐钧,东海蓬莱(今属山东)人,其言谈皆引子史,敏捷能文。但世上盛传的却是他的异术,说他曾经自吟:“曾见秦皇架石桥,海神忙迫涨惊潮。蓬莱隔海虽难到,直上三清却不遥。”徐钧腰间常挂一葫芦,扁舟游五湖之间。“识之者数十年见其颜貌不改。见人有病,即取葫芦内药物,其药如麻粟大。不许人服食,唯以酒研涂心腹间,其病便愈。药入口便厌食,好道者服其药一粒,十年绝食,但须饮酒喝水以助,颜细齿白发不衰,得其药者寿皆八九十。江湖渔人见徐钧,追之,舟去如飞,不可近。”

五代时庐山有异人许坚,陈舜俞《庐山记》卷三记载:

（简寂观外）涧中有许坚晒衣石。坚江南野人，有道术，亦善吟咏。卒于金陵逆旅，已而人有遇者。尝好浣衣曝此石上。

许坚，各种记载或称他为庐江人，或称为江左人，或称为江南野人。"许坚形陋而怪"（马令《南唐书·隐者传》），"性疏野，似非今之人，年高绝不知晓人事。少言，人不问，终日不启口"（《雅言杂载》）。"遇酒筵，不问尊卑，远近必到，乘兴止三五杯便去"（《郡阁雅谈》）。许坚早年"以时事干江南李氏""人讶其狂戆，以为风恙，莫与之礼"。南唐中主保大时，以异人召之，许坚耻其名，不至。《南唐书》称其与樊若水相善，后来樊若水遇见许坚于庐山简寂观，勉之出仕，颦蹙不答。据此许坚亦颇有意出仕，然因为丑陋狂野，不晓人事，故而不能遂愿，但他又耻于以道术扬名，始终认为自己是一个儒者。

许坚生性喜欢吃鱼，不去鳞肠而直接烤炙食之，"将鱼火上旋炙，熟处即吃，生处复炙，殊不去其鳞肠"（《郡阁雅谈》）。"坚尝往来云泉，所居地重峦乔木，人号小蒋山。喜作诗，性嗜鱼，辄炙之火上，不去鳞而食"（《十国春秋》），又喜欢"和巾带入溪涧内浴，度目浸身，出水即于风日中坐候干，其衣服多有腥气，人恶之。或有人与物，忻然而受，将散与贫者"（《郡阁雅谈》）。据《南唐书》所云，许坚沐浴不脱衣是因为"天象昭布，虽白昼亦常参列，人自昧之耳，其可裸裎乎？"这种议论，颇类儒家主张的"慎独"。

许坚能诗，又多于梦中吟诗。曾宿溧阳县灵泉精舍，僧出白字韵，请留诗。许坚熟睡至晚起，出七言诗云："近枕吴溪与越峰，前朝恩锡云泉额。竹林晴见雁塔高,石室曾栖几禅伯。荒碑字没秋苔深,古池香泛荷花白。客有经年别故林,落日啼猿情脉脉。”(《郡阁雅谈》)宋太宗太平兴国九年(984),许坚自茅山再游庐山,于方先生房内安歇,至夜深,常与数人谈笑,人疑而听之,坚已知,高声云:“不得来,不得来。”后在洪州西山或吉州玉笥山等地,又曾在南京祈泽寺,王安石有《祈泽寺见许坚题诗》。

许坚有异术,好谈神仙之事。《雅言杂载》说他“多居三茅山,不知年岁,形容不变”,亦“多谈神仙事”。《十国春秋》说:“太虚观有池,坚放所炙鱼于池中,顷之,化生鱼逝去。”太虚观即庐山简寂观。马令《南唐书·隐者传》称许坚“尝至阳羡,人不之识。一日,涉西津,凌波阔步,若平地然。人皆神之,不知所在”。

许坚在庐山,似亦居无定所。《南唐书·隐者传》说许坚“或寓庐阜白鹿洞桑门道馆,行吟自若”。而与他相善的樊若水,曾遇见许坚于庐山简寂观。简寂观为道教圣地,白鹿洞为儒家圣地,许坚往来其间,其人亦在儒道之间。

《庐山志》记载陈抟(871—989)曾从许坚学《易》:

> 陈抟字图南,亳州人,尝游白鹤观、简寂,受易经心法于庐山异人,或曰异人即许坚也。

石介《辩惑篇》云,种放以《河图》《洛书》传李溉,溉传许坚,许坚传范谔昌。又《太华希夷志》卷下:“希夷先生好读《易》,以数学授穆修伯长,修授李之才挺之,挺之授康节邵尧夫,修以象授种放,放授庐江许坚,坚授范谔昌,一枝传于南方也。”说许坚是陈抟的后世传人,为种放之徒。但这个传承体系很不可靠。许坚早年“以时事干江南李氏”,南唐中主保大年间又以“异人”见召,因此他在保大初年(943)的时候,至少已是30来岁的人,生于913年以前。假设穆修(979—1032)从20岁开始授徒,则他授徒的最早时间为999年,此时许坚已接近90岁;假设邵雍(1011—1077)也从20岁开始授徒,则他授徒的最早时间为1031年,此时许坚已接近120岁:显然都不合情理。又清朝钱大昕《十驾斋养新录》卷七录有晁说之的《李挺之传》,说李挺之为天圣八年(1030)进士,生活年代也与许坚相去甚远。

陈振孙《直斋书录题解》著录《正易心法》一卷,云:“旧称麻衣道者授希夷先生,崇宁间,庐山隐者李潜得之,凡四十二章,盖依托也。”《藏外道书》收录《麻衣道者正易心法》,有崇宁三年(1104)庐峰隐者李潜序,说自己“顷得之庐山一异人。”朱熹说这部书是湘阴主簿戴师愈老儒所伪托,未必可靠。综合起来,许坚约比陈抟小三四十岁,陈抟传《正易心法》给许坚更接近事实,《庐山志》所记陈抟“受易经心法于庐山异人”,实则为“授易经心法于庐山异人”,一字之差,遂至师徒混淆;而“庐山异人”正是许坚,南唐中主召见许坚,用的就是这个称号。许坚晚年之时,又以“庐山异人”的名义将《正易心法》传给庐山的隐士李潜。

《庐山志》说陈抟曾游庐山白鹤观、简寂观。陈抟《白鹤观》诗云:“时传丹篆千年术,口诵黄庭两卷经。鹤绕古坛杉影星,悄无人迹户常迥。”然此诗亦作吕纯阳真人《题宿州天庆观诗》,见《古今图书集成》之“理学汇编字学典篆书部”,很难说明陈抟到过庐山。不过,既然许坚长期在简寂观活动,陈抟又将《正易心法》传给他,则陈抟到过庐山还是有些道理的。

《历世真仙体道通鉴》卷四十六记载的孙成，也是南唐时庐山一个亦儒亦道的文人：

> 孙成，不知何许人。善为诗，预知休咎。至庐山，以诗题九天使者庙云："独入玄宫礼至真，焚香不为贱贫身。秦淮两岸沙堆骨，湓浦千家血染尘。庐阜云烟谁是主，虎溪风月属何人。九江太守勤王事，好放天兵渡要津。"不数年，金陵板荡，九江重围，人受涂炭，竟应诗谶。后殁于南昌。人弃之江中，尸乃溯流而上，莫不异之，以为得道尸解仙去矣。

据文中所叙，孙成当为南唐末年人。庐山九天使者庙，唐玄宗时始有此名，南唐升元二年(938)改名通元府，宋太宗时改名太平兴国观，徽宗宣和六年(1124)又改名太平兴国宫。孙成游览九天使者庙时，改名未久，所以沿用旧称。他诗中所预言的事情，为北宋灭南唐、屠江州事。宋太祖开宝八年(975)十一月，北宋灭南唐，李煜出降于金陵，唯江州军校胡则与牙将宋德明杀刺史，据城不降。曹翰率兵攻打，久攻不下，宋军死伤甚重。城破之后，曹翰下令屠城，江州兵民数万被屠杀，几无活口。

《历世真仙体道通鉴》卷四十四记载：

> 白鹿洞隐者姓桑名俱凤，不知何许人也，自称进士。阘茸性嚚，不近人情。尝寄阆州紫极宫，一日买猪肠充馔，

就醋铛汲水洗涤。道士怪之，不借其铛釜，乃生噉之。时冬夜，斋堂唯施一榻，四面窗隙风霜切骨，俱凤乃脱布衫于架上，裸露酣寝，众人大骇。次至诸宫，谒南平王，一足草履，一只麻鞋，自号野人。或问《左传》"藻繂鞞鞛"是何等物，答曰："以枣安盘，挥而食之。"言论他皆仿此。后到江夏，依前狂率，节度使□简俾虞候褫之出界，至星子潭，遂踊身腾空而去。荆州客将奉使武昌，备见告报。自后又多在北地，每参谒，题榜云："庐山白鹿洞乡贡进士桑俱凤。"人多戏之，竟莫知其所止云。

此则记载，出处未详。庐山白鹿洞，贞元时(785—805)有李渤隐居于此读书，长庆元年李渤任江州刺史，又曾修葺之，于此游览。朱熹《延和殿奏事》称："当时学者多从之游览，遂立黉舍。"但颇难看到相关资料。桑乔《庐山纪事》："唐末兵乱，郡县学校破坏，高雅之士往往读书耕艺其中。"南唐时正式设立庐山国学。南平王钟傅于唐宣宗大中年间(847—860)镇守江西，桑俱凤所谒南平王或即此人。桑俱凤自称白鹿洞进士而人多戏之，则他可能不是真正的进士。许坚寓居的白鹿洞桑门道馆，应该就是桑俱凤的居所。

五代十国时，尚有吴仁璧曾在庐山学道。范成大《吴郡志》卷二十五引《备史遗事》：

吴仁璧，大顺中及第，喜属文，精星学及黄白术。初，学于庐山道士数年。其师曰："能罢卷学仙乎？"仁璧固陈求名之志。道士曰："一第取之拾芥耳，但他年从宦勿干英雄。”仁璧既成名,钱武肃王待以客礼,访以天文,固辞非所知。欲辟幕职,又以诗辞。及秦国夫人薨,武肃具礼币请为志,又不从,遂为钱氏所害。其女亦善星学,仁璧被系,女仰瞻而泣曰:“文星失位,大人其不免乎?”①

据《十国春秋》,吴仁璧触怒钱镠,被钱镠丢到水里淹死。吴仁璧在庐山所学,也即星相占卜、外丹黄白之术。庐山道士叫他入仕后不要去接近英雄,言下之意是他的结局早已为师父所逆料,也是星相占卜所得的结果。但从吴仁璧的行为之中可以看出,他热衷仕途,不愿意以占卜之士的身份用世,与孙成、许坚、桑俱凤等人的思想有一致之处。

总之,五代时庐山的儒学开始兴盛起来,而隐居这里的众多道士,本来就是文人出身,他们在制造神异故事的同时,着力于儒学的研究,从思想层次上推进了儒道合一的趋势,对后来的道教产生了巨大的影响。宋元之时,三教合一就成为道教的主流了。

南唐时,曾重修庐山灵溪观。据陈舜俞《庐山记》卷二,庐山三将军庙,汉武帝赐名灵溪观。又云:“灵溪观,南唐齐王景达重修,功未就而薨。其贤顺妃实成其志。”其碑文为宋涣所撰,开宝五年(972)八月立。屋壁间尚有写真,题曰:“守太师尚书令齐王食邑一万户,实封三千户,李达谥昭孝,册封太弟。太岁癸酉二月丙戌二十四日己酉写。”此《灵溪观碑》未见。据《南唐书》卷七记载,齐王李景达,南唐中主李璟之弟,好神仙修炼之事。

①范成大:《吴郡志》,江苏古籍出版社,1986年,第359—360页。

灵溪观延续至后代,可记之处不多,故而一并叙述于此。宋代真清禅师有《送周道士》:"归去灵溪观,匡庐碧嶂深。涧松多偃盖,岩溜尽鸣琴。不死徒餐药,可生可练心。他年如有道,飞锡一相寻。"(见《古尊宿语录》卷四十五《宝峰云庵真净禅师偈颂》)宋孔武仲《自归宗入灵溪观》:"石桥横路水溅溅,百尺琳宫馆列仙。闻有秦人来避世,至今修竹上参天。"明李梦阳《游庐山记》:"由归宗寺西北行,则至灵溪观。"桑乔《庐山纪事》卷三:"今诸寺观尽废,独余归宗、灵溪,又皆不振。樵采日至,山益童赤。其平,土人益斥以为田,即杏坛遗址亦田。"

《云笈七签》卷一百一十九"灵验部三"记有"僧法成窃改道经验",这一故事发生在庐山简寂观,颇为有趣,在一定程度上反映了庐山佛道之间的摩擦。故事记载僧法成姓陈,不知何方人,固执于佛道之争。他先在江州寺庙中寄存衣钵,而后游庐山,到简寂观,恰逢道士不在,而藏经的橱柜一贯不上锁,便偷了三十四卷道经,往灵溪观栖止,诳骗众人云:"某在僧中,本意好道,欲于此驻泊,转读道经,兼欲长发入道。"人皆信以为真。此后,他经常去简寂观偷拿道经,也借好道的名义化了不少粮盐,于是"改换道经题目,立佛经名字。改天尊为佛,言真人为菩萨罗汉,对答词理,亦多换易。涂抹剪破,计一百六十余卷"。有一次,僧法成下山,忽然看见大队军马,有大官立马于道中,命人将法成擒来拷问,说:"大道经教,圣人之言,关汝何事,辄敢改易!决痛杖一百,令其依旧修写,填纳观中,填了报来,别有处分。"当即于道中痛责百杖,仆于地上,疮血遍身。僧法成只好变卖所有物资,花了一年多工夫将道经改写回来,"经足送还本观,烧香恳谢,欲愿入道,道流以其无赖,无人许之。是夜叫呼数声，如被殴击，耳鼻血流而死矣。”

《南唐近事》卷二记载有九天使者庙道士的故事，也颇为有趣：

> 庐山九天使者庙有道士，忘其姓名，体貌魁伟，饮啖酒肉，有兼人之量。晚节服饵丹砂，躁于冲举。魏王之镇浔阳也，郡斋有双鹤，因风所飘，憩于道馆；回翔嘹唳，若自天降。道士且惊且喜，焚香端简，前瞻云霓，自谓当赴天上之召；命山童控而乘之，羽仪清弱，莫胜其载，毛伤背折，血洒庭除，仰接久之，是夕皆毙。

第二天，养鹤之人听说此事，便告到官府，主事的魏王并没有责罚道士。处士陈沆闻之，为绝句以讽云：“啖肉先生欲上升，黄云踏破紫云崩。龙腰鹤背无多力，传语麻姑借大鹏。”①可见五代十国时九天使者庙犹有炼外丹而服食者。

陈沆，五代十国时人，隐居在庐山。宋张靓《雅言杂载》：“庐阜人陈沆，立性僻静，不接俗士。黄损、熊皎、虚中师事之。”《永乐大典》收《莆田志》云：“开平二年，陈沆、郑希闵同第进士。”则陈沆为莆田（今福建莆田）人，隐庐山，非庐山人。开平，为五代后梁朱晃的年号（907—911）。文中提到的魏王，当为徐知训。徐知训（？—917），十国时吴宰相，天祐十五年（917）为大将朱瑾所杀。郑文宝《江表志》：“魏王知训，徐温之子也。”

①朱易安等主编：《全宋笔记》第一编，大象出版社，2003年，第218页。

第三章
天下与一心：两宋庐山道教的指归

第一节 太平兴国宫：王朝兴衰的镜子

两宋时期，唐朝兴建的九天使者庙易名为太平兴国观，又易名为太平兴国宫，朝廷屡次加封，屡有修建，成为庐山南北规模最大的道宫。

宋元时期，七卷本的《庐山太平兴国宫采访真君事实》编成（以下简称《事实》），流传于世，现收入《道藏》《藏外道书》中，成为庐山道教发展史上最翔实、最完整的一部宫观志。南宋江州通判叶义问为《事实》作序云："义问来九江，适太守大卿胡公纺以清静理郡政，民神协从。甲戌春，举行旧典，以义问摄祀事于太平兴国宫。礼毕，因观山川之胜，穹隆磅礴，层见叠出，不可名状，是宜高真之所慎择也。宫之道士有向师尚者，清修自持，且有心于阐宗立教，以使者应化之迹泯泯未传，求义问编次，义问不敢以鄙陋辞，谨列于左方。绍兴二十四年中元日，左朝奉郎通判江州军州事、兼管内劝农营田事、赐绯鱼袋叶义问谨序。"桑乔《庐山纪事》收有这篇文章，文字有删节，题作《叶义问感应记序》。据此，太平宫道士向师尚于宋高宗绍兴年间编成《感应记》，叶义问为之作序；《事实》乃在此基础上增益而成，较为晚出，也保留了叶序。又姚燧《江州庐山太平兴国宫改为九天采访应元保运妙化助顺真君殿碑》记载，元朝太平宫提点汤德润派遣弟子，于元成宗大德末年“谨并上图经、匡庐得名，与真君事实，唯择笔焉”。其中的“真君事实”，即《庐山太平兴国宫采访真君事实》。文章还提到元仁宗延祐年间加封的事情，故此书当由汤德润主持编成，元仁宗时由其弟子刊刻出来。

一、楼阁如云：规模空前的道宫

宋代太平兴国宫的建筑，有“九天采访应元保运真君之殿”，原为宋神宗皇帝御书，后毁于兵火。大殿里，九天采访使的塑像居中，陆游《入蜀记》：“由山路至太平兴国宫，门庭气象极闳壮。正殿为九天采访使者像，衮冕如帝者。”左右侍立金童、玉女、灵官各二，六丁六甲各六，每侧能容纳十二尊塑像，十分宽敞。殿内左右两壁，画上清太微二十四位真人，殿外两壁左画十二溪真，右画九江水帝、三江大王，均模仿唐朝吴道子所绘，相貌奇古，精神耸动。陆游《入蜀记》：“两壁图十真人，本吴生笔……先是山中有太一宫，摹吴笔于殿庑。及太平再兴，复摹取太一本，所托非善工，无复仿佛。”殿前的塑像，左边为防观，右边为护法，配以驿龙、金虎大将。正殿的左翼殿堂，有三官大帝塑像；右翼殿堂有四圣真君塑像。殿前还有钟楼，陆游《入蜀记》云：“采访殿前有钟楼，高十许丈，三层，累砖所成，不用一木，而榈桷翚飞，虽木工之良者，不能加也。但钟为砖所揜蔽，声不甚扬，亦是一病。观主胡思齐云：‘此一楼为费三万缗，钟重二万四千余斤。’”

殿主廊左边，是藏书的地方，名曰“琼章宝室”，系著名词人张孝祥手笔，收藏各种道书，曾收藏道经五百二十八函，计五千二百八十七卷，另外还有九十九函，是南宋大将杨沂中（追封和王）所赠送的。陆游《入蜀记》：“又有经藏亦佳，扁曰云章琼室。”其中收藏了南宋版的《道藏》。殿主廊右边，是天师堂，榜曰“正一之殿”。

南宋之初，太平宫毁于兵火。陆游《入蜀记》：“建炎中，李成、何世清二盗以庐山为巢，宫屋焚荡无余。”在朝廷的支持下，太平宫又得到重建。据《事实》所录宫中碑记，宋高宗建炎四年(1130)，太平宫毁于贼兵。次年盗贼退去，无人担任兴复太平宫之职责，道士王秉文乃领副职，在兵火灰烬之余，经营数载，“金碧绘像，焕然一新”。

绍兴二十八年(1158)十月，宋高宗特旨，于采访殿后创建大殿，专门供奉皇帝画像，名为申福殿。此殿之右，为漳泉慈济真君殿；殿之左，为三山涧灵泽龙王殿，系嘉泰四年(1204)皇帝敕封。

绍定五年(1232)于采访殿后再创三清宝阁，中塑九皇御座。嘉熙四年(1240)闰十二月，宋理宗赐御书“三清阁”三个大字。左边有楼，供奉九天丈人真君；右边亦有楼，供奉唐玄宗。

主殿前面是修廊，也即直廊，左右各有二十五间房子，左画自三皇五帝以来至宋朝九天采访使以各种名号降临人间的形象，右画采访真君自从得到供奉以来赏善罚恶以及信众习仙祈嗣的灵验事迹。修廊中有石坛，左有砖阁五层，上安洪钟，榜曰景阳；右有砖阁五层，上塑朱陵大帝，榜曰朱陵。

修廊的前面是转廊，也即曲廊，左右各有五间房子，画五百灵官像，头戴天冠，身穿绛服，如同朝拜的大臣，相貌各异，按次序排列，模仿唐待诏院所画，也是当时名笔。

两转廊之间的内三门，榜曰“紫元景曜之门”，为张孝祥所书。内亭榜曰“咏真洞天”，旧记说：“刘德本遇仙人从游，入咏真洞天，及见采访考校世人罪福而出。”阶下有一块大石头，旧记说“有刘越者从此出入，康阜真人赴刘约，叩此石而入，会于洞府”。后建有亭子，曰“刘仙石”。

两转廊之间的外三门，曰“太平兴国之宫”。宋徽宗赐御书，后毁于兵火，运使蒋璨重书。门接度仙桥，松杉蓊郁，道路皆铺以石板，有亭子靠近驿道，榜曰“天下太平”。

大殿之后，有道纪堂、莲池、莲会堂、抱一堂、虚室、泡泉、云无心堂等。云无心堂为清虚庵道士皇甫坦在庐山的最初居住之处，张孝祥为之题名，取宋高宗诏书中“白云无心于帝乡”之义。后来皇甫坦迁居附近的钵盂峰下。陆游《入蜀记》：“憩于云无心堂，盖冷翠亭故址也。溪声如大风雨至，使人毛骨寒栗，一宫之最胜处也。”此外还有听雨轩、跨碧桥、御书碑亭、寿星、观音图像及名公碑刻等。

左右两山，有道院三十余所，依山傍水，窗户玲珑，诵经之声琅然。有希微堂，后名葆清堂，濂溪先生周敦颐曾经留题。有墨仙泉，因吕洞宾留有仙迹而名为天籁堂，苏东坡留题枯木怪石于壁间，还有洪刍跋。有老圃堂，黄庭坚曾游。有葆真庵，梅竹幽邃，视野清爽。另有真一庵、镜泉、寒碧轩、留云阁、玲翠阁等，也有许多文人墨客歌咏之作。

宫后有灵泽龙湫，即上中下三潭，上潭在高崖绝壁之中，险不可攀，中、下两潭可往来祈祷。桑乔《庐山纪事》引《宫志》：“三山涧水源于松光岭，有三龙湫。其上一湫在绝壁，天将雨，辄有云气出湫中，樵者相传或见龙戏其上云。旧有龙王祠，今废。”山上有仙人诵经台，有一石突出如同经案模样，四边石纹折叠如同屏帏。据说每逢阴雨天气，采樵者能听见诵经之声。又有飞云洞，“洞中可坐二三十人，又有一窍，隐隐而入，近生一石。当门，不可入。但云起则雨，云聚则晴。山前人皆以此验其晦明。”宫前有祝圣放生池、积金池。

总之，太平兴国宫在两宋时期最为兴盛繁华。其建筑总面积估计接近10000平方米。转廊（相当于五间房子的宽度）、直廊（相当于二十五间房子的宽度）、主廊、大殿以及殿后面的两重殿，构成太平兴国宫的纵深度，约在200米左右；修廊加上两边房子的深度、修廊之间的石坛、砖阁和空隙地，构成构成太平兴国宫的宽度，至少有40米；因此主体建筑约有8000平方米。左右两山三十余所道院，以每处50平方米计，也有1500多平方米。民间至今流传，在太平宫的兴旺时期，每天清晨宫内道士必须骑马去开外山门，可见其规模之大。桑乔《庐山纪事》引《山疏》：“当是时，道流常三数千人，崇轩华构，弥山架壑，毁而复新，其所縻费不可胜纪。其田多散在旁县，凡三十六区，而宫侧今犹有猫儿垅（在太平宫北），其侈盛无如矣。”朝拜的香客也特别多，《朱子语类》云：“因举江西有玉隆万寿宫、太平兴国宫。每岁两处朝拜，不惮远近奔趋，失其本心，一至于此，曰某尝见其如此，深哀其愚。上升一事，断无此理，岂有许多人一日同登天，自后又却不见一个登天之人？”

二、斋醮祈天：八位帝王的尊崇

桑乔《庐山纪事》引《山疏》说，在唐朝，九天使者庙的“祀典犹未特隆”，未见有皇家举行的祭祀活动。南唐时，朝廷将九天使者庙易名为通玄府，陆游《入蜀记》：“舒州灊山灵仙观，祀九天司命真君，而采访使者为之佐，故南唐名灵仙曰丹霞府，太平曰通玄府，崇奉有自来矣。”其具体活动，不见详细记载，但能得到朝廷加封，可知此时庙的规模不小，地位也有所上升。到了宋朝，朝廷对太平宫颇为重视，其中如北宋的太宗、真宗、神宗、徽宗，南宋的高宗、孝宗、宁宗、理宗皆对太平宫屡有加封,并在这里举行各种斋醮活动。

宋太宗赵光义时期,崇奉道教,大修宫观。太平兴国二年(977),皇帝正式以年号命名九天使者庙为太平兴国观。三年(978)四月九日,皇帝下令每年春秋两节,即二月十五日、八月十五日,各致一祭于九天采访使,为朝廷举行国醮。其中八月十五日举行的斋醮,尤为隆重。七月初十日,江州官府向朝廷申报所准备的斋仪礼物,以及"开建道场三日满散,设醮三百六十分"的活动安排。朝廷委派翰林学士院送来国醮所用的青词、朱表,向九天使者祈求"和天安地,保国宁邦""邦社储休,车书混一,民跻富寿,运洽隆平""百谷保顺成之美,四时无愆亢之灾"。每三年一次,朝廷又派遣使者送来"御名青词朱表",建道场五日,设醮谢恩。皇宫下赐《郊祀礼毕青词》《郊祀礼毕朱表》,向神灵表示皇帝的虔诚,请求赐福。又陆游《入蜀记》:"至太宗皇帝时,尝遣中使送泥金绛罗云鹤帔,仍命三年一易。"

太平兴国观能够得到宋太宗的宠幸,与几年前北宋灭南唐时在江州实行的大屠杀有关。这场大屠杀的元凶是宋将曹翰,他不仅屠杀了江州军民,也将庐山的诸多佛寺道观洗劫一空,佛道中后来就有"曹翰屠城冥罚世世投猪"的说法,见《太上感应篇汇编》《文昌帝君阴骘文》等。这场屠杀给当地百姓种下了仇恨,借助道教的兴盛,消解一些敌对情绪,是有利于朝廷统治的。

宋真宗咸平(998—1003)初,朝廷拟修江州庐山太平兴国观,由于天旱,暂停其事。咸平三年(1000)七月,"上以江、浙饥歉……令(夏侯)峤于庐山集道士设醮,及为大斋"(《资治通鉴长编》卷四十七)。宋真宗给太平宫的恃宠亦多,如大中祥符元年(1008)六月二十九日下诏，每年从翰林院分湿香三百斤，交付太平兴国观使用；次年十月十六日下诏，太平兴国观免除夏、秋二税，所有收入归本观使用。天禧元年（1017）九月，又特赐“圣祖天尊大帝神化金宝牌”一所，放在太平兴国观供奉。

张芸叟《南迁录》云：“越蛇冈岭至太平兴国观，即唐九天采访使者庙。熙宁中，册制应元保运真君，改观为宫。”宋神宗册封九天使者为应元保运真君，但改观为宫则是宋徽宗时的事情。陆游《入蜀记》：“神宗皇帝时，又加封应元保运真君及赐涂金殿额。”

配合朝廷的加封，道士制造了一个神异故事。《事实》称宋神宗元丰二年（1079），太平兴国观道士陶智仙在地里挖到一个陶罐，封得严严实实的。打破来看，里面是五色土，还有一枚铜钱，上有“应元保运”四字。当时谁也不知道什么意思。到元丰四年（1081）正月，朝廷派遣内侍廖维持诏书及御书殿额来观，将九天使者进号为“九天采访应元保运真君”，大家才知道铜钱上文字的意思。当时知制诰熊本提举太平兴国观，召本观主持道士，究问得实，即将铜钱付与廖维，撰写表文，呈献朝廷。朝廷使者至观之夕，直殿道士吴有终等闻仙乐之声，惊走闭殿，仙乐即止。

宋神宗在位时，王安石大力推行新法，虽有富国强兵之收效，但也带来了很多社会问题。熙宁六年（1073）大旱，开封安上门监郑侠画《流民图》，图中流民或身背锁械，或口食草根，告诉皇帝说旱灾是王安石造成的，宋神宗大受刺激。熙宁九年（1076），王安石退居金陵，宣告了新法的失败，也暴露了宋神宗为国事担忧的心态。他对太平兴国观的加封，与此有关。

道士举行进号典礼时，有《祭告祝版》：“庶俾黎元，永膺福祉。”

有《醮庆进号青词》："冀崇显于上真，乃加隆于懿号。"有《朱表》："相我有邦，亿万斯年。"《奏告词》："享兹久阙之仪，锡以无疆之庆。"此外还有《祭告词》《奉上行礼词》，内容都差不多。用于册封则有《满散词》《满散朱表》，还有《奉安玉册醮开启文》，祈祷"万寿无疆，恢帝图之广大；三时不害，永民物之阜康"。

王安石变法时，对诸非议新法者，都以"疲老不任事"为由，将他们贬斥，使领祠官，于是祠官甚众。南宋沿袭了这一做法，有不少文人、大臣担任太平宫的祠官，如绍兴十二年(1142)，罢镇江府刘子羽，以提举江州太平宫而归；张九成因论灾异时政、反对与金议和，触犯秦桧，被弹劾落职，出为江州太平兴国宫祠官；著名词人张孝祥提举太平兴国宫；宋孝宗乾道七年(1171)正月，汪大猷除敷文阁待制，提举江州太平兴国宫；绍定四年(1232)，魏了翁复职，主管建宁府武夷山冲佑观，次年改提举江州太平兴国宫；等等。不过，提举江州太平兴国宫为只领俸禄不管事的虚衔，这些大臣、文人基本上不到任，也有一些在此活动甚久，并参与宫中的斋醮活动，如张孝祥，他写有不少歌咏太平宫及庐山的诗作。

宋徽宗十分崇奉道教，以至被称为"道君皇帝"。这时朝政混乱，内忧外患，外有金朝迅速崛起，咄咄逼人，内有方腊起义等事。这些情况都促使皇帝将更多的希望寄托在缥缈的鬼神身上。宣和六年(1124)七月二十七日，宋徽宗亲自书写匾额，将太平兴国观改为太平兴国宫，把它的规格升高了一级，并将御书牌额送到庐山。《永乐大典》卷六千六百九十七引《江州志》："徽宗御书宫牌，敕赐太平兴国之宫(政和中赐)。"又卷六千六百九十八引《江州志》："政和中，致玉册，宣和七年升宫。"时间上略有出入。

《录异记》说，负责运送御书牌的使者乘船行至太平州谢家湾时，有顺济龙王登舟，金鳞玉爪，身长尺余，盘旋花枝之上，护送舟船至池阳清溪，同时有水兽三四，昂首鸣叫。龙王自船中引首顾之，池州官民瞻拜，忽而不见。使者上路之初，占卜说沿途阻风，将失期限。忽然在真州遇上顺风，半月之程，数日而至，到岸则风逆如初。在宋徽宗以前，太平兴国宫有关官方的神异故事并不多，而在宋徽宗以后，这类故事便日益兴盛起来。

宋高宗绍兴三十一年(1161)秋，金帝完颜亮率领十余万大军，号称四十万，分路南下，企图一举灭宋。十一月二十七日，完颜亮被部下杀死。经历这一场恐慌的宋高宗，心有余悸，遂于绍兴三十一年十二月十七日，派遣右承议郎江州通判郑建中到太平兴国宫祷告："蠢兹妖孽，犯我边疆，爰整王师，正烦神助，扫荡边氛，亟臻清平。"

《事实》中有韦太后的斋醮之词。韦太后即宋徽宗的韦妃，宋高宗赵构的生母，北宋灭亡时被俘，时年三十八岁，在金朝受尽凌辱，绍兴和议后才被放回南宋，时为绍兴十二年(1142)。绍兴二十九年(1159)去世，享年八十岁。韦太后有目疾，被道士皇甫坦治好，高宗便下令皇甫坦移居庐山。

韦太后在太平兴国宫斋醮时，目疾未愈，故有"次冀妾齿坚目明，身强体健""老身备康宁之福，目视耳听之聪明"。当然，有"诞育圣躬"之功的她，也为皇帝祝福"圣寿无疆，皇图永固，万民乐业，五谷丰登"，且为高宗的吴皇后祝福"宫闱集庆，枝叶繁昌""中宫受滋至之休，圣子神孙之千亿"。

与朝廷的崇奉配合，江州地方官员创作了一个灵验故事。建炎元年(1127)冬，张遇聚众数万，自淮渡江，攻陷池州。十二月初十日，犯江州。太守陈彦文躬披甲胄，率众登城死守。叛军攻城三日，大势危急。州人号呼，望庐山而拜。忽见旌幢现于云表，金光闪烁中，仿佛有九天使者乘着狮子出现在云中，又有无数龙马簇拥。须臾，天降大雪，叛军无法露宿，杀获甚众。有一千余叛军骑兵闯到太平宫，四处放火，但神奇的是连竹屋纸帐都烧不着，又仿佛看见神灵出现，叛军遂仓皇逃遁。贼退之后，太守及州民建醮谢恩，相继月余，此后每年四月上七结会建醮，成为惯例①。江城士庶建醮意旨略云："伏为建炎年间，贼徒来犯九江，一城生灵将遭屠戮，彼时荷蒙九天采访真君云端垂佑，一郡生灵皆得更生。自后合郡士庶恭诣福地，建醮谢恩。迨于嘉定兵犯鄂城，祸连数郡之郊，势迫九江之境，民悬忧于近死，望泣真官，时举荷于生全，顿消妖祲……谨结会，修设谢恩清醮一百二十分位。伏愿干戈永息，合境安宁。次冀各家俱膺百福。"可知这种斋醮，一直延续到宋宁宗嘉定年间。

宋孝宗登基后，命张浚北伐中原，但在符离遭金军阻击，大败而回。金军乘胜追击，南宋军队损失惨重。宋孝宗被迫于隆兴二年(1164)与金国签订"隆兴和议"。这一年十一月二十八日，宋孝宗指令知江州军州事唐文若到宫里祷告，祈求神灵协助宋军击退金兵。

据宫内石刻，宋宁宗开禧二年(1206)十二月，四川宣抚副使兴州都统制吴曦反叛，次年正月十八日僭称蜀王，遣部将守住入川的通道夔门。有官员蒋介解印归家，沿江而下，二月二十四日泊万州。

①事亦见载于《永乐大典》卷六千六百九十七，引《江州志》。

门客赵潭，善降诸神，当晚为蒋介祷告占卜，以决定去就祸福。所执箕笔突然大动起来，书写云："吴曦世受国恩，敢谋僭叛，将降四蜀于左衽。九天采访使者奏其事，上帝震怒，敕灭其族，事不出三月，秘之。"蒋介不敢泄露天机，将纸墨密封收藏了起来。三月初十日至忠州，看见朝廷的露布，吴曦果然已在二月二十九日就诛。蒋介与几十人拆封九天采访使的判词，大家共相感叹。太平宫石刻有当年"季夏之四日，宣教郎四川宣抚使司干办公事、嘉定薛绂谨识"，可知此灵验故事造作于当年①。

根据《事实》，宋宁宗嘉泰四年（1204）正月，德化县报告朝廷说，嘉泰元年（1201），六月不雨，德化县主簿常权躬诣太平兴国宫后面的三山涧龙潭，设醮未毕，风雨大作，枯槁的禾苗得以复苏，遂成丰年。因此德化县请求朝廷"封爵庙额"，朝廷准允。

在南宋皇帝中，宋理宗对太平兴国宫非常看重，屡次在这里举行斋醮活动。

嘉熙元年（1237）十月，宋理宗指令道士二十一员在太平兴国宫建灵宝道场一昼二夜，举行斋醮，投送金龙玉简，为他求子，《保国祈嗣玉简》云："得男而应震索，茂延百世之期；偃武而致太平，坐底四方之治。"宋理宗曾有两个儿子，但都夭折了，后来便选中弟弟赵与芮的儿子为嗣，即宋度宗。

宋理宗的崇奉，激发了太平宫道士的热情。嘉熙二年（1238）八月，太平兴国宫前住持熊守中上《陈乞加封奏状》，说九天采访使在唐玄宗时有"后五百年福及生灵，保安国祚"之语，而今过了五百零

---

①《永乐大典》卷六千六百九十七，引《江州志》："《续灵验记》，开禧二年，薛绂识。"见《永乐大典方志辑佚》，中华书局，2004年，第1530页。

八年，正在言语应验之际，因此编撰了九天采访使的应验事迹，分成六类，“一曰创始源流，二曰宅灵始末，三曰崇奉彝则，四曰褒嘉典故，五曰像设仪制，六曰感应灵异。缮写为一册，用黄罗囊封，随状上进。”希望皇帝能加以留意，必定获得“多寿、多富、多男”的保佑，并请皇帝给九天使者加封号。

理宗准奏，遂指令熊守中“开坛箴事，拜伏宝章，上通宸极，以用禳兵弭寇，保国宁邦”。

《上帝青词》云：“边陲惊扰，烽燧因仍。内贻宵吁之忧，外积干戈之惨。”《真君青词》云：“兵革侵疆，师徒驻野。四蜀长淮之惨酷，痛彻此心；九州率土之威仪，合归中国……速扫妖氛，日扇祥风，将安善类。”端平二年(1234)，金朝灭亡之后，南宋王朝就直接面对着蒙古国的铁骑了，因此上述醮词的中心，并不在于求子，而是在于保国。

嘉熙四年(1240)四月十四日，朝廷正式批准加封九天采访使为“九天采访应元保运妙化真君”。《加封址阁词》说采访使“启耀发祥，标符显应，固非其他神祠可比。至若水旱疾疫之灾，盗贼兵革之变，随事切祷，响答影从。真有助于国家，有功于生灵也。”希望如熊守中所说，“五百年流福于生灵，适逢休会。谅上苍悔祸之有日，而四海息兵之可期。”皇帝又于十二月诏令熊守中设“一千二百分位”之大型斋醮，长达五昼夜。

淳祐元年(1241)二月，熊守中正式主持这一斋醮活动。在《真君祝版》中，熊守中代表皇帝表达了“绥集生灵，福流下土”的意愿；在《设醮意旨》中，熊守中以皇帝的口吻表述了“宁谧三边，安全万宇；咸睹清宁之象，早开嗣续之祥”的意愿。

宝祐四年(1256)七月,朝廷又批准每年给太平兴国宫赐御香,以延续以往修设国醮的惯例,当年特赐沉香三十两、笺檀、降真各一十斤。在《初降御香建国醮别奏青词》中,有“今首足患探于蜀广,乃疮痍痛及于淮襄。水旱间关,兵财匮乏”之语,可见当时国势危急、人心慌乱之状。

宝祐六年(1258),蒙古发动了第二次大规模的对宋战争,分三路攻打南宋,中路军由蒙古大汗蒙哥亲自率领,南下四川,直扑重庆;南路军从云南出发,经广西,直扑长沙;北路军由忽必烈率领,直扑鄂州(今武汉)。南宋形势危急,幸而第二年七月,蒙哥在合州中流矢致死(或说病死),忽必烈返回北方争夺汗位,南宋才有了一丝喘息的机会。

开庆元年(1259),忽必烈率蒙古大军攻打鄂州,宋将史岩之奉命率军驻扎江州,以增援鄂州,因出师不及时、任人不当而失利,景定元年(1260)五月被免官。解官之前,他以江州知州的身份奏《申述灵验乞加封尊册事》说:“岩之自去秋祇戍,适值胡马偷渡,被旨进黄援鄂。岩之闻命即行,但副阃事权素轻,江州又号内地,进当大敌则无将无兵,退守中流则城卑壕浅,舟师援鄂则风逆莫前,增戍保黄则星流告变。人心惶惶,士气不振,事关宗社,未知攸济,遂望真祠许设普天大醮三千六百分,保国禳兵。由是天乃返风,遣援无虞。”认为九天采访使素来灵验,因此奏请在“应元保运妙化”今号之上加上八字徽号,尊以册书,镂以嘉玉,以“保国祚于有永,延圣寿以无疆”。这份奏章,显然有借神灵故事为自己开脱的意味,朝廷也未予准允。

当年五月,江州官员再上《奏乞颁降封册事》,说“今年虏哨入本州岛瑞昌县境，若有所制，讫不能前。阴护一方，全活甚众。至如甘雨时雪，消疫济荒，保边禳兵，护国救民，其所以孚佑者甚盛。”请求皇帝加封。

当年六月，朝廷指令太平兴国宫修设“普度大醮一千二百分”，用于超度战死的英魂，青词也有了一种愤慨之情：“所赖人可即戎，每战必克。或执干戈以卫，或夺螯弧以登。未尝临敌以怀生，皆欲灭此而后食。竭忠思报，视死如归。杀气干霄而欲腥，英魂委露而逾壮。”又云：“百战间关，见危致命；一忠激烈，虽死犹生。唯勇士不忘丧元，故敌人每为夺气。追念胡氛之甚恶，遂令国步之多艰。不贰尔心，岂与共戴天而处；勉出乃力，盖将真亡地而存。义重而形躯则轻，役同而瞬息即异。兴言巨痛，深怆至怀……壮节难磨，已可垂名于穹坏，英魂未逝，尚能效役于风霆。”虎虎生风的言辞，反映了道士同仇敌忾的情怀；然而昏庸无能的南宋官吏不重民心，还以为祈祷有效，神灵保佑，反复请求朝廷给九天使者加封。

景定元年（1260）九月，知江州印应雷申呈《印徽猷申乞加封册号事》，说“前守臣史资政、陆殿撰俱尝敷奏，乞颁徽号，以副舆情，未准回降”。又再次上奏。

景定二年（1261）十一月十八日，朝廷终于给九天使者再次加封，《加封诰》云：“封极于真君，号极于八字，尊之至矣。可特封九天采访应元保运妙化助顺真君。”宫内道士也再一次庆祝加封成功，《庆醮词》云：“与国同休，荡妖氛于边琐；思皇多佑，增瑞色于山川。”然而，这时南宋已经是日薄西山，气息奄奄，十多年之后就灭亡了。

相比唐朝的劝化故事，宋朝太平兴国宫的故事仍有劝善的目的，但更多着眼于表现神灵的灵验。在唐朝，盛行神仙鬼怪之说，人们相信神灵的存在，并没有必要着力渲染神灵的存在，以及它的无边威力。但到了宋朝，怪诞之说逐渐衰落，人们相信的程度也大为降低，因此道士就颇有必要渲染神灵的威力，以吸引信众，维持道宫的香火。在这些为道宫所用的故事中，以往那种质朴的劝善色彩大为淡化。

第一类故事是渲染神灵的威力和不可触犯的尊严，带有恫吓的意味，乃道士惯常所为，没有多大新意。如《明戒录》称宋真宗大中祥符元年(1008)春，有一屠夫随游人入观中。忽然间好像有人将他抓起来丢到庭院里，屠夫爬起来仓皇逃走，出门时窜入一空室，卧地作牛吼之声，数日而卒，两目突出。于是食牛肉者不敢再入宫门。又《事实》记载，江州官牌夹居民刘氏，景定五年(1264)正月七日随众人朝拜采访真君，所带仆人将纸钱就殿下焚化，在场的道士怕他烧坏甃石，连忙阻止，刘氏大怒，跑到殿内喧喊，欲举拳相殴，忽然殿中灯烛昏暗，如有神人把刘氏拖下大殿，旋转三匝，晕死在地，流血满面。众人向真君祈祷，请求赦罪。移时复苏，仆人扶他回去，才走到新桥，又复晕倒，自云："采访六丁神，何苦责我之甚?"昏然如醉，在离家不到一里的地方死去。后来听其家云："三日前曾食厌物，所以神灵责罚。"这则故事不见出处，应是宫内道士所为。又据《夷坚丙志》，瑞昌县居民周氏，以财雄乡里，货卖江湖间。绍兴三年(1133)，买上江杉木为大筏，价值十万余缗，将至建康出售，命九江同姓人主之。同姓者在出发之前，去采访真君殿拜谒，得到签词是："四顾那自一，抱疑有二心。遂尔不能改，如何就没沉。"同姓者谓业已办装，不肯止。才至湓江口，果然覆溺而亡①。

第二类故事的模式，是描述人神之间的交易，宣称敬神、尊神，就能得到好处，如同做买卖。据《缙绅传信录》，何集虚，字道甫，黄州人。宋真宗天禧二年（1018），任河南府偃师主簿。因目盲而离职，有庐山道士告诉他："本观九天使者，至诚祈祷，当有灵感。"何集虚叫儿子到观中致醮，画像以归，从此禁欲绝荤，焚香祈祷，每日用供神水洗眼睛。两年之后，忽然一只眼睛有了模糊的视力，复经数月，双目俱明。何集虚因此更加潜心修道，享年九十七而终。他曾作《朝真发愿文》及《神水洗眼赋》《九天使者真王画赞》，详细叙述这一经历。又据《江湖录》，张信立，字成之，河阳人。宋仁宗天圣二年（1023），授南雄州司理。过庐山太平观看斋醮，因绘九天使者像虔诚奉事。任满还京，舟至小孤，风涛大作，几至沉没，举家恸哭。燃香祷告，大风穿窗，掣去绘像。须臾风息雨霁，绘像挂于桅杆之上。从何集虚的长期祈祷，到张信立的挂像供奉，神灵所做的"交易"越来越小，显示了太平宫道士的一种尴尬处境，也表明在统治者尊崇太平宫的同时，民间的信众却是越来越少了。到了后来，神灵甚至不惜做一个乡村郎中，主动上门服务，以求他人供奉，如《事实》记载，宣教郎赵时穗，景定二年（1261）在江西忽染疾病，夜晚梦见霞衣仙客亲授半夏汤方。次日依方投剂，随即痊愈。后来奉檄去招募军兵，入庐山烧香，又梦见神人。六十日之后，军兵招足，回到官府，再入庐山，致醮于太平宫，表达了"精勤不替，常陪太一之青华"的意愿。两次救人，才得到一些香火，这体现了神仙灵异之说是

①按《夷坚丙志》为南宋洪迈撰，但今本不见此条。

无可奈何地衰落了。

在上述故事中，得到神灵恩惠的多半是一些官员，他们是否有功劳于百姓，不得而知，但他们只要虔诚甚至简单地拜神，就可以满足自己的欲望。从思想价值来看，这些故事远远比不上那些关注普通民众的唐朝劝化故事。

宋朝的太平宫故事，具有劝善意味的已是少数。如《明戒录》记载胡元弼于宋仁宗景祐元年(1034)任江州酒官，因不得子嗣，醮于祠下，是夜宿道院中，梦一绣衣小童告曰："汝平昔广杀物命以恣口腹，所以绝嗣。若能戒杀，当有善报。"胡元弼遂戒杀以赎前过。逾年得子，后颇成家。又记载京师人马子简，于宋英宗治平元年(1064)，自洪州录事解官归。其父马存诚途中感时疾，至庐山西林寺病危，遣人入江州呼医。未至，闻太平观九天使者神灵显著，马子简诣观致醮，将欲升坛，暴得风眩之疾，不能完事而还。其父热极发狂，说马子简在官肆意鞭挞民众，杀人甚多，以至于冤鬼缠身。马存诚数日得汗而愈，马子简却忧郁而死。这两个故事产生在宋朝前期，体现了唐朝劝善故事的影响。到了南宋时期，这类故事就基本绝迹了。

个别教化故事，也结合儒家理论，宣扬一些不近人情的孝道思想。如《本州岛图经孝行传》记载，文彪字仲炳，江州德化县农家之子，笃学至孝。宋神宗元丰七年(1084)，父病垂死。文彪诣采访殿，祷告归家，剖腹取肝，为剂二十四粒，杂他药以进之，父病即愈。父亲病愈后，又过二十四年而卒，与肝剂数同。初取肝时，误剖右肋，忽闻空中有语云："在左边。"彪亟纳入，再剖左肋得之。血流满地，神思昏瞑。恍惚中见一道士食以药物，遂苏。文彪后再游京师，卒于道。其家立祠于宫侧。又宋孝宗乾道五年(1169)，文彪之兄子文解亦割股以愈母疾。时司马知白为二人作《文孝子传》[1]。司马知白为庐山一带的文人，有《寿亭侯印记》，作于淳熙五年(1178)三月，见《古今图书集成·经济汇编·考工典·玺印部》，又与太平宫道士黄知微交游，时在北宋末年。寿亭侯即关羽，以忠义著名，看来司马知白是一个理学之士，热衷于制造这类令人毛骨悚然的忠孝故事，而把孝道与九天使者的神异结合起来，也未尝不是太平宫道士授意的。

第二节　太平兴国宫：内丹修炼的先驱

唐五代之时，吕洞宾修道庐山，成为庐山内丹修炼的一个开端。而从两宋的资料来看，庐山是推动内丹修炼的一个重要基地，对南宗和北方全真教的兴起均有重要意义。

一、蹇拱辰：一代文豪的心灵导师

《历世真仙体道通鉴》卷四十九记载有道士马自然，习修真炼气，年六十四于建昌酒垆遇见钟离权、吕洞宾、刘海蟾、陈七子，因而得道，后来游览庐山，醉卧石上，几越两月，樵者经过，始惊醒之。不久，入阁皂山。著有《还丹诀歌》。历史上有好几个马自然，此马自然当为北宋人。宋元之交徐瑞的《松巢漫稿》卷二有《马可卿弃家学道，衲衣椎髻，飘然有物外之思，赋二诗为赠(戊戌)》云：

---

①《永乐大典》卷六千六百九十七，引《江州志》："《文孝子记》，乾道六年，周燔撰；《文孝子传》，绍兴二十一年，司马之白书撰。"或文彪传为司马知白撰，文解传为周燔撰。见《永乐大典方志辑佚》，中华书局，2004 年，第 1534 页。

我祖徐从事，君家马自然。何曾绝伦谊，皆得列神仙。四百金丹字，参同鼎器篇。能通言外意，即此是单传。

诗后注云："魏伯阳以《参同契》授徐从事，张平叔以《金丹四百字》授马自然。"据此，马自然之师为张伯端(983—1082)。张伯端为金丹派南宗的祖师，马自然作为他的弟子，已开始在庐山活动。元朝玄全子《诸真内丹集要》卷上有《马自然金石诰》，略云：

九转灵丹非五金，若无神授恐难寻。欲知子母真仙诀，炼药先须学炼心。何必炼丹学驻颜，闹非朝市静非山。时人欲觅长生药，对境无心是大还。速养丹田速养身，好将阴德济斯民。此生不向今生合，更向何生度此身？欲得长生调伏心，莫观往古与来今。但向静中神气合，何愁不到大仙林？

或为北宋马自然所作，而其中已经表现了典型的内丹思想。

北宋神宗时期，道士蹇拱辰居住庐山，旁参佛教，对内丹修炼也有一定的促进作用。《佛祖历代通载》卷十九记载：

无尽张商英，以序送羽士蹇拱辰(字翊之)往参庐山照觉总禅师。其文曰：吾乡羽衣之族，世相与为婚姻，娶妻生子，与流俗无异。拱辰因观《道藏》神仙传记，翻然觉悟：当吾血气刚强，视听聪明，喔咿哇呜顺吾耳，青黄赤白炫吾目，甘脆膏腴爽吾口，馨香馥烈适吾鼻，滑泽纤柔佚吾体，欢欣动荡感吾意。此六寇者，乘吾瞀乱，昼夜与吾相亲，而未尝相释也。一旦吾之形耗而羸，气耗而衰，精耗而萎，神耗而疲，八风寒暑之所薄，百邪鬼祟之所欺，阴魄欲沉，阳魄欲飞，则六寇者曾莫吾代，而天下之至苦，吾独当之。房闼之恋莫如妇，血肉之思莫如女。拱辰于是悉囊中之所有，与之而谢去，给以他事，出游百里，遂泛涪江，下濮水，历缙云，出涂山，访岑公之洞府，瞻神女之祠观，而达于渚宫也。将泛九江，入庐山，结茅于锦绣之谷，长啸于香炉之顶。抚陶石以遥想，揖远溪以濯足。盖吾之术，以性为基，以命为依，始乎有作，终乎无为。窃闻先生究离微之旨，穷心迹之归，奏无弦之曲，驾铁牛之机，故不远而来见先生也……吾有方外之侣曰常总，居于东林，必能决子之疑。请将吾之说而往问焉[①]。

南宋《感山云卧纪谈》卷上《无尽送羽士》云：

　　丞相张无尽居士，平居与庐山东林照觉总禅师为方外侣。元丰辛酉秋，以序送羽士蹇拱辰，字翊之，往参问于总……无尽不指蹇见道家流，而指往东林，厥有旨哉[②]！

张商英（1044—1122），字天觉，号无尽居士，新津（属四川）人，

---

①佛陀教育基金会：《大正新修大藏经》卷四十九，《史传部》一，第2036页。

②《感山云卧纪谈》卷上，《佛光大藏经·禅藏·史传部》，佛光文化出版社，1994年，第212、214页。

登进士第后,累官至宰相。一生好佛道,任江西运使时,礼谒东林寺常总禅师,得到禅师的印可。张商英赠给蹇拱辰的序文,作于元丰四年辛酉(1081)。据序文,蹇拱辰为成都道士,字翊之,起初并未出家,娶妻生女,因阅读神仙传记,感慨人生之虚幻,遂毅然抛弃家小,沿江东下,漫游各地,结茅于庐山,在庐山北香炉峰、锦绣谷一带修炼。又据苏辙《龙川略志》卷十,蹇拱辰于元祐年间到京师,逗留许久:

> 成都道士蹇拱辰,善持戒,行天心正法,符水多验,居京城为人治病,所获不赀。元祐末,自天坛来,予问之曰:"世传费长房得符于壶公,以是制服百鬼,其后鬼窃其符,因以杀长房。子为天心正法,亦知此何等符耶?且符既能制百鬼,不免为鬼所窃,何也?"拱辰不能答,反问予曰:"公岂知此符也?"予告之曰:"此非有符。以法救人,而无求于人,此则符也。道士之行法者,必始于廉,终于贪,此长房所以失符而死也。"拱辰称善。今不见拱辰六年矣,闻其法不衰,岂能信用吾言耶!

苏轼有《书黄庭经跋》:

> 成都道士蹇拱辰翊之葆光法师将归庐山,东坡居士苏轼子瞻为书《黄庭内景经》一卷,龙眠居士李公麟伯时为

画经相赠之。元祐三年九月二十二日[1]。

葆光法师应该是朝廷给蹇拱辰的封号。蹇拱辰居住京城，行天心正法，施符箓，为人治病，所获颇多。苏辙规劝他“道士之行法者，必始于廉，终于贪”，蹇拱辰深以为然。从文章来看，苏辙对蹇拱辰的为人行事颇有微词，但结合张商英的序文，蹇拱辰并非一个贪财的道士。他之所以在京城聚财，或许是不能忘情于家中的妻女，为她们赚取一些钱财，或许是为积攒入山居住之资。总之，他没有长期呆在京城，之后便回到庐山旧居。此时朝廷中新旧党争激烈，与苏轼、黄庭坚等人交好的蹇拱辰，自然不能置身事外，苏辙的规劝或许有这层意思在内。蹇拱辰归庐山，时在元祐三年(1088)，苏轼为之书写《黄庭经》一卷，著名画家李伯时画经相赠，黄庭坚亦为之次韵。

蹇拱辰除了行天心正法，还饱读《黄庭经》，修炼内丹，苏轼从之学，诗歌中颇有涉及。如苏轼《送蹇道士归庐山诗》：“绵绵不绝微风里，内外丹成一弹指。”陈师道注：“道家以烹炼金丹为外丹；龙虎胎息、吐故纳新为内丹。”《修真秘诀》载《谷神论》，“老君曰：阳龙阴虚，木液金精，二气交会炼而成者，谓之外丹。含和炼藏，吐故纳新，上入泥丸，下注丹田，修运不息，朝于绛宫，采于玉石，以哺百神，此内丹也”[2]。可见蹇拱辰已经明确提到“内丹修炼”这一名词。

蹇拱辰起初与当时其他道士一样，热衷于外丹烧炼，行符箓之

①《山谷外集诗注》卷十七，《次韵子瞻书黄庭经尾付蹇道士》注文；孔凡礼：《苏轼文集》(全四册)，中华书局，1986年，2571页。

②王文诰辑注：《苏轼诗集》，中华书局，1982年，第1579页。

术。但是，与苏轼、苏辙、黄庭坚、张商英等著名文人的交往，让他觉悟到这些道术并无多大价值，也不为文士所看重，而修炼心性，才是道教的真谛。《感山云卧纪谈》："无尽不指蹇见道家流，而指往东林，厥有旨哉！"张商英指点他去参拜常总禅师，是因为蹇拱辰说自己的道术"以性为基，以命为依，始乎有作，终乎无为"，以修炼心性为主，归于淡泊无为；而这一点，可以从佛教的修为中得到很好的启发。实际上，蹇拱辰在庐山隐居并参拜东林寺常总禅师之后，在修养心性、修炼内丹方面大有长进，尔后文士与他交往，也非常看重这一点。他从京城回到庐山，苏轼为他书写《黄庭内景经》，后来又作《李伯时作老子新沐图遗道士蹇拱辰，赵郡苏某见而赞之》："老聃新沐，晞发于庭。其心淡然，若忘其形。"又有《留别蹇道士拱辰》："黑月在浊水，何曾不清明。寸田满荆棘，梨枣无从生。何时返吾真，岁月今峥嵘。屡接方外士，早知俗缘轻。"而苏辙《卷后赠蹇道士拱辰》云："君诵《黄庭》内外篇，本欲洗心不求仙。夜视片月堕我前，黑氛剥尽朝日妍。一暑一寒久自坚，体中风行上通天，亭亭孤立孰傍缘？至哉道师昔云然，既已得之戒不传。知我此心未亏骞，指我婴儿藏谷渊。言未绝口行已旋，我思其言夜不眠。"尚有《送葆光蹇师游庐山》，亦作于同时。"洗心不求仙"，表明蹇道士重炼心不重炼外丹。贺铸《赠道士蹇拱辰》云："今识黄冠葆光子，爽气飘飖画不如"。又说他"鼎中龙虎炼成宝，笔下鬼神驱作奴"。均可见蹇拱辰淡泊之风度、对内丹修炼的精通，以及对苏轼等人的深刻影响。

蹇拱辰重视《黄庭经》，偏重于内丹修炼，这对庐山道教的影响很大。他居住在东林寺附近的山上，距庐山太平兴国宫不远，对宫内道士也会产生影响。这或许可以解释，在北方全真教尚未兴起、内丹修炼尚未成为普遍风气的两宋之际,缘何太平兴国宫道士刘烈等人,已经提出了比较成熟的内丹修炼理论。

二、还丹篇:先于全真的内丹理论

与蹇拱辰同时的宋神宗时期,太平宫中的内丹道教开始逐渐兴起。

据《黄真人传记》及《永乐大典》卷一万九千六百三十七收录的宋朝《江州志》记载,太平宫道士黄知微,字明道,九江人,太平宫道士,宋神宗元丰年间充知殿,奉香火。一日,有潜山人崔体道来访,语以"泥丸万神、刀圭一粒"之妙,授予"一九谷神之道、金液沦景之旨"。从此之后,若颠若狂,嗜酒浩歌,放诞不羁,时人呼为黄风子:

> 一裘蔽体,不问寒暑。人与衣物,则随散去。背负青囊,食余,杂然贮之,未曾有秽气,名以锦香。蔡嵩苦目,知微取莱菔置酒中,自食其半,余以遗嵩饮之,出门而目愈。自是益冲澹。

宋徽宗宣和末,诏征不起,官府强迫他上路,至九江曰:"今二天子矣,我往何为?"既而宋钦宗登基,放还庐山。黄知微又于采访殿中种植蒿草,歌曰:"明年了来,明年了来。"次年韩世清袭扰太平宫,焚毁宫廷,正好与植蒿之日为同一天。黄知微喜欢谈人祸福,"历历皆验"。后来羽化于太平宫侧,数年之后,发棺视之,唯有衣履。

南宋道士白玉蟾在太平宫,曾为黄知微作碑记及赞。《黄风子赞》曰:"先生不狂是诗狂,先生不颠是酒颠。颠颠狂狂人不识,归去青城今几年。曾将诗酒瞒人眼,不是酒仙与诗仙,只是个黄颠。”

潜山崔体道传授的“泥丸万神、刀圭一粒”,应当就是内丹学说。据《道法会元》卷七十二《雷霆默朝内旨》,其法为“舌拄上腭目视顶”,“舌者,心也,性也,神也,火也”,“灌注泥丸,万神朝拱……心之巧,能摄情归性,以阴复阳也”,“泥丸乃万神之府”,“即默朝上帝之法也”。《修真十书》卷十八《杂著捷径》:“天脑者,一身之宗,百神之会,道合太玄,故曰泥丸。”①清朝李涵虚《黄庭内景经详注》:“泥丸九宫者,两眉间……却入三寸为泥丸宫,万神出入之所。”白玉蟾《庐山养正先生黄君仙游碑》说黄知微经常“疾声大呼,若有所呵”,“每噫时,不停声,响彻云汉”,这似乎是一种运气功夫。又说“车下有水时,何谓不可”,“肾耗元精少,眼有黑花生”,这些都是内丹修炼的隐语。《修真十书·论河车》:“今于河车,亦有说矣。盖人身之中,阳少阴多,言水之处甚众。车则取意于搬运,河乃主象于多阴,故此河车,不行于地而行于水。”②碑文中可能夹有白玉蟾的增饰之笔,但白玉蟾借助黄知微传播内丹学说,也是有些基础的。

白玉蟾《庐山养正先生黄君仙游碑》又云:“旧传本宫道士王三一,颇知其出入隐显之事。”按《事实》所录太平宫碑记,太平宫道士王秉文,字彦衡。成道后游京师,其时朝廷方建神霄万寿宫,遂赐以紫衣,命充典客。忽有方士来访,见几案间有《周易》,就为之占卜,云:“此地当有兵厄,子非数中人,宜避之。”王秉文随即离京。宋高宗建炎四年(1130),太平宫毁于兵火,兵乱之后,王秉文领副职,于

①《道藏要籍选刊》第3册,上海古籍出版社,1989年,第371页。

②《修真十书》卷十五,《道藏要籍选刊》第3册,上海古籍出版社,1989年,第350页。

灰烬之余致力经营，数载之后，金碧辉煌，焕然一新。遂闭门谢事，闲居三十余年，每日以阅读道经、潜心秘诀、留心医药为事，此外无他嗜好。因所居曰“三一堂”，自号“三一先生”。乾道二年（1166）上元夜，自称梦见神人赐予神丹，迎接他入主仙境金华大涤洞，便取所著《圣治显验集》十四卷、《西山真君签解》一部、《十全脉诀》一部、《朝斗紫庭秘诀》一卷，授师孙秦致祥等，次年二月去世。

王秉文所习“存三守一”法，最早为一种存思方法。《云笈七签》卷六“三洞经教部十二部”介绍了“十二部道义”，第八为“方法”：“方法者，如存三守一，制魄拘魂之例是也。方者，方所；法者，节度修行。”又《云笈七签》卷四十四“存思部”引《太一帝君太丹隐书》：“存三守一，精思洞房会帝君，则化生九灵于子形中，辅子之神明，成子之仙真，保子之长生，固子之胎魂也。”约成书于东晋南朝的《太上洞玄宝元上经》①，也提到这种修炼方法，说道生一（元气），一生二（阴阳、天地），二生三，三生万物。分而言之，则有天一地一人一，合而观之，则三者皆源于一，名殊实一，是之谓三一。修炼之道，要在存三守一，仰观天文，俯察地理，内视自身真神，以彻悟明了“三一者与道合真”之理。

据上所述，“存三守一”这种方法，颇容易演变为内丹修炼方法。《云笈七签》卷三十七《斋戒部》引《太上太真科经》曰：“存三守一，斋为本基。斋者，齐也、洁也、净也……能摄身者，端拱不扰；能摄口者，默识密明；能摄心者，神与道合。如斯为主，成圣真仙。”摄养心神，同样是内丹修炼的基础。杜光庭在《太上老君说常清静经

①又名《宝玄经》，今《道藏》本残存一卷，《道教义枢》《三洞珠囊》《云笈七签》等亦录有佚文。

注》中认为,道的本质是气,是生成天地人和万物的本源,为此他提出了一套清心寡欲、舍恶从善、存三守一以达到返本还源的内修方法。这实质上是内丹修炼的萌芽。

曾经在庐山游历的吕洞宾,被内丹家尊为师祖,这时太平宫也开始依托他来弘扬内丹之说。宋哲宗绍圣间(1094—1098),杜旷著《冲真先生胡公遇仙传》说:"尝闻之,晋钟离权栖隐于山中欤,唐吕洞宾过山中,遇钟离,获刀圭之传,后与之俱仙矣。"文章记载宋神宗熙宁中,宫内道士胡冲真遇吕洞宾,求长生之术,吕洞宾"以刀剜土,沥酒漱津和土,嘘呵成墨,掷之几上,铿然有声。语胡曰:服此可愈疾入仙矣。"七旬以后,胡冲真容貌仍如处子,酒量如初,只是渐厌人事,一日留诗而逝。桑乔《庐山纪事》引《宫志》云:"皇甫坦尝采其事闻于德寿。"德寿指宋高宗,晚年退位后居于德寿宫。

吕洞宾以刀剜土,隐含"刀圭"二字。刀圭属于一种古代量具,用于量取药末,亦指药。《云笈七签》卷二十八,"经曰:道士炼水银,消沙液、珠玉、八石,以作神丹,服一刀圭,飞升天宫"。但此刀圭属于外丹之说。按北宋张伯端《金丹四百字》:"真土擒真铅,真铅制真汞。"清朝悟元子刘一明解曰:"真土,乃人身无方无所之真意……又名中黄,又名黄庭,又名刀圭。"张伯端《悟真篇》云:"四象五行全仗土,三元八卦岂离壬。"土即真意,壬即肾水。又云:"咽津纳气室人行,有药方能造化生。"据此解释胡冲真所得之道,乃内丹之道。"以刀剜土",寓意刀圭,是指炼内丹的"真意",居于黄庭之中;漱津,即人体的津液;嘘呵,即寓意人体之气;沥酒,寓意肾水:合起来就是将真意、津液、真气、肾水炼成内丹。据此可知,北宋后期的太平宫,已经开始流行内丹修炼。

毕道宁，字康叔，道号养素。宋哲宗绍圣间，游江浙，到潜山，遇方士，状貌甚伟，相与游山。方士见他虔心问道，乃曰："学道贵乎炼神毓气，丹书乃是入道梯媒。公若屏绝俗纷，精炼神气，自然通真达灵矣。"因临溪水，曰："水定则形直，心静则神宁。不可不鉴。"遂以丹授之。毕道宁回太平宫之后，辞去事务，筑道院于宫右，凿池储水，名曰清斯。每日杜门存神，诵《度人经》一卷。宣和七年(1125)正月三日，有山人来访话旧(当即在潜山遇见的方士)，授以《沁园春》云：

> 一粒金丹，大如黍米，定中降胎。运阴阳根本，东龙西虎，结凝金水，择地深哉。九载无亏，三田功满，卦气周圆炉鼎开。偷元化，用自然宗祖，全在灵台。　　真才休恋尘埃，况颖悟明空婴未孩？幸淮滨相遇，灵丹付了，亲留玄旨，期进仙阶。此去何时？水云高会，更上烟霄岐路哉？人间世，任王侯贵显，同委蒿莱①。

毕道宁得此词，越四日而逝。他以心静神宁为根基，炼神毓气，此更明白为内丹之道。《沁园春》所说的"一粒金丹，大如黍米，定中降胎，运阴阳根本"，也都是内丹修炼过程的描述。

骆守明，字德光，刘大彰的高足弟子，生于宋徽宗政和四年(1114)，江州彭泽人。宋高宗建炎中，随师避乱鄱阳，同回乡里，闻太平宫化为灰烬，与其师就龙德庵居住，每日买飞禽走兽放生。一

①《全宋词》收录此词，作者题为"白山人"。

日染重病，召徒弟余怀德、杨怀玉、李怀智、潘怀信、刘怀恩五人来前，取笔书颂偈，继而曰："余病时不吉，吉时不病。如遇吕真人，便是我好命。"所谓的"病时不吉，吉时不病"是指若患病便不会死，若死便不患病。未几，病愈回宫，就黄知微旧址创道院，匾曰"养正"，后改名黄仙。每日焚香诵经，不随便与人交接。一日赴堂上趺坐，大众举食，公凝然不动，视之已坐亡矣，果符"吉时不病"之语。宫中传记称第二天有人梦见骆守明穿着紫衣，二青衣执幡前导，幡上有字曰："霍童山洞天仙官。"死后葬于宫左，知宫胡葆清赞云："不以扰攘乱其真，不以富贵妨其道。虽无留形住世之妙，而有脱胎坐亡之功。"据"如遇吕真人，便是我好命"之语以及他在黄知微旧址修炼一节，可知他也是内丹修炼者。

南宋时期，太平宫修炼内丹的典型人物为刘烈。

刘烈的生平见于《庐山太平兴国宫采访真君事实》卷五"刘虚谷坐化"。文章记载太平宫道士刘烈，号虚谷子。初生时，母有异梦，及长，有卓然不凡之志。在太平宫修习道士之业，不乐意交游闲杂之人，王公大人叹其有太古淳风。绍兴六年（1136），在太平宫附近创草庵，匾曰"真一"。每日端坐检阅道藏经史，博闻强记，愿意与他交往的士大夫很多，如朱熹与之谈《易》，论还丹之旨；张孝祥与之见面后留诗说："福地偏藏小洞天，洞天幽处炼神仙。个中得趣唯虚谷，火候参同妙自然。"除此之外，枢密罗点、参政王炎、两府曹勋、吏部岳甫、周凤溪诸名公，皆曾与之谈《易》酬唱，作品收入《本宫名贤诗集》。隆兴元年（1163），注解《周易》正经、及《六壬总括机要》一部，赴京面见宋孝宗，皇帝向他问道，刘烈作有《三茅观诗》《谢恩赐酒》《乞还山》等应制诗。之后居山十余载，至乾道九年

(1173)六月，不食四十余日，唯饮冷水。至七月十四日，将亲自书写的《登真隐诀》二十五卷、《上经》九卷送入太平宫收藏。次日就是中元节，亲笔书写《原真》诗及颂，有云："虚谷子将欲遗形弃世，扫迹人间，趋烟霞广漠之乡，与道冥一焉。"十六日夜晚，乘月登上庐山青牛洞绝顶，端坐而化。《庐山纪事》卷八引山疏："鹰嘴崖仙居洞东北火山之南也，崖高峻，其巅即太平宫道士刘虚谷坐逝处。青牛洞在鹰嘴崖，西即为青牛谷。"著有《还丹百篇》、杂著、诗文、《周易解义》及《历代君臣括要图》，并行于世[①]。《历世真仙体道通鉴》卷五十一"道士刘烈"，与上述记载相同，仅个别文字有出入。

刘烈属于内丹道士。《道藏·玉溪子丹经指要》载录有《混元仙派之图》：

> 陈朴真人又传：麻衣道者（麻衣道者传陈希夷）、郭上竃，何倡乙（传谭景升）、老木仙翁李铁拐（传刘烈，陈仲虚）、施肩吾、张侍郎、徐神翁、刘高上（传小郑真人柴先生）、浪然子、沈东老、张和尚、王重阳、浴室和尚、川张迪功、挂须玉溪子。

上述道人中，有全真教祖王重阳，他于 1159 年入道，时刘烈尚在世。全真教崇尚内丹修炼，其方法多得之于南宗道士。《混元仙派之图》说明刘烈在内丹道士中是很有影响的。

李显光《混元仙派研究》说，刘烈尝于建隆中（960—963）遇得

①《藏外道书》第 18 册，巴蜀书社，1994 年，第 384 页。

道者,因而往庐山密修其道,这位得道的高人是谭峭。谭峭尚虚,认为虚是通塞之端,造化之源,神化气,气化血,血化形,化化不间,循环无穷,而虚即元精、太一。刘烈受其影响,故而自号虚谷子,宋高宗绍兴六年(1136)创草庵,匾为"真一"①。此说显系荒唐。刘烈去世于乾道九年(1173),上距宋太祖建隆中(960—963)足有两百多年,显然不可能遇见谭峭。不过,根据张雨《玄品录》所记载,可知刘烈多少也继承了谭峭的学说。谭峭曾经在庐山修道,他的理论在庐山流传下来,得到了刘烈的继承,这是完全有可能的。

刘烈交游的名公很多,其中有南宋著名词人张孝祥,张孝祥于绍兴二十九年(1159)提举江州太平兴国宫,在庐山甚久。刘烈也是朱熹的易学之师。束景南《朱子大传》考述云,朱熹在绍兴二十一年(1151)春入都,参加了三月上旬的诠试,一举中等,授迪功郎、泉州同安主簿,就在临安逗留期间,他结识了庐山道士虚谷子刘烈,同他论《易》学,问金液还丹修炼之法,细读了虚谷子的《还丹百篇》。朱熹完全拜倒在这个名噪一时的道士脚下,写了一首无限怅惘的诗赠给虚谷子:"细读还丹一百篇,先生信笔亦多言。元机谩向经书觅,至理端于目睫存。二马果能为我驭,五芽应自长家园。明朝驾鹤登山去,此话更从谁与论?"又据《历世真仙体道通鉴》所述,朱熹见虚谷子远在隆兴元年(1163)以前,诗云"明朝驾鹤登山去",似亦表明两人相见不在庐山。以虚谷子常往返庐山、临安考之,两人相识应即在朱熹赴临安铨试时。《庐山志》卷十一引此诗题作《赠刘虚谷》,第七句作"明朝酒醒下山去",这是不对的,因为朱熹在南康

①李显光:《混元仙派研究》,中国社会科学出版社,2007年,第124页。

任上时刘虚谷早卒,不可能有赠刘烈的作品①。

《语类》卷六十七云:

> 向在南康见四家《易》。如刘居士变卦,每卦变为六十四,却是按古。如周三教及刘虚谷,皆乱道。外更有戴主簿,传得《麻衣易》,乃是戴公伪为之。

根据这段话,朱熹见刘烈并向他请教易学虽然很早,但真正见到刘烈的《易解》,乃是在南康军任上的事。也许是他自己通过学习,大有长进,所以改变了往日的看法,认为刘烈的《易解》是"乱道"。俞琰《席上腐谈》云:"不过借《易》以文其说尔,非知《易》者也。故朱晦庵深诋之。"

刘烈的著述,见于各种记载。《宋史·艺文志》载有《虚谷子解卦周易》三卷,当时已经亡佚。胡一桂云:"隆兴初撰。"据束景南《朱子大传》所考,朱熹见虚谷子远在隆兴元年(1163)以前,因此两人见面时《易解》还没有成书。吴宗慈《庐山志》卷九引同治《南康府志》云:"刘虚谷,善修养,著《还丹篇》,能以智慧性断烦恼殃,乃至有无通用之秘。朱文公常与往来谈《易》,论还丹之旨。"周必大《游庐山后录》曰:"有刘烈者,号虚谷先生,尝进《易解》。"朱彝尊《经义考》亦著录之。《永乐大典》所录《江州志》记载有《刘虚谷集》五卷。这些著作,大部分已经亡佚。

元朝张天雨《玄品录》卷五"道言"云:

---

①束景南:《朱子大传》,福建教育出版社,1992年,第103页。

> 刘烈,九江人……往有谭景升者作《化书》,烈提其要曰:"太虚茫茫而有涯,太上浩浩而有家。得撷气之门所以收其根,知元神之囊所以韬其光。若蚌内守而石内藏,藏之为元精,用之为万灵,含之为太一,放之为太清。大率以柱下、漆园、黄庭为宗。尝谓学道者,万物不能迁其性,一心湛然而无思。时导其气,则百骸皆适。抱纯白养太玄,然后不入其机,则知神之所守,气之所生,精之所复,何行而不至哉。"①

俞琰《周易参同契发挥》卷五引刘虚谷《还丹篇》云:"下降上升循毂轴,左旋右覆合枢机。"卷八引刘虚谷云:"颜容可定因三住,胎息功成合一周。"又云:"大功欲就三千日,妙用无亏十二时。"②这些都是刘烈的佚文。

保存刘烈诗文最多的是南宋曾慥编著的《道枢》卷十九《返真篇》。《道枢》成书于南宋绍兴六年(1136),是时刘烈已为道士。曾慥载录时人作品,文字比较可靠。《刘虚谷坐化》云其"有《还丹百篇》",《道枢》卷十九《返真篇》云"著《还丹虚谷百篇》",所述吻合。

根据《道枢》卷十九《返真篇》,可以对刘烈的内丹修炼思想作一简单的描述。

刘烈首先论述了修炼内丹的最终目的:

> 其功既成,则三万有六千之神上朝于帝,而吾于是可

①《道藏》第20册,文物出版社、上海书店、天津古籍出版社,1988年,第701—702页。
②《道藏》第20册,文物出版社、上海书店、天津古籍出版社,1988年,第494、251页。

> 以度世,夺九亿九万之数也。况乃至道全神在乎金丹化体而已,自然入有从有,归无于无,有无相通,形神俱妙,落三尸而超三界,朝上清而证上仙,逃走阴阳,如是与天地齐矣。彷徨四达,出入八荒,时行则行,意往则往,又恶有生死祸福者乎?

说修炼内丹是追求超越有生有死的宿命,以金丹之道实现形体的变化。其诗云:"泛泛飘飘不系舟,真神时变九霄游。水中有火还相合,阴里生阳却自由。白面郎君驱虎尾,朱衣童子把龙头。逍遥一入瑶台去,不管人间春复秋。""白玉龟峰阿母家,薄侵红日烂三花。一泓酥滴桑梢露,九片黄轻谷口霞。鹤顶有丹呈秀丽,云心无著泄光华。当时若不寻双径,徒费漫漫走海涯。"要想做到这一点,基础功夫是超越世俗的名利,从保养真性开始:

> 名利蚁争,是非蜂起,于斯之际,将欲返真性而归根,挫锐解纷,安居乐业,一灵顿息,万境俱忘,其亦有道矣!唯以智慧之刃可以断烦恼之鞅者也。是以甘言巧笑,烈士之心不可移也;曲眉丰颊,高士之目不可入也。于是去彼取此,体物知身,必澄澄寂寂,以忘其情。

名利、烦恼、爱念、繁华,一切外界之物都映射到心中,产生众有。世上之人,莫不因此堕入生死轮回,在无常之中颠倒,刘烈感叹说:"不信浮华误了身,有谁肯问已求真。三回贺旦添三月,一度飞花減一春。阳气如烟诚可惜,荒郊似水莫因循。书名竹帛千千兆,看取从前得道人。”“都言大隐混郾罗，却笑山居养太和。名利薄时人事薄，交求多后是非多。绿水青山超性窟，柳眉丹脸陷身河。借问货余能敌国，无常买得不来么。”因此，修炼金丹者，必须将人世热衷追求的一切，悉数忘却，让此心归于澄明、寂静、忘情，然后才可以感受到先天一元之气的存在，诗云：“摆脱尘劳涤寸心，不教时事等闲侵。澄澄固坐调真气，默默忘情养圣金。歧路两条通巨海，银河千振泻高岑。此中关键吾家事，二八回还踵息深。”而体内的先天一元之气，就是修炼金丹的基本材料：

> 杳冥之外，恍惚之中，此昆仑虚谷之生涯者也。吾有二歧，绵绵焉可以直入于天端；有一田，曲曲焉可以回环于地要。潜驰坤马，逆溯银河，璇玑运动于一身，烟云发泄于七窍，万神齐至，百脉流通，二气混合以回风，三宫升降而不息，于是返照慧灯而自见焉，寥天清籁而谁闻焉？此何道也？无为为功，有为为用者也。然后收藏在器，动静曰机。

其诗亦云：“一气寥空素朴胚，玄黄分擘两仪开。坎离犹是乾坤主，乌兔元因日月胎。有水尽归东海去，无星不向北辰回。三才我得居中秀，造化生成自合来。”论述天地混沌之一气生出两仪，产生日月，产生万物，而人居三才之中，得天地之气甚多，这就是内丹修炼的材料，如同外丹修炼所用的药材。在此基础之上，刘烈提出了修炼的具体方法：

始创玉炉，次安金鼎，上玄下牝，左阴右阳，龙虎交腾，坎离互作，推排四象，钻合五行，七曜参罗，八门开阖，于是子母相守而婴儿姹女亲矣，媒妁和合而夫妇谐矣。化土水火，符应日时，兔肺乌肝，其药合乎一斤之数者也。黄芽白雪，其精产乎二地之英者也。

其中提到的安炉立鼎，龙虎交媾，黄芽白雪，为内丹修炼的基本程序，而所谓的玄牝、阴阳、坎离、五行、婴儿、姹女（姹女）、土火、乌兔等等，也是后来常用的内丹术语。《还丹虚谷百篇》中的诗歌，重点就是论述修炼的各种程序，如：

此理幽微达者稀，擘开混沌立丹基。一雾金水冰澌结，三尺寒霜火焰飞。南北坎离分卦象，晨昏符火合天机。一九变就纯阳体，缓辔扬鞭入紫微。

楼观飞空异市朝，门迎双道接烟霄。玄炉白雪金童扫，素鼎黄芽玉女浇。风入碧池摇菡萏，月穿真馆照芭蕉。台中秀丽忘机侣，千古曾经眼下消。

空心万籁奏佳音，神室虚凝夜正深。浪簇雪花开鼎面，光嬉星彩灿炉心。五行聚会庚还乙，三姓同归丙返壬。造化有功堪瞩目，火中菡萏吐黄金。

还元返本一归家，渐见枯枝发嫩芽。要识刀圭求戊己，须知水火是河车。初时传得金莲种，次后开来玉树花。儿女双双朱户里，夜深还共醉流霞。

忽拈诗笔纵天才，春髓温温满满杯。混沌谁将分擘破，鸿蒙我自琢磨开。金莲下向丹池种，玉树移安翠岭栽。自是家园风景好，坎男离女一齐来。

谁信还丹事不深，肯于三五一中寻。若知庚甲擒龙虎，要识浮沉定木金。坤六产成离内火，乾三生得坎家壬。丹经子史明明说，自是迷徒不著心。

日月循环子细推，天罡指准在游玑。大功欲就三千日，妙用无亏十二时。四八阴消除滓浊，九三阳长合希夷。玄关句句真消息，尽向诗中漏泄机。

太乙神炉三迭存，周回上下法乾坤。天旋地伏龟蛇应，阴杀阳生卯酉门。火进屯蒙常焕焕，鼎涵金水镇温温。玄珠炼就金光灿，用献虚皇最上尊。

三、白玉蟾：南宗五祖的庐山传习

南宋内丹修炼家白玉蟾曾到庐山，在这里既有所学习，也有所传播。

《庐山纪事》引《宫志》："白玉蟾丹井，今不知何处。"引《山疏》："白玉蟾往来庐山间，山南北诸佳胜并有题咏，而太平宫为多。"

白玉蟾(1194—?)，本姓葛，名长庚，为白氏继子，故又名白玉蟾，其字号甚多。祖籍福建闽清，生于琼州(今海南琼山)。幼聪慧，谙九经，能诗赋，长于书画，曾举童子科。及长，因任侠杀人，亡命至武夷。遂笃志玄学，辞家遍访名师，苦志修炼，参游各地，于惠州得遇泥丸真人，同归罗浮，受金丹火候之法，后居武夷山得道，称为琼绾紫清真人。致力于传播丹道，为南宗第五代传人，即"南五祖”之五。自他之后，内丹派南宗道教社团开始正式形成。

白玉蟾于嘉定十年（1217）收彭耜、留元长为弟子，十一年（1218）过洪州玉隆宫，应邀主持国醮，后又于九宫山瑞庆宫主持国醮。就在嘉定十一年，他先到庐山，后至武宁。《与彭鹤林书》云：

> 某戊寅三月十五日寓江州太平兴国宫作书附致鹤林真士……鄙人今春水陆二千余里，寻隐庐山，幸而四大轻爽，凡事亦随顺，但花晨月夕，杯酒炉香，颇为我南中诸友感怀也。

又过江州琵琶亭，作《琵琶行》，怀念先祖白居易：

> 我来适是九世孙，思贤怀古独销魂。悲风如舞琵琶调，哀鸟如歌琵琶弦。古人去去不复返，孤亭寂寂寒江远。琵琶无声万艇横，留得庐山遮醉眼。

《涌翠亭记》云：

> 嘉定戊寅，琼山白玉蟾携剑过玉隆，访富川，道经武城①。

玉隆即南昌玉隆宫，富川即富水（在今湖北阳新县），武城即武

①《玉隆集·涌翠亭记》，《道藏要籍选刊》第3册，上海古籍出版社，1989年，第432页。

宁,全篇皆写“柳山”“修江”之景,柳山为武宁境内名山,修江即今修河。

白玉蟾在庐山曾游三叠泉,《三级泉》略云:“紫元景曜神府君,仙灵咏其洞天主。画屏幻出金芙蓉,仙杯琢就石鹦鹉。当时此地蔡寻真,青鸾一去今何许。”曾到简寂观,《游简寂观》略云:“惠远同种莲,渊明共採菊。当年学阿弥,飞神到天竺。旧有晒药台,荆棘蔽幽谷。旧有朝元石,雾霭笼飞瀑。园桃晓猿攀,庭柏夜鹤宿。”又《番阳旅寓留题》云:“洞门深锁绿烟寒,来享浮生半日闲。城北城南无老树,横吹铁笛过庐山。”《泛舟黄桥归庐山》云:“几人家在溪头岸,一片云生水底天。满眼良朋无好酒,此心已挂九江边。”

宋朝太平宫道士洪知常编有《海琼传道集》一卷[①],是书为白玉蟾文集之一,收白氏诗文三篇。《金丹捷径》杂辑有关内丹之图像、口诀、术语,附以简短解说。《钩锁连环经》为解说内丹名词之五言诗,将常用内丹术语一一列举解释。自“金丹即是汞”至“混沈即金丹”,各句前后相连,首尾衔接,故名《钩锁连环经》。《快活歌》为一首长诗,诗中宣说炼丹学仙之乐趣。书前序云:“此集之行,其与三千六百法、养命数十家,大故天渊矣。”又云:

昔者钟离云房以此传之吕洞宾……道光传之陈泥丸,陈传之白玉蟾,则吾师也。乙亥之秋,遇之于武夷山,越戊寅之春,复于庐山相会,过太平兴国宫,有道士洪知常,字明道,自号坎离子,于内外二丹,留意久矣!……洪公将隐

①《四库存目丛书·子部》第259册,齐鲁书社,1995年。

形遁迹，杜门绝交，坐进火候，以圆圣胎。恐此道无传，故以所得吾师《金丹捷径》一篇，《钩锁连环经》一卷，及《庐山快活歌》二章，刊行于世，总而名之曰《传道集》，欲天下共之。刀圭子陈守默、紫芝子詹继瑞，稽首拜书。

白玉蟾在庐山将内丹功夫传给太平宫道士，在这里收录的弟子有洪知常，字明道，自号坎离子；陈守默，字知白，号刀圭子；詹继瑞，号紫芝子。

在《快活歌》其一中，白玉蟾说自己“偶然放浪到庐山，身在白苹红蓼间”，而山中道士，尚未盛传内丹，因此他“心酸世上几多人，不炼金液大还丹”。但幸运的是，他在这里遇到知音，收录弟子陈道士，即陈知白。《快活歌》其二：

偶遇太平兴国宫，白发道士其姓陈。半生立志学铅汞，万水千山徒苦辛。一朝邂逅庐山下，摆手笑出人间尘。翠阁对床风雨夜，授以丹法使还元。人生何似一杯酒，人生何似一盏灯。蓬莱方丈在何处，青云白鹤欲归去……普为天下学仙者，晓然指出蓬莱路。

在两首长诗中，他详细描述了修炼金液大还丹的过程。

其一是修炼金液大还丹，材料不必向外寻求，自身本来就有：“人人本有一滴金，金精木液各半斤。”“精水神火与意土，炼使魂魄归其根。先天一气今常存，散在万物与人身……百姓日用而不知，气入四肢徒凋残。松竹虚心受气足，凌霜傲雪长年青。况人元神本不死,此气即是黄芽铅。老者可少病可健,散者可聚促可延。"炼丹的材料,乃是先天一气,散在人身,是为精、神、意。

其二是修炼金液大还丹的基本原理:

忘形养气乃金液,对景无心是大还。忘形化气气化神,斯乃大道透三关。绛宫炎炎偃月炉,灵台寂寂大玄坛。朱砂乃是赤凤血,水银乃是黑龟肝。金铅采归入土釜,木汞飞走居泥丸。华池正在气海内,神室正在黄庭间。散则眼耳鼻舌忙,聚则经络荣卫闲。五脏六腑各有神,万神朝元归一灵。

其三是论修炼的火候:

二十八宿归一炉,一水一火须调匀。一候刚兮一候柔,一爻武兮一爻文。心天节候定寒暑,性地分野争楚秦。一日八万四千里,自有斗柄周天轮。

大都要藉周天火,十月圣胎方始圆。虽结丹头终耗失,要须火候始凝坚。动静存亡宜沐浴,吉凶进退贵抽添。火力绵绵九转后,药物始可成胎仙。一时八刻一周天,十二时辰准一年。每自一阳交媾后,功夫炼到六纯乾。

其四是修炼成功之景象:

但得黄婆来紫庭,金翁姹女即婚姻。青龙白虎绕金鼎，黄芽半夜一枝春。九曲江头飞白雪，昆仑山巅腾紫云。丁公默默守玉炉，交媾温养成胎婴。神水沃灭三尸火，慧剑扫除六贼兵。无中生有一刀圭，粪丸中有蜣螂形。

在两首《快活歌》中，可以看出白玉蟾将全套内丹功夫传给了陈道士。

白玉蟾在传道的过程中，既把吕洞宾当作祖师，也充分利用吕洞宾的神奇故事，制造影响。《海琼白真人语录》卷三《结座云》说嘉定十四年(1221)于姑苏结纯阳会：“我闻唐代吕纯阳，师是钟离字云房。”吕洞宾“曾担两瓮过庐阜，复吹双笛行天台”。又曾“清风明月黄鹤楼，白苹红蓼溢江浦”，“当年饮罢一刀圭，谁信无中养就儿。空存毕法十八诀，未肯轻轻说与伊”，“取将坎画归离腹，化作纯乾阳气足”，“要须会得纯阳心，始堪学得纯阳道”。在白玉蟾未到庐山之前，吕洞宾的故事在这里已经传播，因此借助吕洞宾推行道术，就有一定的便利条件。

白玉蟾在庐山传道，不止于太平宫。《南康军成蹊庵记》云：

庐陵李处仁，少业儒，志在云水间，甫弱冠，眼空四海，植锡于庐山之阳，学金丹于柴湛然，柴盖得之王玄谷，王、柴俱仙去，李乃鸣此道于星渚……昔朱氏建成蹊庵旧矣，李从而新之……缔三间之素堂，敞六通之皓门，壁间石刻龙虎二大字方丈余……云栋霞甍，五采争丽①。

①《白真人集》卷四，《藏外道书》第5册，巴蜀书社，1994年，第120页。

这位李处仁，在庐山南面的星子修道，其所学虽与内丹相似，但不见得是白玉蟾所主之道。白玉蟾在文中对李处仁的成蹊庵做了大量的描述，颇有因势利导之意。他将“成蹊”解释为“夫修金丹者，先探本原，次知蹊径，入门之初，辨水火，识龙虎，然后采太玄真精以为金丹之母”；又说“一旦有美须眉者，道其衣，作吕洞宾相于壁间，数笔立就，既去浃旬，忽一枝薜荔盘踞其壁，独其相于外，人皆讶之，安知其非吕之曾诣是也”。将吕洞宾的神迹与李处仁结合起来，促使他修炼内丹，又说“此堂皆合丹旨”，都体现了他的传道意图。

第三节　《济生方》与庐山道士的医学贡献

两宋之时，庐山有一些道士精通医术，闻名于世，并留下了很有价值的医学著作，泽被后人。

据宋朝《江州志》记载，唐朝建在浔阳城内的道宫紫极宫，南唐时建有使者殿，僧应之书撰《紫极宫建使者殿记》，宋太祖建隆中建碑，实则当时尚属南唐。宋真宗时，紫极宫改名为天庆观：

> 本朝祥符三年，诏作圣祖殿(时诏诸州置天庆观，许改用旧额，故江州以紫极应诏)。五年，改今额(天禧中，方士王中正药金成，铸宝牌分赐)①。

①《永乐大典》卷六千六百九十七，见《永乐大典方志辑佚》，中华书局，2004 年，第 1521 页。

北宋大诗人黄庭坚，修水人，早年曾在庐山读书，出仕后数次经过江州，《永乐大典》引《江州志》记载他于崇宁元年（1102）游天庆观，留有诗及《秋声、琼芝、龟壳三轩记》，嘉定十五年（1222）张震发重书。《山谷年谱》卷二十九记载黄庭坚跋自书东坡《乳泉赋》云："紫极宫道士胡洞微明之，少入道于庐山康王观，尝从容趋事余伯祖父宝之。宝之，人豪也，少名茂先。故往时江淮之间诗云：'江南黄茂先，江北段少连。'明之犹能道其言论风旨，故其见余喜甚，相从忽忘日暮也。"黄茂先是书法大家，时人视为江南名家。书风近蔡襄，几可乱真。

紫极宫道士胡洞微，江西九江人。长期隐居九江，能医，喜诗书画，为一雅士。元丰七年（1084），苏轼至江州紫极宫，胡洞微以李白《浔阳紫极宫感秋》相示，苏轼和之，序云：

> 李太白有《浔阳紫极宫感秋》诗，紫极宫，今天庆观也。道士胡洞微以石本示余，盖其师卓玘之所刻。玘有道术，节义过人，今亡矣。

胡洞微待苏轼极为热情，成为苏轼的挚友，并为苏轼治病，《东坡志林》曰：

> 庞安常为医，不志于利，得善书古画，喜辄不自胜。九江胡道士颇得其术，与予用药，无以酬之，为作行草数纸而已，且告之曰："此安常故事，不可废也。"

苏轼数次到庐山，胡洞微曾去迎接，陪他一同游山，又拜访高士王元甫。据《宋诗纪事》，王元甫隐庐山，敕赐为高尚士。苏东坡过庐山，因道士胡洞微请谒，王元甫曰："吾不见士大夫三十年矣。"竟不见。又苏轼《与胡道师》云，苏轼离开庐山时，胡道士负笈相从数百里。又据《石菖蒲赞》，苏轼得石菖蒲，"璀璨芬郁，意甚爱焉。顾恐陆行不能致也，乃以遗九江道士胡洞微，使善视之。"

胡洞微的师父为卓圯，宋孔武仲《宗伯集》卷十七有《道士卓君墓志铭》，叙述卓圯字矶石，泉州晋江人，弃家为道士，游览四方，北济大河，南出岭表，喜欢与公卿大夫交游。吕诲自御史谪守江州，请卓圯居天庆观，十八年之后，乃退居，将观中事务交付给弟子胡洞微。元丰元年（1078）五月，作三颂，"皆落去世累、追逐神仙之言"，遂卒，年七十五，葬于德化县仁贵乡陵家陇[①]。卓圯精通道书以及星辰、五行、相术、壬遁之说，平常不喜言语，谈论起来则"援古证今、出入百家"，颇有学问。卓圯初到江州时，天庆观已经凋败，卓圯勤俭节约，与厮役同食，致力于修治，天庆观于是兴盛起来。《永乐大典》引《江州志》："圯有道术气节，种草号玉芝，见知于东坡。"此草是一种药，黄庭坚《琼芝》诗："卓仙在时养琼芝，深根固蒂活人命。憧憧来此问何草，但告渠是唐婆镜。"唐婆镜，一种药用植物，又名鬼臼，生于山谷、山坡林下阴湿处，性温，味苦、辛，有毒，能清热解毒，化痰消肿，用于痈肿疔疮、瘰疬、咽喉肿痛、跌打损伤、毒蛇咬伤等。卓圯种植这种药草，也是为了行医之用。

南宋大诗人陆游于乾道六年（1170）八月四日游江州天庆观，

---

①仁贵乡，今九江市庐山区虞家河乡；陵家陇，当作"陆家陇"，即陆家垅，在庐山区五里乡。

《入蜀记》云：

李太白诗所谓浔阳紫极宫也。苏、黄诗刻，皆不复存。太白诗有一石，亦近时俗书。见观主李守智，问玉芝，亦不能答。观皆古屋，初不更兵烬，而遗迹扫地，独太清殿老君像乃唐人所塑，特为奇古。真人、女真、仙官、力士、童子各二躯，又有唐明皇帝金铜像，衣冠如道士，而气宇粹穆，有五十年安享太平富贵气象。李守智者，滁州来安人，自言家故富饶，遇乱弃家为道人，大将岳飞以度牒与之，始为道士。至今画岳氏父子事之。

天庆观到南宋已不振作，观主李守智不知“玉芝”为何物，可见观中的医术也已失传。

一、帝后之医皇甫坦

皇甫坦，字履道，临淄（今山东临淄）人，南宋著名道士。《历世真仙体道通鉴》有其传记。皇甫坦起初隐居于道教第七洞天峨嵋山。宋高宗绍兴年间（1131—1149），显仁皇太后患目疾，皇甫坦为之医治而痊愈，大受宠信。之后返回忠州仙都观，又得皇上召见：

寻复乞还山，上固留，不可，乃命筑庵庐阜以便于宣召。又绘先生像，御题其上，为皇甫真人像，而赞之曰：“皇甫高士，眉宇列仙。以道兴世，孰计其年。闲云在空，孤鹤行天。掀髯一笑，同乎自然。”

皇甫坦初到庐山，居住在太平兴国宫，《庐山太平宫采访真君事实》："云无心堂，始因清虚皇甫居此。于湖隶书。取高庙手诏中有谓'白云无心于帝乡'之义。后皇甫迁居本宫钵盂峰下，此堂今存。"太后召至朝廷，赐以金钱，皇甫坦不受，后来太后命其用钱"建普天大醮二坛，祈福皇帝仍普及生灵"。此事见于《庐山太平宫采访真君事实》，斋醮亦于太平兴国宫举行。皇甫坦复以余钱缴纳，太后不许，即命两府曹勋等人以其余钱，凑足数额，为皇甫坦置两庄于庐山之南北，北曰铜盘，南曰丹桂，每年的收入用以接待云水之士，皇甫坦亦由此建清虚庵于莲华洞拨云峰下。

清虚庵因御赐而颇具规模。焕文阁、清虚堂置其间，依山造势，宏丽壮观。堂阁中收藏宋高宗等几代皇帝御赐的《黄庭经》《道德经》和《阴符经》等道教经籍、宸翰题榜、御赐绘像和赞文，满壁生辉，富丽堂皇。陆游《入蜀记》：

> 晚至清虚庵，庵在拨云峰下，皇甫道人所居。皇甫名坦，嘉州人，出游旁郡，独见其弟子曹弥深。登绍兴焕文阁，实藏光尧皇帝御书。又有神泉、清虚堂，皆宸翰题榜。宿清虚西室，曹君置酒堂中，炙鹿肉甚珍，酒尤清醇。

宋高宗屡次为清虚庵赐字，《永乐大典》卷六千六百九十七引《江州志》："高宗御赐'清虚'字，绍兴二十八年赐。又手书二，绍兴二十年及隆兴元年赐。又御书'神泉'字，隆兴元年赐。"据说观初成时，皇甫坦苦水远，汲取不便，"使人荷锄斫庵侧地"，寻即泉水如涌。宋高宗闻讯，大感神异，大书"神泉"二字以赐。皇甫坦将二字镌刻于石，盖亭覆之，名曰神亭。泉早已湮没，今不知所在。按“神泉”二字为宋高宗所书属实。宋人张孝祥有诗《皇甫坦所居》：“石侧疑无路，山回别有天。神泉通玉海，帝画丽奎躔。紫闼虽重到，青瑶却未镌。只须香案吏，为写白云篇。”又《雨入庐山》：“梦想羌庐一段奇，经行那得雨追随。晴来见说山逾好，胜处如今我自知。虚室真人珠咳唾，卍庵老子白须眉。并游三士风流甚，袖手旁观定有诗。”于“虚室”两句之下，作者自注云：“清虚真人皇甫坦、东林长老道颜俱在山中。”张孝祥于宋高宗绍兴二十九年（1159）提举江州太平兴国宫，这时清虚庵已经建成，神泉也已经出现，“神泉”二字自然是宋高宗所赐。《历世真仙体道通鉴》亦云：

> 先是，庐阜庵成，道流聚食日众，而汲水于涧以为苦。先生一旦荷锸引人锄庵侧之地，不一二尺，有泉涌出石隙间，清冽而甘，亢旱不涸。及赴召，上皇偶询山居之事，因以奏闻。寿圣皇后在坐，曰：“先生在处，必有神物护持也。”上皇即命为神泉，御书二字以赐。乾道九年，复赐御书清虚之庵四字为门额，仍岁赐劝牒，度道士以奉香火。

高宗问长生久视之道，坦对以“清静寡欲为先，先损诸欲，莫令放逸。丹经万卷，不如守一。”皇甫坦在清虚庵，注意内外丹修炼，善于布气，据说他常“宴坐不寐”，久之两足外踝皆平偃，顶有珠光莹莹。又山中道士云其年七十二，容颜虽不及二十年前，但仍满面红光，老态不显。这些正是他内功达到一定境界的表现。

皇甫坦居清虚庵，常常被皇帝召入宫廷，医疾问道。高宗在宫内坐禅,皇甫坦被召见于康寿殿,陪侍左右,随时听调。以后又三度入宫问答。宋孝宗赵昚即位后,他仍不得闲,四次受君命持香往返于潜山、庐山和青城山,代为祈祷神灵。光宗时更是频频入京,“遣问不绝”。由于他在几代皇帝心目中都很有分量,所以道徒闻风归附,“道流咸集”,以沾荣耀,使清虚庵一度名震江南,成为庐山著名道观之一。不过,皇甫坦其间游天台、武当山、青城,数次入宫,也不专门在庐山居住。周必大于乾道三年(1167)游览庐山,见到了皇甫坦,《庐山后录》记载他“近损足,未能步”。后来陆游至庐山,仅见到了皇甫坦的徒弟,没有看到他本人。

据《历世真仙体道通鉴》,淳熙五年(1178)秋,皇甫坦升堂集众,焚香取御书并宣赐衣物付弟子辈,曰:“我将游乎无何有之乡,此太上皇所赐,当留以镇名山。汝等向后接续住持,代相传授,宝而藏之,毋违吾训。”又曰:“道不负人,大家努力,珍重珍重。”语毕而逝。弟子曹弥深、谢守灏等,与其徒二十四人,将皇甫坦安葬于清虚庵侧之左陇。据说开圹时在数仞之下的五色土中挖到白蟾,又得古断碑,有“玲翠凌舟”四字。将葬之夕,天灯下烛,比晓方没。会葬者二千余人。出殡时,有仙鹤随之,盘旋其上,下葬后才飞走。皇甫坦去世之后,清虚庵随之没落,至明代更为僧徒所据,改为庙宇,道迹无存。

皇甫坦的弟子中,谢守灏最为著名。谢守灏(1134—1212),字怀英,永嘉(今浙江温州)人,绍熙初朝廷赐号“观复大师”。《历世真仙体道通鉴》续编和《古今图书集成·神异典·方士部》皆有传。谢守灏在京城遇见清虚皇甫真人,遂脱儒冠参礼,为入室弟子。从皇甫坦十余年,随坦入见孝宗。曾入主南昌西山玉隆万寿宫,亦曾居庐山清虚庵。绍熙二年（1191），谢守灏著《太上老君混元圣纪》（亦名《太上老君混元皇帝实录》），题“庐山清虚庵道士臣谢守灏编”，陈傅良为之作序，称“脱儒冠去为道士，以推尊孔氏者尊老，于是为书若干卷”。许及之（？—1209）《涉斋集》有诗《谢观复长髯垂膝，俨然山泽之癯，弃去儒业，从皇甫道士于庐阜，余见之三茅，以所编老君实录见赠，赋此奉酬》。

宋代尚有丁野梅，住庐山清虚观，善画墨梅。宋理宗曾问：“卿所画者，恐非宫梅。”对曰：“臣所见者，江路野梅耳，何由得窥九重仙种。”遂号为野梅，事见《图绘宝鉴》。

二、脉学先师崔嘉彦

南宋时，庐山有一位道士崔嘉彦，以医术精湛著名。朱熹《卧龙庵记》云：

> 卧龙庵在庐山之阳五乳峰下。予自少读龟山先生杨公诗，见其记卧龙刘君隐居，辟谷、木食、涧饮，盖已度百岁，而神清眼碧，客至，辄先知之，则固已知有是庵矣……时以上章乞解郡绂，乃捐俸钱十万，属西原隐者崔君嘉彦，因其旧址结屋数椽，以俟命下而徙居焉。

此记作于淳熙七年（1180）冬十一月。庐山南麓之西原，北宋时有刘道士居住，习辟谷术，南宋时又有崔嘉彦在此隐居。朱熹托付他修建卧龙庵，准备辞职后在这里隐居。

朱熹尚有《西原庵记》，其文略曰：

于岩壑水石之间，又得成纪崔君焉……君名嘉彦，字子虚。少慷慨有奇志，壮岁避地巴东三峡之间，修神农老子术。东下吴越，以耕战之策干故相赵忠简公。赵公是之，会去相，不果行。君自是绝迹此山。按陈令举所述图记，得西原庵故址于卧龙瀑水之东，筑室居焉。耕田种药，仅足以自给。而四方往来之士，皆取食焉。其疾病老孤无所与归之人，至者亦收养之。盖年逾七十矣，而神明筋力不少衰。予往造之，而君不予避也。一旦为予道说平生，相与太息。

这篇文章作于“淳熙辛丑闰月之晦”，即1181年。此外，《朱文公文集》还收录了朱熹与崔氏来往的信札六封，其中也谈到了与医药有关的内容，如“魏甥恰，即向来病甥之兄，到此病作，自有手简求药。幸审其证报之，当为修制服饵也”。

崔嘉彦为成纪人，壮年时避乱于四川，并入道修习神农老子术。后来东下，以耕战之策拜见当时的宰相赵雄，《永乐大典》引《江州图经志》：“以耕战之策干时宰赵雄，雄奇之，未及用，去国，嘉彦亦西归。”①赵雄于宋孝宗时为相，1181年罢去。用世之心无法得到满足的崔嘉彦，只好隐居庐山，以耕田自给，以行医济世了。

据朱熹《西原庵记》，淳熙辛丑年(1181)崔嘉彦已年过七十，身体健康。由此上推，崔氏约生于大观四年(1110)。明正德《南康府志》“侨寓”载：“崔嘉彦，字子虚，成纪人。修神农老子术，过庐山，

①《永乐大典》卷二千七百四十一，见《永乐大典方志辑佚》，中华书局，2004年，第1509页。

即西原庵址筑室居焉。年八十卒。”《永乐大典》引《江州图经志》：“（朱）熹秩满去，嘉彦不复至城市，年八十三卒。”相比之下，后者所叙更为可靠，崔嘉彦约卒于绍熙四年（1193）。

张同君《崔嘉彦及其脉学著作的研究》对崔嘉彦的生平、著作有详考。文章说，现存唯一的崔嘉彦真作《脉诀秘旨》，从未刊行，以往国内书志亦未著录。只有少数日本书志予以记载，如《宝素堂藏书目录》云：“《紫虚崔真人脉诀秘旨》，一卷一册。”书见明抄本《幼幼新书》。然《经籍访古志》指明这一册书中含有多种脉书，《脉诀秘旨》只是其中之一。今中国中医研究院藏明嘉靖戊午年（1558）抄本，也是一种合抄本，首篇即为《脉诀秘旨》。该书完整而详细地表现了崔氏的脉学见解，成为西原脉派的核心理论①。

《脉诀秘旨》确立了“四脉为宗”的脉学体系：“但以浮、沉、迟、数为宗，风、气、冷、热主病。”这一理论渊源于《难经》六难（专言浮、沉）和九难（专言迟、数），又受陈言《三因方》“博则二十四字，不滥丝毫；约则浮、沉、迟、数，总括纲纪”的直接影响。陶宗仪《辍耕录》说崔嘉彦“以《难经》于六难专言浮沉，九难专言迟数，故用为宗，以统七表八里，而总万病，即此书也。”这种理论虽然比较简单，却摒弃了七表八里九道的旧分类法，提示了脉象之间某些相同的性质，统括了风气冷热、虚积痛疮等常见病因和三焦五脏主病，执简驭繁，方便于辨析脉象形状，又能把握临床上千变万化的症候，对后人影响很大，催生了以崔嘉彦为祖师的西原学派。

崔嘉彦是西原脉派的祖师，享誉甚隆，故而后来出现了一些托

①张同君：《崔嘉彦及其脉学著作的研究》，见吴章穆主编：《百家名医临证经验》，浙江科学技术出版社，2006 年，第 636 页。

名为崔嘉彦的脉书，例如《崔真人脉诀》。《崔真人脉诀》最初收入明初的《东垣十书》，明代后期李言闻删补之，更名为《四言举要》，遂盛传于世，对明清脉学产生了很大的影响。然而参比崔氏传人张道中《西原脉诀》一书，可以认定《崔真人脉诀》即《西原脉诀》中的四言歌括部分。另一种是《玉函经》，一名《广成先生玉函经》，杜光庭撰，托名崔嘉彦注，共三卷，书中自序云：

> 医门广博，脉理玄微，凡称诊脉之流，多昧生死之理，倘精心于指下，必驰誉于寰中。可疗者圆散宜投，难起者资财慎取。免沉声迹，图显功能。余幼访名师，遍寻奇士，粗研精于奥义，敢缄秘于卑怀。谨傍《难经》，略依诀证，乃成生死歌诀一门，非敢矜于实学，欲请示于后昆者焉云①。

张同君指出，《玉函经》有黎民寿与崔嘉彦两种注本，文字仅有细微差别。黎注《玉函经》有元刻本及仿宋本存世，而崔注《玉函经》最早版本为清初程云刻本，比黎氏注本晚出近400年，且宋、元、明书志均未著录，显系伪托无疑②。

崔嘉彦的第一代传人刘开，也是久居庐山的名医。《南康府志》曰：

---

①严世芸主编：《中国医籍通考》卷四，上海中医学院出版社，1993年，第784页。

②吴章穆主编：《百家名医临证经验》，浙江科学技术出版社，2006年，第636—638页。

> 刘开,字立之。习释老学,常游庐山,遇异人授以《太素脉》行世。元帝召赴阙,赐号复真先生。卒,葬于西古山。著有《方脉举要》①。

刘开,字立之,号复真,其《脉诀理玄秘要》跋自称为"庐山野人",为崔嘉彦之徒。崔嘉彦约卒于绍熙四年(1193),是时刘开应在20岁左右,否则以年少之人,难以传承崔嘉彦精深的医学理论。其《脉诀理玄秘要》自跋作于嘉熙五年(1241),当时刘开大约六十多岁。严用和《济生方》自序作于宝祐元年(1253),江万为严用和《济生方》作序,也应该在同一年,序中说:"刘开字立之,严用和字子礼。严由刘教,名节正等,而心思挺出,顿悟捷得,众谓严殆过其师也。刘死已数年,问药四来,而今相属于严之户。"说明当时刘开去世已经数年,卒时约七八十岁。因此,刘开是南宋后期人,没有生活到元朝,《南康府志》说元朝皇帝曾召见他,并不可信。若有召见,也应当在蒙古时期。"复真"是刘开的道号,世人则称刘开为"刘三点",所谓"三点",是说他"诊脉止以手指三点之,即知其症"②。

元朝袁桷《黄可玉哀辞》说,南康人黄石翁跟袁桷提起南康的名医刘开,说他能治疗奇怪的病。有一次,里人得病,呕吐不已,治疗无效,刘开去诊治,说:"庐山某日云气开,君凭轩眺引之,当愈。"

---

①陈梦雷等编:《古今图书集成医部全录》第12册,人民卫生出版社,1962年,第214—215页。

②《江西通志》卷十三,《四库存目丛书·史部》第182册,齐鲁书社,1997年,第577页。

里人依法行事,果然治好了病。这则资料说明刘开的医术很有名,但看云疗疾估计是黄石翁编造的。

刘开著有《刘三点脉诀》,一名《脉诀理玄秘要》,《医藏书目》作《脉诀理玄》,《濒湖脉学》作《脉理玄秘》,《脉望馆书目》作《理玄秘要》。日本森立之等《经籍访古志》曰:"《脉诀理玄秘要》一卷,《东垣珍珠囊》一卷,前太医刘开复真撰,前制干门人严子礼用和图说,后学王和鼎编集,奉训大夫平江路府判黄仪校正。首有嘉靖七年司马泰序,末有嘉熙五年刘开跋,嘉靖丁未宋之翰跋。"刘开自跋曰:

> 开,庐山野人,跧伏山林,无用于世,浅识寡闻,言辞鄙拙,岂堪人师。因承师训,剖露肺肝,以为《脉诀》,诱诸门人弟子,为入道之蹊径。若夫深造渊源,博究妙旨,则先生长者,不无望焉。嘉熙五年上巳日,后学刘开识①。

《刘三点脉诀》与《脉诀秘旨》共同成为西原脉派的核心著作,张道中《西原脉诀》及元陶宗仪《辍耕录》将两者合称为"崔刘《四脉玄文》"。刘开光大发扬了崔嘉彦的医学理论,他的传人张道中说:"今两山南北名医之流,悉自刘氏。"可见刘开影响之大。此外,刘开还有《复真子刘先生脉法》,现存有清乾隆二十八年癸未(1763)抄本②。

刘开的弟子严用和,久居庐山,曾为刘开的《脉诀理玄秘要》撰

---

①(日)冈西为人编:《宋以前医籍考》,人民卫生出版社,1958 年,第 199—200 页。

②严世芸主编:《中国医籍通考》卷四,上海中医学院出版社,1993 年,第 822—823 页。

写图说。严用和的《济生方》自序云:

用和幼自八岁喜读书,年十二,受学于复真刘先生之门。先生名开,立之其字也。独荷予进,面命心传。既十七,四方士夫,曾不以少年浅学,而邀问者踵至。今留心三十余岁矣……时宝祐癸丑上巳,庐山严用和序①。

严用和《济生续方》自序云:

余夙嗜方书,早即师授。以医道行世,五十余年。比因暇日,论治凡八十,制方凡四百,总为十卷,号《济生方》。总而用之,十有五年,收效甚多。然间有前书所未备,而不可以尽索者。因著续方,为方又九十,为评二十四,用锓诸梓,以广其传……时咸淳丁卯良月。庐山严用和谨书②。

江万序《济生方》略曰:

吾邦庐阜之产,不特多大儒名士,以医知名,正自倾动,每数千里赴人急,诸公贵人,尽礼请延以上客,四方曾莫敢雁行,望尘靡驰,盖刘、严是也。刘开字立之,严用和字子礼。严由刘教,名节正等,而心思挺出,顿悟捷得,众

①(日)冈西为人编:《宋以前医籍考》,人民卫生出版社,1958年,第1139页。
②严世芸主编:《中国医籍通考》,上海中医学院出版社,1993年,第2313页。

谓严殆过其师也。刘死已数年,问药四来,而今相属于严之户。于是以生平所处疗,而沉思得要者,论著为方,欲传之世,曰《济世方》①。

据上述资料,可知严用和字子礼,庐山人,年八岁即喜读书,十二岁时受学于名医刘开之门,尽得师传。十七岁以医闻世,四方求治者甚多,声名倾动,过于其师。每数千里赴人之急,王公贵人皆以礼延之。宝祐元年(1253),集三十余年之临证经验,著成《济生方》十卷,刊刻于世。咸淳三年(1267),又撰《济生续方》八卷,亦行于世。二书原本均佚,今有辑佚本存世。按十七岁以医闻世、咸淳三年行医已五十余年推断,严用和大约出生在庆元五年(1199),卒年不详,约在南宋灭亡前后。

严用和的《济生方》《济生续方》,行之多有效验,深得后人好评。如《四库全书总目提要》云:

书中议论平正,条分缕析,往往深中肯綮,如论补益云:"药惟平补,柔而不僭,专而不杂,间有药用群队,必使刚柔相济,佐使合宜。"又云:"用药在乎稳重。"论咳嗽云:"今人治嗽,喜用伤脾之剂,服之未见其效,谷气先有所损。"论吐衄云:"寒凉之剂不宜过进。"诸方备列,参而用之,盖其用药主于小心畏慎。虽不善学之,亦可以模棱贻误,然用意谨严,固可与张从正、刘完素诸家互相调剂云。

①(日)冈西为人编:《宋以前医籍考》,人民卫生出版社,1958年,第1140页。

元朝理学家吴澄《古今通变仁寿方序》云：

> 世之医科不一，唯有所传授，得之尝试者多验。予最嘉严氏《济生方》之药，不泛不繁，用之辄有功。盖严师于刘，其方乃平日所尝试而验者也。

吴澄又在《易简归一序》中说："近代医方唯陈无择《议论》最有根底，而其药多不验。严子礼剽取其论，而附以平日所用经验之药，则既兼美矣。"（见《全元文》卷四百八十三）

综合起来，严用和《济生方》《济生续方》的主要特点是将丰富的临证经验与大量的前人成果结合起来，博采众长而实用性强。

《济生方》在理论上受《内经》《难经》《伤寒论》《金匮要略》《诸病源候论》《千金方》诸书的影响，在方剂上广采王叔和、庞安常、朱肱诸家之说，特别是宋代医籍《和剂局方》《三因方》等，还收载并完善了崔丞相灸劳法、嵇大夫治疗疮疡疖毒的经验，又吸收民间流传且行之有效的单验方，博采诸家之长，没有门户之见。同时，严用和又反对食古不化，提倡革新创造，认为"世变有古今之殊，风土有燥湿之异，故人禀亦有厚薄之不齐"（《济生方》自序），为此执古方治今病，应当因时、因地、因人而异，"若概执古方，以疗今之病，往往枘凿之不相入者"（《济生方》自序）。正因如此，严氏方书立论精要，制方切合实用，大多通过实践的检验，"采古人可用之方，裒所学已试之效"，而不是一些寻章摘句、祖述前人的老生常谈。如论喘病，严用和详细分析了喘病的各种起因，说"临病之际，又当审订"，指出传统药方华盖散、葶苈散、二黄丸、杏参饮、四磨汤等，对久喘肾虚之证缺乏良好的效果,故而补充了人参胡桃汤、杏仁煎等方,使治喘的理论方法趋于完善①。《济生方》中有很多验方如加味肾气丸、归脾汤、实脾散等,因疗效显著,一直被后人广为采用,正是上述精神的体现。

《济生方》内容丰富,既有论,又有方,对于外感和内伤杂病,以及外、妇、五官科疾病,分门别类加以记述,尤以杂病为重点。重视脏腑辨证,详究脉因证治;治病善于调气,补脾兼主补肾;集方删繁就简,用药一丝不苟;注重制方法度,讲究药物炮制。这些也对后世产生了深刻的影响②。

严用和的弟子朱宗阳,把脉学传给了张道中,使西原脉派得以延续。张道中《玄白子西原正派脉诀》自序曰:

> 宋淳熙间,朱文公守南康间,隐居崔紫虚名嘉彦者,结庵西原山,乃别筑卧龙庵,绘象孔明其中,崔君及己列左右。时往还,叩养生济生术,盖崔以策干时贵赵唯(当作"雄")相不用而肥遯者,养生济世,固其余事。公亦欲但知此,而口传心授,竟为复真刘先生开发而行之。今两山南北名医之流,悉自刘氏。吾师宗阳朱炼师脉明,最为得传者。大德辛丑,既从炼师得崔、刘四脉,玄又乃扩其意,为之图并歌括,以教稚子肄习,不至扞格,因图卷端。玄白

①参见刘祖贻、孙光荣主编:《中国历代名医名术》,中医古籍出版社,2002年,第460页。

②李矢禾等编:《历代名医传略》,黑龙江科学技术出版社,1985年,第94页。

老人书①。

此说与朱熹所叙一致，亦可见此派医家，皆有道士之身份。吴澄《古今通变仁寿方序》称张道中为淮南人。丹波元胤《中国医籍考》说他“又著《相类脉诀》一卷、《诊脉八段锦》一卷”，序曰：“余读《脉经》，常为十数脉析其义，而又恨夫脉之相类者，犹未止此也，作《疑脉韵语》。天历三年（1330 年）淮南张道中识。”可知张道中生活到元末。

第四节　《度人经》与庐山道士的道德修为

两宋时，庐山道士多修习《度人经》，而这一点与陈景元密切相关。

吴宗慈《庐山志》载陈景元曾归隐庐山，此事亦见《宣和书谱》卷六《行书·杜衍诗》：

> 己卯，乞归庐山，复以葬亲为请，诏赐白金助之。既归，行李无他物，百担皆经史也。所居以道儒医书各为斋馆而区别之，四方学者来从其游，则随所类斋馆相与校雠，于是人人得尽其学，而所藏号为完书。所役二奴，一曰黄精，二曰枸杞，驯而不狡，真有道者之役也。一时大臣如王安石、王珪喜与之游。初归庐山，与安石作别，安石问其乞

①严世芸主编：《中国医籍通考》卷四，上海中医学院出版社，1993 年，第 799 页。

归之意,景元云:“本野人,而今为官身,有吏责,触事遇嫌猜,不若归庐山为佳耳。”安石韵其语,书静几间曰:“官身有吏责,触事遇嫌猜。野性难堪此,庐山归去来。”复书其诗后云:“真靖自言如此,盖喜其不素谙也。”①

《历世真仙体道通鉴》卷四十九所录传记,基本相同。据此陈景元归庐山当在“乙卯”(文中误为己卯),即宋神宗熙宁八年(1075)。事实上,陈景元晚年要求隐居庐山,并未成行。查其生平事迹,亦无在庐山久居之事。

陈景元(1024或1025—l094),字太虚,自称碧虚子。建昌南城(今属江西)人。北宋著名道士,一生著述甚丰,有《上清大洞真经玉诀音义》《西升经集注》《道德真经藏室纂微篇》《元始无量度人上品妙经四注》《南华真经章句音义》《冲虚至德真经释文》等,均收入《正统道藏》。

记载陈景元事迹颇详的,当属元朝薛致玄的《道德真经藏室纂微开题科文疏》。文章说陈景元于庆历二年(1042),礼高邮天庆观韩知止为师。三年(1043),试经度为道士。此后负笈游名山,抵天台,遇高士张无梦,得《老》《庄》秘旨。之后隐逸于江淮间,以琴书自娱。久之,维扬使君礼部侍郎王琪以诗荐于翰林承旨王岐公,在京城讲述《道德经》及《南华经》,得到公卿大夫的欢迎。宋神宗设普天大醮,陈景元修撰青词,甚合皇帝之意,赐以真靖之号。熙宁五年(1072),进所注《道德经》,因充右街都监同签书教门公事。不久

①卢辅圣主编:《中国书画全书》第2册,上海书画出版社,1993年,第22页。

还高邮葬亲，皇帝命中使赐白金三十镒。熙宁六年（1073）十一月十二日，皇帝于延和殿召见之，不久任命陈景元为额外右街副道录。

> 久之，以事累稠遝，乞去隐庐阜，有司具以奏，朝廷不允，复有旨主本宫事，令官吏不干预……于时朝廷欲进封九天采访使及五岳丈人……方进封九天采访使为应元保运真君……元丰六年，罢本宫事，归隐茅山，刊正三洞经法①。

陈景元隐居茅山甚久，后来游历嵩山，卜炼丹之所。元祐三年（1088），因过京师，为道流所挽留，不久再任右街道录职。绍圣元年（1094）六月十三日去世。参考其他资料，薛致玄的记载是可信的。陈景元《上清大洞真经玉诀音义序》云：

> 景元总角出家，弱冠访道，游历仅三十载，纲领十有余年。老归茅山，结庵忏悔。

陈景元于总角之时出家，二十岁左右访道，游历名山大川近三十年，这包括师事高邮道士韩知止、遇天台山张无梦授秘术以及隐居江淮间以琴书自娱等。江淮间隐居，主要在高邮，薛致玄《道德真经藏室纂微开题科文疏》说他“欲观光京辇，维扬使君礼部侍郎王琪以诗荐于王岐公”，表明是“维扬使君”推荐他到京城的；熙宁五

①《道藏》第13册，文物出版社、上海书店、天津古籍出版社，1988年，第730—731页。

年(1072),陈景元"谒告还高邮葬亲,上时命中使赐白金三十镒",则他的父母亦在高邮。总之,陈景元在入京得到皇帝恩宠之前,并没有在庐山长期隐居。

陈景元《上清大洞真经玉诀音义序》说:"游历仅三十载,纲领十有余年。老归茅山,结庵忏悔。""纲领十有余年"指担任道录之事,从宋神宗熙宁六年(1073)"奉安太乙"到元丰六年(1083)"罢本宫事,归隐茅山",前后十一年,《续资治通鉴长编》卷二百四十四的记载亦可为佐证:宋神宗熙宁六年夏四月庚寅,中太乙宫成,以"右街都监真靖大师陈景元为宫主"。

陈景元乞求归隐庐山,就在这段时间。据《宣和书谱》,熙宁八年(1075),陈景元"乞归庐山""有司具以奏,朝廷不允,复有旨主本宫事,令官吏不干预",所以陈景元没有成行,继续留在京城。有两件事实可以说明这一点:

第一,陈景元曾上言"凡阙员,乞试《道德》《南华》《灵宝度人》三经十道义",李焘《资治通鉴长编》卷三百四十三记载此事发生在元丰三年(1080)十月十六日,时右街道录张居善等乞请"自今补道职,试《道德经》《灵宝度人经》《南华真经》等义,并宣读科仪祝读等为兼经,依迁补僧职,差官考试。从之。"上书提议的,以右街道录张居善为首,陈景元是右街副道录,也参与了此事。

第二,薛致玄说"于时朝廷欲进封九天采访使及五岳丈人",在陈景元的主持下,"方进封九天采访使为应元保运真君"。按《道藏》所收《庐山太平兴国宫采访真君事实》,内有元丰四年(1081)正月所下的诏书曰:"是唯江州庐山太平兴国观九天采访使者……可进号九天采访应元保运真君。"为庐山太平兴国宫的采访真君进封号,发生在元丰四年,陈景元此时仍在京城主持道宫事务。

据薛致玄所叙,陈景元于元丰六年(1083),“罢本宫事,归隐茅山,刊正三洞经法”。他在茅山隐居了好几年,之后“科简巾囊,游嵩少,卜炼丹之所”。元祐三年(1088),因过京师,在道众的挽留下,再次担任右街道录的职务,一直到绍圣元年(1094),卒于中太乙宫,未再出居。

《续资治通鉴长编》卷四百六十五记载宋哲宗元祐六年(1091)闰八月,“令秘书省具道书目录付陈景元据目录于道藏取索”。亦可为上述说法的佐证。

综合考察,《宣和书谱》说“己卯,乞归庐山,复以葬亲为请,诏赐白金助之。既归,行李无他物,百担皆经史也。”是把两件事说成了一件事。卿希泰《中国道教史》也认为《历世真仙体道通鉴》误把葬亲与乞归隐混为一事①。据薛致玄“谒告还高邮葬亲,上时命中使赐白金三十镒”,陈景元初到京城、际遇皇帝时,也曾乞求归去,但不是到庐山,而是到高邮,时间在熙宁六年(1073)以前。这次回高邮,是为了葬亲,皇帝下令赐予“白金三十镒”。到了熙宁八年(1075),因为事务繁杂,当然也因为他支持王安石变法,受到旧党排挤,故而请求归隐庐山,但是没有成行,在皇帝的照顾下,继续呆在京城。这件事在当时引起了轰动。

陈景元虽然没有归隐庐山,但对庐山很有感情,这与他早年得到的荣誉“人比之庐山陆修静交惠远也”颇有关系。后来,他又主持给庐山太平宫九天采访使进封号。太平宫的道士,估计也得到他

①卿希泰:《中国道教史》卷二,四川人民出版社,1996年,第712页。

的传授,后来道士多有学习《度人经》者。

《事实》记载太平宫有数位道士诵习《度人经》:

> 本宫道士齐武直,每旦朝真毕即闭门端坐,不交人事,诵《灵宝度人经》,冥心默契,自得其旨。崇宁中,忽连日饮水不休,语同舍道士吕师中曰:"尘世不足恋,吾将逝矣。"吕以为戏言。及夜半,趺坐,举手向烛曰:"兹为证明,然此事难哉。"吕犹未悟,乃就枕熟寐。既觉,齐已坐亡。

又太平宫道士刘大彰,字开祖,江州湖口人,生于宋神宗元丰六年(1083)。自幼入道,在太平宫肄业,宋徽宗时经过朝试,录取为道士,拜杨公彝为师。宋高宗建炎年间,避乱于鄱阳,听说太平宫毁于兵火,进退不能,便与徒弟骆守明找了一幢逃亡者的房屋,居住下来,崇奉九天采访使香火,发誓阐扬道教,重立玄功。因"济人利物、其道甚行",进益不少,便兴建龙德庵,后名西湖道院,香火日隆:

> 时刘年已耄,貌若处子。一日晨兴澡沐更衣,诵《度人经》毕,呼其徒弟来前,语以死生超化之道,语竟,曰:"理香火。"起立而化。其貌若生,观者如堵。

此外还有毕道宁,字康叔,道号养素。宋哲宗绍圣间,游江浙,一日到潜山,遇方士,受"炼神毓气"之法,后来在太平宫之右侧筑道院,每日杜门存神,诵《度人经》一卷。

三人所传习的，就是《灵宝无量度人上品妙经》，该书出现于南北朝时，至宋朝增益为六十一卷本，宋真宗亲自为之作序，北宋道士补道职时皆必须试以此经。毕道宁诵习《度人经》一卷，当为《灵宝无量度人上品妙经》第一卷。按《灵宝无量度人上品妙经》卷一，斋戒的目的有保佑国祚、安定万民等。而据《事实》所载，太平兴国三年(978)四月九日，宋太宗下令太平宫于每年春秋两节，各致一祭于九天采访使，为朝廷举行国醮，祈求"和天安地，保国宁邦""百谷保顺成之美，四时无愆亢之灾"，其斋醮亦称为"灵宝道场"。此后，每当国家遭受内忧外患时，太平宫道士便奉命举行斋醮，为国家祈祷吉祥。刘大彰在宫中修行，热衷于济人利物；许多道士遵守不杀生的戒律，不仅不杀害动物，也坚持素食。这些都体现了灵宝派道士的特点，与唐朝道士一致。《事实》记载太平宫"有天师堂，榜曰正一之殿"。可见宫中道士也将自己列入正一派。不过比起正一派，他们在符箓、斋醮方面的活动不突出，而且很多人并不专主《度人经》。

两宋之时，庐山除太平兴国宫之外，其他道教活动亦复不少。陈舜俞《庐山记》卷三说庐山之南，"老子之宇九，佛之宇九十有三。"道观的数量虽然远不及佛寺，但见于记载、体现丰富文化内涵的道观却不少，也不比佛寺逊色。又据虞集《白鹤观记》，庐山白鹤观"自始迁至今，凡四更作。作之者，五代时，则翁侃如也；绍定壬辰，则叶守成、王守白也。"白鹤观修整于五代，北宋时未有造作，直至南宋理宗绍定五年(1232)，才有人重修，因此两宋之时，此地并不兴盛。苏轼到庐山时，尝游历白鹤观，对其幽雅静谧之景大为欣赏。《白鹤观诗并序》道："司空表圣自论其诗得味外味，'棋声花院静，幡影石幢高’之句为尤善。余尝独游五老峰白鹤观，松阴满地，不见一人，唯闻棋声，然后知此句之工。”复题留“玉佩琳琅”四字石刻。从苏轼的赞美中，可见白鹤观中来往者不多。南宋洪咨夔(1176—1236)有《白鹤观》诗云：“缺唇丹井应千尺，秃顶灵杉恰百围。鹤去不闻人下子，黄蜂无数采花归。”洪咨夔为宁宗嘉泰二年(1202)进士，游览庐山当在及第之后。此时白鹤观已经败落，嗣后有人重修。

第三十八代茅山宗师蒋宗瑛(？—1281)，幼习举子业，长游四方，于金庭山石壁中得《登真隐诀》一书，挟之赴茅山，礼汤志道为师，理宗召入京中，命其祈晴，赐御书“上清宗坛圣德仁佑之殿、景福万年之殿”凡三榜，赐钱十万缗，命修缮茅山宫宇。开庆元年(1259)游庐山，逢战乱，乃云游永嘉山水间。著有《大洞玉经注》十卷。《道藏》中所存《上清大洞真经》六卷，亦为蒋宗瑛所校勘。

《宋史·隐逸传》记载，刘庭式，字得之，齐州人，举进士。苏轼守密州时，刘庭式为通判。刘庭式未及第时，议娶乡人之女，但尚未下聘礼。及第之后，乡人女因病失明，其家躬耕贫甚，也不敢再提此事。有人劝刘庭式纳其幼女，刘庭式笑曰：“吾心已许之矣，岂可负吾初心哉。”卒娶之。婚后生数子，妻子死，刘庭式不肯复娶。苏轼问之曰：“哀生于爱，爱生于色。今君爱何从生，哀何从出乎？”刘庭式曰：“吾知丧吾妻而已。吾若缘色而生爱，缘爱而生哀，色衰爱弛，吾哀亦忘，则凡扬袂倚市，目挑而心招者，皆可以为妻也耶？”苏轼深感其言。刘庭式后监太平观，老于庐山，绝粒不食，双目奕奕有紫光，步上下峻坂如飞，以高寿终。张舜民曾在庐山太平宫见到他，《郴行录》云：“己酉，至太平兴国观……监宫刘延(庭)式朝奉，齐州人，断房十九年，辟谷九年，方六十一，恬和自处，裕如也。言人未来事验。”

宋代庐山道士甚多,不尽可考。如福建莆田市涵江有一座雁阵山,山上有一宫观,名雁阵宫,又名昭灵祖庙,主祀赵、张、胡三位真君。据传赵、张、胡原为汴京比邻而居的三兄弟,曾随杨文广进军福建,后又入庐山修道。宋哲宗封为三殿真君、妙观大帝①。又如《说郛》卷六十五引宋汴《采异记》云,庐山康王观有道士李谷神,说其乡邻沈彬郎中居袁州宜阳山,性情高尚,不贪爵禄。自卜葬地,开圹至地下七尺,得古墓,又得青石铭记,上云:“开成二年开,虽开不葬埋。漆灯犹未点,留待沈彬来。”李谷神亦不可考。沈彬,字子文,《唐才子传》称他为洪州高安人,《稽神录》作吴兴人,当以李谷神所言为准。吴大和三年(931),李昪镇金陵,沈彬应召为秘书郎,未几致仕归乡。

庐山有青牛谷,得名很早,东晋张僧鉴《浔阳记》说因老君隐居此处而得名。唐时有人隐居,《庐山记》卷三:“《九江录》云:昔有道士洪志,乘青牛得道于此,坛场犹存。唐人杨衡《宿青牛谷诗》云:随云步入青牛谷,青牛道士留我宿。可怜夜久月明中,唯有坛边一枝竹。盖亦古之名迹,今为耕陇矣。”毛德琦《庐山志》引旧志及《南康志》记载青牛谷在凌霄峰下,道士洪志乘青牛得道处。“谷内有净妙院,谷南有云台庵,并废。洪志者,宋道士,通经史,善布算,遇异人授六甲荡魔祛疾之术,隐居庐山,常乘青牛,故称。”桑乔《庐山纪事》说:“青牛谷在犀牛塘北,唐时已有此名,疑不始于洪志。”此说诚是。青牛谷之名,早在东晋以前就已经出现。又桑乔《庐山纪

①见福建莆田市《涵江区文史资料》第二辑,第102—103页。

事》:"郑元素者,温韬之甥也。朱梁时韬盗发昭陵,石函铁匣中,所得前代图书及二王真迹甚富。其后韬殛死,元素尽得其图书真迹,避祸南徙,隐居庐山青牛谷四十余年,所积书千余卷,卒。隐居今废。"

青牛谷最著名的道士为洪志。《历世真仙体道通鉴》卷四十四:

> 道士姓洪名志,不知何许人也。少博学通经,兼明星纬医药之书,能极其妙。然未知名,或勉之趋权门以假借者,答曰:"良金美玉不知以责卖之。"竟不往。既而以身世梦幻,非坚牢物,乃出家为道士,遂隐庐山。常乘青牛往来,人谓青牛道士。居山草衣木食,勤行苦志。久之忽遇异人与处,授以神方。自是能明六甲,役使鬼神,变化万端,不可胜纪。一日遂反故里,手携一小篮,小人不知其有道也。或要之饮,尽罄盘飧,志遂于篮内取脯炙枣栗之物以供,坐人尽辄饱,取人皆厌餐,莫不惊而问之,志笑而不答。及宿旅舍,时天寒,人见其单服,又无他枕褥衣物之类,乃于户密窥其所为,见其于小篮内取枕褥覆卧,物物皆足,既复携而出。于是人知其有道矣,皆曰:"洪郎非若我辈。"皆尊异之。后丹成仙去,人名其处曰青牛谷,坛场犹存焉。

因洪志亦见于陈舜俞《庐山记》,故知他是北宋时的道士。洪志之后,青牛谷便荒废了。

苏轼在庐山时,曾与一隐士崔闲交往,附记于此。据《渑水燕谈录》,欧阳修贬滁州守时,作《醉翁亭记》,十年之后,太常博士沈遵游滁州,作琴曲《醉翁吟》。后来二人在河朔见面,沈遵弹曲,欧阳修作歌词,并写了《醉翁引》以叙其事。但欧阳修作的歌词与琴曲不谐,无法配唱。三十多年后,庐山道士崔闲修订曲谱,并请苏东坡重新为之填词。苏轼《醉翁操》云:"有庐山玉涧道人崔闲,特妙于琴。恨此曲之无词,乃谱其声,而请于东坡居士以补之云。"①《永乐大典》引《南康志》云:

> 崔闲,字诚老,星子人。自少读书,不务进取,襟怀清旷,平日以琴自娱。始游京师,士大夫见其风表,莫不倒屣。后倦游复归,乃结庐于玉涧两山之间,号睡足庵,自谓玉涧道人。东坡过之,因谓醉翁喜琅琊山水之胜,而沈遵以琴写其声,惜无其词令。今玉涧道人特妙于琴,故因其声而为词,书以补之。石刻今在郡斋②。

《永乐大典》卷二千七百四十一引《九江府志》,说崔闲不事科举,以耕莳为业。初自号无着道人,玉涧道人乃东坡所改。一日作颂曰"每与东坡心印传,雪堂终日悟琅然。七弦高挂浑无用,明月当天一点圆"而卒,年七十八。时有皮仙翁者,不知何名,亦与苏、黄往来。崔闲、皮仙翁介乎隐士与道士之间,虽然自号道人,但与专职道士不同。

宋朝时,江州城附近尚有不少道堂。如城南有崇真堂,原名朝

①唐珪璋:《宋词纪事》,上海古籍出版社,1982年,第74页。
②见《永乐大典方志辑佚》,中华书局,2004年,第1748页。

真堂，淳熙年间王守道建，洪都道士刘道存入主其中，后废，嘉定中续建。这些道堂，具有浓厚的民间信仰色彩。

以功能而论，众多的道堂祭祀不同的神灵，肩负各种任务，但不外乎救济水旱瘟疫、保护一方平安等。如城隍庙，在城东北，主神为汉颍阴侯灌婴，九江城的最早开辟者。宣和二年(1120)迁移到城东南，淳祐时贾似道重修。根据毛抗的《庙记》，每逢水旱瘟疫，郡守必去祭祀。又有县城隍庙，在德化县治东偏。有惠泽庙，在城隍庙西，嘉定十五年(1222)建，以祠广德军横山之神。据曹至建记，“王生西汉末年，自武陵东游吴，家苕霅间。久之，自荆溪凿河渠通桐汭，桐汭之人思之，立祠横山。梁大旱，蒋山神梦武帝而告之曰：‘横山灵通于天帝。’如其说祷之，岁赖以稔。”又按颜真卿重书汉碑，“神姓张名渤，其先佐禹治水有功，故生异人，血食吴土。”横山神的祭祀，各地常见，而江西一带甚多。此外还有天王堂，在子城东北，祭祀护城之神。

九江城在长江边，饱受风涛之苦，故而相关的祠庙亦多。如会济庙，在朝宗门内，唐朝咸通四年(876)，薛临置祠九江水帝，以镇风涛。九江水帝之名，南朝时道教典籍已经记载之。又有龙王庙，在湓江门外，祠豫章吴城山小龙君。《豫章志》：“熙宁南封，王师舟行，溯江而上，神显其灵，以翼舟顺风，日数百里。神宗遣太常丞林希驿谢，有灵蛇蟠香奁中，昂首听祝。东坡南归，至庙获古弩矢有感，作《灵庙记》。”有孚惠行庙，在白马冈，祠袁州仰山二神，二神实际上是龙王。鄱阳湖宫亭庙的祭祀，宋朝也很流行。

各种神灵有不同的来历。有的是从外地引入的，如东岳庙，各地皆有，九江的东岳行庙在开元观，祠天齐仁圣帝(东岳泰山神)，淳熙年间重建，有五岳楼。有灵顺庙四处，一在清风阁，一在天庆观前，一在浔阳池上，一在琵琶亭左，祀奉徽州安源神，此神不知什么来历。有的是名人曾在九江驻留，衍生出崇拜祭祀，如吕公堂，绍兴末年建于甘棠湖上，宋宁宗庆元时郡人胡氏移至城北，有庵前临大江，当与吕洞宾过九江有关。有文孝庙，在湓江门外，祠梁昭明太子萧统。有的是因本地名人而建，如祭祀长沙公陶侃的陶威公庙，晋朝就开始出现了，一在龙溪，一在封家洲。有胡郎庙，在主簿山，祭祀董奉的女婿。有陈氏庙，在太平宫南，祭祀为九天使者庙捐献土地的陈氏。此外还有善应堂，在城东官桥，郡人赵、田、沈三姓建。有真圣堂，在城北，嘉定十二年（1219），道民孙氏建。有咏真堂，在城内万安寺侧。有朝真堂，在城南县社坛侧①。

民间信仰，是道教文化的一个重要内容。在早期庐山道教的发展中，民间信仰成为最主要的原动力，入宋以后，这种动力极大地削弱了。由于神仙鬼怪的文化氛围明显淡化，宋朝的民间信仰很难再创造生动的神灵故事。另一方面，由于文人的介入，两宋道教走上了文人化的发展道路，民间信仰在这种情况下也就更加淡出了人们的视野。民间信仰的衰落，也会导致道教的衰落；因此庐山道教走过了辉煌的两宋时期，也就开始走下坡路了。

①《永乐大典》引《江州志》，见《永乐大典方志辑佚》，中华书局，2004 年，第 1645—1654 页。

第四章

回归与前行：元朝庐山道教的新变

第一节　太平宫兴复：走向世俗的道观

南宋灭亡时，驻守江州的兵部尚书、提举兴国宫吕师夔及江州知州钱真孙投降元军，城内没有受到多少破坏，但郊外的太平宫却毁于兵火。《事实》收录江南绩溪书院提学年镕撰的《太平兴国宫营造记》，说“岁乙亥，国家混一六合，九江市不易肆，各得全生，而宫去城差远，不无过中之扰”。庐山人陈有宗于至元十四年（1277）作的《重建地主祠记》，叙述“岁在旃蒙大渊献，道院以兵毁，殃及于主祠”，皆反映了这样一情况。旃蒙大渊献即至元十二年乙亥（1275）。

太平宫被毁之后，修复工作旋即开始。年镕撰《太平兴国宫营造记》说：

> 知宫事周得一、副宫事周承源慨然有感于宫庭之毁剥，田园之荒芜，欲图缮葺而无其力。左丞吕公时开大府，亟以告焉，随助以廪粟，贷以耕牛，俾招集羽流，经理旧业，越三年，租入渐复其故。于是废者兴，仆者起，殿堂廊庑，一时俱新。湖邑有周公叔者，悉以其家产为香火之奉。宫前之田，间有为豪家所据者，亦皆归疆。由是宫计始裕，道

众日增,钟磬日响,九重宾使,降香东西,行者莫不举手加额。

南宋灭亡之后,降元的吕师夔担任了元朝江西行省的左丞,江州仍在他的势力范围之内。吕师夔率领诸弟及子侄,捐米、割田、筹钱,带动四方富者捐资,大力协助提点周得一、知宫事道录周承源修复太平宫。据姚燧《江州庐山太平兴国宫改为九天采访应元保运妙化助顺真君殿碑》(以下简称《真君殿碑》):"为殿七楹,度高百尺,以祠真君。夹为翼室,右祠三官,左祠四圣,皆三楹。前为拜殿,合之衡广为尺百有四十,缩身不足于衡十八之四。若其攻金攻木,埏埴设色之工,殚尽其技,无遗巧矣。"翻新后的太平宫,虽比不上南宋时的规模,但依然很有气派①。

在众多捐资的富者之中,湖口人周公叔出力甚多。据陈有宗《九天采讨真君行宫记》,至元十三年(1076)六月,周君恕,字公叔,"又族之望,曾罹兵火,家靡孑遗,旁求嗣续,未有所遇",于是将田地资财捐献给太平宫,由提点周得一、知宫事道录周承源主持,建造"采访行殿一所,旁建飞天法轮及诸圣像",周氏祠堂附于旁边。江州路总管杨仁风为之题额。

陈有宗的《重建地主祠记》叙述了重修地主祠的经历。地主祠,唐朝时因陈氏捐献土地而立,至元十二年(1075)与太平宫同时毁于兵火,在管辖宫事周得一、副知官事周承源的经营下,亦于次年修复。《事实》还收录了周得一等人的《重建地主祠祝版》。

①李修生等:《全元文》卷三百一十一,第9册,江苏古籍出版社,1998年,第532页。

至元十四年(1077),元世祖下旨,“和尚、也里可温、先生、达失蛮,不拣甚么差发休着,依着太上老君教法里,告天与俺每祝愿。”“诸宫观里、房舍里,使臣每休下者。”“但属宫观底田地、水土、竹木、碾磨、船只、园林、解典、库店、浴堂、铺席、酒醋,不拣甚么差发休要者。”①有了这道圣旨,太平兴国宫的修复便显得名正言顺了。

至元十五年(1078),张留孙赐号玄教宗师,授道教都提点、管领江北、淮东、淮西、荆襄道教事,佩银印,奉皇后懿旨、皇太子令旨至庐山,于宫中焚御香,为皇帝修建谢恩清醮一座,祝皇帝圣寿无疆,民康物阜,海晏河清。《事实》中收录有《降香设醮意旨》《宗师建醮意旨》《圣节醮意》《上元醮意》等,提到江州路达鲁花赤总管府、江州路提点道录司安排太平宫为元世祖的天寿节举行斋醮,这与张留孙到庐山主持斋醮为同一件事。

据姚燧《真君殿碑》,至元二十一年(1284)、三十年(1293)、元贞二年(1296)、大德八年(1304),朝廷四次降诏,“其于卫持斯宫,使人不敢杂揉侮略于其间,礼亦优矣。”元朝统一江南之初,太平宫的提点为周得一;元世祖末期到元成宗时期,提点为汤德润,字季玉,号香涧,上述诏书有三次是在汤德润手上接受的。据姚燧碑文,汤德润以南宋时加封九天采访使有“应元”字样,为元朝统一天下的预兆,故而请求朝廷加封,朝廷遂将太平宫改名为“九天采访应元保运妙化助顺真君殿”。又据《事实》,元仁宗延祐五年(1318)五月,朝廷又给九天采访使加封,在徽号上增加了“至德仁圣”四字,延祐时入朝的文人柳贯撰有《江州路圣治太平宫九天采访使应元保

①《大元圣政国朝典章·礼部》卷六,清光绪三十四年(1908)刊本,第8页。

运妙化助顺真君加封诰词》。

在汤德润担任提点期间，太平宫的经营收入非常可观。姚燧《牧庵集》卷九的《太平宫新庄记》，作于元成宗大德九年(1305)，记太平兴国宫新建田庄之事，谓宫内旧有田三千亩，而太平宫提点汤德润又新增一万一千多亩，“其道有三，曰货取，曰施入，曰力作”，也就是说他通过购买、接受施舍、开垦三种途径获得田地：

> 今最货取三千六百五十，唯石门千二百八十为多。其不足是者，启石二百八十，锦溪七百五十，石塘九百一十，龙冈九百六十，上龙溪千二百三十。唯启石居兴国大治，余皆江之德化。最施入者五千三百五十，唯翠麓二千二百为多，高岸半之，元山千二百，万安千七百，福兴千七百四十，赵陈二千一百，唯高岸居兴国之永兴，元山居蕲之黄梅，其故主则厉坚孙、项至大，余皆江之属县……云力作者，创四茗磴于德化县，曰义兴庄，凡四十有二盘，又垦田二千。肇为五庵，宫之前三，曰东西太平与紫元，宫之后二，曰涌翠、谷峰。

这些田地分布在庐山附近各县，甚至湖北大冶、黄梅等地也有不少，为此太平宫就有了不少“子院”。姚燧曾在太平宫附近居住甚久，《庐山纪事》引《山疏》：“匡山精舍，元学士姚燧读书处也，燧以文章名。精舍今废。”因此他的叙述是比较准确的。在元朝，朝廷对太平宫没有什么实质性的资助，太平宫是靠自我经营发展起来的。但是，这种经商之道，实质上并不利于太平宫的长久生存，也使它在很大程度上失去了崇尚清虚的本色,成为一座世俗化的道观。

据姚燧《真君殿碑》,元朝太平宫提点汤德润派遣弟子,于元成宗大德末年"谨并上图经、匡庐得名,与真君事实,唯择笔焉"。其中的"真君事实",即《庐山太平兴国宫采访真君事实》。文章还提到元仁宗延祐年间加封的事情,故此书刊刻于延祐年间。《事实》一书刊刻于元朝,却较少收录元朝的史料,可见入元之后太平宫的文化创造力在急剧下降。

元朝太平宫最有名的道士是桂心渊。光绪《江西通志》卷一百七十八:

> 桂心渊,抚州人,为紫极宫道士,醉便卧地,号桂风子,虞集察其有异,礼遇之。初宫寮有宴腊会,心渊一遇,饮啖无算,或乘酒骂詈,人不能堪,遂各自为会。心渊幻在各席溷挠,众始异之。俄而举手谢众,跨一虎而去。后隐庐山[1]。

《古今图书集成》神异典引《江西通志》又云:

> 后栖隐庐山,集赠以诗云:"深入庐山里,年年不见春。风高曾跨虎,月落更听猿。酒熟邀皆去,丹成笑不言。云屏第九叠,相与浴晨暾。"[2]

---

①(光绪)《江西通志》,《续修四库全书》第660册,齐鲁书社,1996年,第502页。

②《古今图书集成·神异典》卷二百五十五,第51册,中华书局,1934年,第62365页。

又引《九江府志》云：

心渊隐居飞云洞，人谓之桂风子，后尸解去。

雍正《江西通志》卷五十五：

飞云洞在德化县太平宫后山，俗呼咏真洞。盖假借咏真洞天而名。元延祐间，有桂心渊者，人谓之桂风子，隐居其间，后尸解去①。

桂心渊于元朝延祐年间，在庐山栖隐。毛德琦《庐山志》录有元朝李洞《游庐山记》：

延祐乙卯二月九日，遇雍门文、万子方于浔阳，遂同游匡庐……明日，过匡山精舍，临磬湖，披奥草，求玉蟾丹井，入飞云洞，访隐者桂心渊，不遇，遂肩舆过东林寺。

桂心渊又曾在松江的长春道院修道，王逢有《题长春道院桂风子与朱贞一真人诗》：

仙人桂风子，勇别上清君。晞发三神日，巢松五老云。桃椎今问讯，奎阁旧论文。游幔峰青垒，蓬头并鹤群②。

---

①《江西通志》，台湾京华书局，1967 年，第 1187 页。
②王逢：《梧溪集》，书目文献出版社，1998 页，第 514 页。

诗中“巢松五老云”,指桂心渊在庐山五老峰栖隐,因此他到庐山后又曾一度栖息于松江长春道院。

桂心渊曾传道法于张友霖。宋濂《太上上清正一万寿宫住持提点张公碑铭》云:

> 时桂心渊隐匡庐,金志扬居武夷,二人者,世号真仙翁,修丹之士,依之者成市。公皆蹑屩担簦,往拜坐其下,传其《三皇内文》、九鼎丹法,所谓延龄度世者,颇领其幽玄。归参天道运化、三洞四辅、海岳洞府、日月星斗诸书,或合或离,类有以取舍之①。

据文章所叙,张友霖,字修文,贵溪人(今江西贵溪)。年十二,入龙虎山从周尊师复礼游,受其教,以九经为渊源,百氏为支派,缕析毫分,深究根底之所在。六年之后,跋山涉水往拜桂心渊、金志扬为师,受《三皇内文》、九鼎丹法之教。又钻研诗章古文之学,虞集深加敬叹。明太祖洪武四年(1372),与黄棠吉、邓仲修同被皇帝召对,奏对称旨,赐食禁中。五年(1373),病逝于朝天宫。宋濂论之曰:“老子之旨可以治国,可以修身,可以炼真,其大者与孔氏或不异也。公以超颖之资,屡求贤师,思兼孔李之学而通之。其视死生若旦暮,泊然无所系累者,固宜也。”《三皇内文》主法术,九鼎为外丹家数,桂心渊修习这些东西,可见南宋以来太平宫逐渐兴起的内丹之风到元朝已经消歇。

---

①《宋学士全集补遗》卷八,《丛书集成初编》第2131册,中华书局,1991年,第1605页。

桂心渊有弟子朱思本。朱思本《圣治太平宫神龙记》云：

至治三年冬十一月，予被玄檄，至江州圣治太平宫……予师桂心渊，弃绝人事，修道资山二十年不他适，主深秀欧阳。师时趺坐别室，谓所见与欧阳同。予师生平无妄语，是可信也。（据《全元文》一千〇八卷）

至治三年为1323年，因此可知桂心渊在大德七年（1303）就来到庐山栖隐。元顺帝至元二年（1336），桂心渊在庐山去世。《历世真仙体道通鉴续编》卷五"金蓬头"条云：

至元丙子岁正月一日，其同学桂心渊，世称桂风子，坐解于庐山。

桂心渊也曾为金蓬头作赞：

头上一髻，面上三痣。面目可憎，非我即你。天台石桥，武夷九曲。泊然无为，有何所欲？真清真静，鬼神莫卜。咦！劫灰洞然难着脚，方壶圆峤打乖人。桂心渊赞①。

元末明初人詹同有《挽桂心渊》：

①见《赵氏铁网珊瑚》卷十五《金蓬头先生画像赞》。

羽人何处去？脱屣渺仙踪。想游江海上，不在庐山中。松花落白石，云气随清风。我欲攀鹤驾，吹笙遍寥空①。

第二节　陈致虚传道：靠近理学的教义

陈致虚(1290—？)，字观吾，号上阳子，庐陵(今江西吉安)人。好道，通群籍。元天历二年(1329)，年四十，得赵友钦所授金丹之道，后又得青城老仙之秘，成为元代后期颇有影响的内丹家。著有《金丹大要》《金丹大要图》《金丹大要列仙志》《金丹大要仙派》《元始无量度人上品妙经注解》《参同契分章注》等若干卷。陈致虚弟子甚众，有田至斋、王冰田等20余人，在庐山收徒的情况见于《上阳子金丹大要》卷十一、十二他写给各位弟子的书信。

元顺帝至元乙亥年(1335)，陈致虚到了湖北九宫山，观主车兰谷对他很是倾慕，于是陈致虚给他传授金丹之道，授名碧阳子。据《与九宫碧阳子车兰谷》，车兰谷在九宫山主持道观四十余年，与陈致虚一见面，便以丹道相求，陈致虚"睹其神气裕如，遂将祖师先天后天金丹之旨，悉以授之，却加勉励焉。"他说车兰谷虽然事务繁杂，但能够孜孜以求，有望修成丹道，与那些醉生梦死者大相径庭。

受观主影响，拜他为师的九宫山道士还有明素蟾，陈致虚给他授名宗阳子。《与宗阳子明素蟾》说明素蟾自弱冠辞亲出家，敏而

①《全明诗》卷二十五，上海古籍出版社，1993年，第490页。

好学,一见面就向陈致虚请教金丹,陈致虚说他“资禀非凡,勇锐可授,特其平时流于敖放,泥于惯常,首须降其骄心,摄其狂心,去其放心,移其疑心,正其邪心,开以道心。”也就是先进行心性修炼,去掉放心、疑心、邪心,才能修行大道。言外之意,明素蟾起初并不把陈致虚及其金丹之道当回事。但经过一番教导之后,明素蟾幡然醒悟,陈致虚遂授以“先天烹炼神气之道”。陈致虚的教导,从明素蟾的名字切入:“明素蟾者,其有谓乎?”明素蟾曰:“琮也,每慕白玉蟾者也。故用姓以谢覆,载名以谢亲,字以谢友。明即白也,素犹玉也,故谓明素蟾云。”明素蟾追慕南宗之祖白玉蟾,这恰好给陈致虚传授内丹之道提供了机会。

陈致虚在九宫山,还传道于武宁籍道士余观古,授名心阳子。根据《与心阳子余观古》,陈致虚给余观古传道,首先是从“同乡、同年、同名”一节开始的。余观古与他同年同月同日同时生,又都是江西人;陈致虚以往有个名字叫“观吾”,与“观古”相近;余观古的家在山头上,陈致虚的家也在山头上。这样一来,两人越谈越投机,真是“谩逢适契,一语投机,芝兰其香,烟霞同味”。余观古曰:“何其多同也,还能以金鼎坎离之道,龙虎神化之旨,以相授受,庶足其所同。”陈致虚爽快地答应了,又说“天下无二道,圣人无两心”,给余观古取名曰心阳子。

明素蟾于“乙亥夏五,际遇我师紫霄绛宫上阳真人于方壶天中,解襟倾盖,欢如平生,沦茗焚香,共谈丹道”,余观古遇见陈致虚于“岁纪乙亥六月八日”,因此陈致虚在九宫山呆了几个月。

是年冬天,陈致虚来到江州,有征收茶税的官员王舜民拜他为师。据《与初阳子王冰田》及欧阳天璹《上阳子金丹大要》序之“茗漕冰田王公”,可知王舜民号冰田,为江州征茶税之官。《元史·食货志·茶法》记载,元世祖至元十二年(1275)就开始“榷江西茶”,十七年(1280),置榷茶都转运司于江州,元文宗天历二年(1329),始罢榷司而归诸州县。王舜民出入仕途近三十年,还是江州一个小小的茶税官,虽云“利不能移其心,困不能改其操”,还是不能释怀。陈致虚说,孟子四十不动心,庄子五十而知四十九年之非,孔子五十而知天命,现在王舜民行年五十有二,恰逢其时:

> 仆睹其气宇高迈,骨相合仙,因缘遭逢,求我丹道,遂用盟天,以青城老师金鼎火符之秘,次第授之也……仆阅人多矣,今观初阳子姿禀非凡,神气充裕,祖师金丹之道,不敢秘者如此。

初阳子的道号,也是陈致虚给王舜民取的。

陈致虚来到庐山太平宫之后,收了好几个门徒。据《与一阳子潘太初》,陈致虚在太平宫遇见了观主潘太初,觉得他“颜童髭墨,神气裕如,肤泽脸桃,丰标洒落”。这个潘太初喜欢结交四方人物,“显官轩车而至者,皆得欢心;负义蓄材而来者,愿识其面。”因此与陈致虚一见面,就欢如平生,茶水喝了又添,谈话娓娓不倦。陈致虚趁势而入,把他狠狠夸了一通,说他“骨骼吻合仙姿,平川洗涤而疏明,大山嵯峨而增秀,天人交替,鬼神其依”。潘太初自然非常高兴,于是开口问丹道,陈致虚见他心诚,遂授之曰:

> 当其一阳初至,虽一身皆阴,而一阳自外来,彼一阳反

为之主矣。今其号曰一阳子者，取义于此。

据文章所叙，陈致虚“自获遇至人”“求诸仙经，搜奇摭粹，作成《金丹大要》”。书成之后，“四三年来”，尚未遇见有精进于此道而可以传授者。这次看见太平宫主潘太初求道心切，陈致虚十分高兴，故而尽力将金丹之道传授给他。

受到观主的影响，宫内还有几个道士拜陈致虚为师，其中有欧阳玉渊。见《与玄阳子欧阳玉渊》：

> 玄阳子，庐山欧阳玉渊也。讯道于上阳子，上阳子语以天仙之道，并以长生之术而授之也……玄阳子研乎几之妙，极乎探之旨，密而行之，勤而修之，则由长生之术，以入天仙之选者，其玄阳子乎。

又有欧阳玉田、周草窗，见《与复阳子欧阳玉田、全阳子周草窗》。欧阳玉田生性恬淡，喜欢独居修道，但因“未遇真师，是拘于枯坐而已”；周草窗则聪明敏锐，自幼钻研程朱理学，“持己以方正，为德先孝友，主乎忠信，立其敬义，可谓君子矣”。元朝文人考科举很不容易，周草窗也未有所成，与陈致虚相遇湓江之上，听陈致虚讲了一番大道理，感到“群疑积毁，而顿然深者”，觉得程朱理学虽然也探讨性理之学，但还是有所未明，实际上是仕途失意致使他对程朱理学产生了。陈致虚给欧阳玉田取名复阳子，周草窗取名全阳子，“以其不全而图其复全也”，也就是不图命运之全而图性命之全的意思。

元朝张翥《蜕庵集》卷三有《送草窗讲师周善京还九江太平宫》:“万叠匡庐紫翠开,太平宫馆即琼台。九天使者云间下,五柳先生社里来。杏树春阴浑满院,桂花凉露不盈杯。遥应鹤侣相望久,吹取楼头铁笛回。”可知周草窗名善京。

此外,陈致虚收的弟子还有后来为《金丹大要》作序的欧阳天璹,序云:

> 紫霄绛宫上阳先生,继真师之绝响,措后学之迷津……演为《金丹大要》十卷,谆谕反复,罗缕再三……茗澧冰田王公,吏隐仙材,夙深丹契,知音有遇,思广其传。山中主席潘公太初,提点道林,隆栋静宇深渊,耽味重玄,首唱绣梓。当时及门弟子,皆凤逸龙蟠,蝉蜕颖脱,列具序说,想见声光。区区寄迹紫元,留心玄览,种缘已熟,获聆绪余。

陈致虚的《上阳子金丹大要》,撰成于元文宗至顺三年(1332)左右,书成之后,陈致虚便致力于传播丹道,但起初并不顺利。《与一阳子潘太初》叙述书成之后,“四三年来,尚未遇见有精进于此道”而可以传授者。又《与复阳子欧阳玉田、全阳子周草窗》:“乃作《金丹大要》十卷,书成之后……稍有可招可挈者,莫不低首俯身,奖辞劝诲,冀进此道。或遭诟骂,姑自隐忍,偶获一人两人之知,即来千人万人之谤。”据此推断,《金丹大要》在陈致虚到庐山之前并未刊行。这次他幸会太平宫主及一班道士,不但收了几个高徒,还借助于太平宫的财力刊刻印刷了《金丹大要》。书前有“至元改元旃蒙大渊献岁（元顺帝至元元年）除月，门弟子庐山紫元欧阳天玙拜手序”，可知《上阳子金丹大要》到太平宫才正式定稿刊行，这自然令陈致虚倍感欢欣。

陈致虚这几封书信，详尽介绍了他的收徒经历，从中可见道教传播的一些情况。大致说来，陈致虚到庐山之前，太平宫的内丹修炼传统已经中断，而在北方全真盛行的情况下，这里的道士也向往内丹之道，这是陈致虚传道的基础。

卿希泰《中国道教史》云，陈致虚的丹法属道教南宗阴阳双修派，与翁葆光同系，而与全真道的清修思想迥异。但他为了标榜自己为全真道嫡传，乃在《金丹大要列仙志》等书中宣称己派传自丘处机弟子宋德方，谓宋德方“号黄房公……能披云而见斗，故时号披云真人”。此说于史无据，陈铭珪《长春道教源流》已疑为陈致虚之假托。正因陈致虚出身南宗，而又以全真嫡传自居，故成为元代中后期二宗合并的积极推动者，并在二宗合并时，极力抬高全真道祖师的地位而压低南宗祖师的地位。

根据他在九宫山、庐山传道的情况来看，陈致虚传授的是全真一系的内丹之道，并非阴阳双修之道。《与心阳子余观古》云：

> 仆乃授之曰：金丹者，以有作合无为，以外铅合内汞。汞，精也。铅，气也。采先天之铅于坎之中，是云有作；合后天之汞于离之内，是名无为。采铅则一时，合汞须十月。一时者，月生三日也。十月者，丹成九转也。知雄守雌者，三日之内一时也。知白守黑者，九转之功十月也。如斯而已，信则行之。

从表面上看,这段论述涉及内外、阴阳,似乎与男女双修有关。但参照《与初阳子王冰田》,上述术语都有明确的定义:

> 夫金丹者,金液还丹之道也。金液者,即人身中之真气也。以气合形而成真人,是为还丹。厥人之初生也,毓先天地至纯之道,逮二八精气日泄而朴散,则先天之气不纯。
>
> 古之真人欲理其性,先宝其精,欲理其命,先淳其气……气者何耶?命也……夫欲了命,必先修性,性命双修,何忧不仙。且性也者何耶?义也……义之道大矣哉。采铅炼汞者,集义也……夫一阴者,离中之雌;一阳者,坎中之雄。离中之阴为火,坎中之阳为水。配义与道者,以坎反上于离,是水火既济之道也。盖于坎中取出阳爻,降而入于离之中,换出阴爻,是为地天泰也。盖离中之阴为汞为精,坎中之阳为铅为气。《心印经》云:上药三品,神与气精。然精依气生,神依气旺,神、气、精三者,无一可离。此所谓道也者,不可须臾离也。

这一段论述,很明白地告诉人们他传授的就是内丹之道。修炼内丹的材料,全部源于自身,即"神、气、精三者";而"夫欲了命,必先修性,性命双修,何忧不仙",同样是典型的内丹修炼方法。在陈致虚提到的术语中,最有可能隐喻"男女双修"的是阴阳、铅汞之类,但是他说,"金液者,即人身中之真气也";而"坎中之阳为铅为气",故而这里的铅、阳皆指自身的气,不是男性的代名词。又云

“逮二八精气日泄而朴散，则先天之气不纯”，将精气并举，同指自身的真气，故而“离中之阴为汞为精”中的阴、汞也是指体内的真气，不是女性的代名词。既然阴阳、雌雄、铅汞皆就自身而言，则“一阴者，离中之雌；一阳者，坎中之雄”也是指体内的修炼材料，不涉及男女的内容；“采铅炼汞”指合体内之阴阳真气为一，而不是男女双修的“采阴补阳”。如《与宗阳子明素蟾》云：“于是指令脚跟踏在实处，然后授以先天烹炼神气之道也。”即为概要之言。

在《与一阳子潘太初》中，陈致虚将“阴阳”两字说得更为明白：

> 人身亦然，自少而壮，壮必衰，壮为阳，而衰属阴。逮乎有阴极，则阳气欲尽而散也。至人于此，则能体天地之道，以子为度，以日为符，以癸为候，以月为则，以汞为阴，以铅为阳……纳此真铅于离之中，配以离之真火，煅炼成丹，故曰金丹。则金丹者，无外乎坎离二物。且坎离为何物？要知只是两个真阴真阳而已。是知金丹之道，不外乎阴阳也。当其一阳初至，虽一身皆阴，而一阳自外来，彼一阳反为之主矣。

陈致虚说，阴阳两气皆在自身，少壮时以阳气为主，衰老时以阴气为主，如果能够参悟天地阴阳的变化道理，则可以将垂暮之身修炼为真阳之身。根据这一点，可以推知他传道于欧阳玉渊及周草窗的实质性内容。又《与玄阳子欧阳玉渊》云：

> 上阳子语以天仙之道，并以长生之术而授之也……故

> 阴极则为坎,阳极则为离,是坎中有一阳之气,而离中有一阴之精。天仙之道,以坎离为之主也。长生之术,以坎离为之用也……夫坎雄为金精,离雌为真火,取坎中之金精而降于离宫,以离宫真火而煅炼之,是云颠倒阴阳之术也……是以坎之雄而补离之雌者,谓之天仙也……玄阳子研乎几之妙,极乎探之旨,密而行之,勤而修之,则由长生之术,以入天仙之选者,其玄阳子乎!

《与复阳子欧阳玉田、全阳子周草窗》云:

> 今吾命玉田曰复阳子、草窗为全阳子,岂无旨乎?盖大修行人,以其不全而图其复全也。世之千蹊百径,俱不能复而全之,唯金丹之道可以复全。复者何也?要我真阳之复归也。全者何也?要我真阳之纯全也。牵将白虎归家养,复阳也。产个明珠似月圆,全阳也。阳复则有火候,阳全则有脱胎。金丹之道,其斯之谓欤。虽然,其要又有三焉:口诀而心传者,一也;决烈而勤行者,二也;以定而制动者,三也。口诀之心,传之既尽,我之真矣。决烈勤行,定以制动,则在乎二子之用功耳。

这两段论述,对了解陈致虚在庐山传道的内容亦有参考价值。

陈致虚在赣北、庐山传授的弟子,或为出家之人,或为年老之人,或为理学之士。要想出家人改习阴阳双修之术,恐怕要费一番周折;而年老之人,对这种双修也未必有多大兴趣。更重要的是,理学之士是典型的禁欲主义者,如果没有以往的生活基础,突然接触这种道术,定会掉头而走。事实上,陈致虚在庐山传道时,还极力结合了理学的心性修养思想。如欧阳天璹《金丹大要》序云:

> 所谓月现庚方,西南得朋,金归性初,杳冥有信,依时采取,三性会融,赤水玄珠,得之罔象。当斯之时,至愿毕矣。夫穷理尽性,以至于命,长生久视,而命在我《大要》之作,其老、易之津涉乎。噫,将外老、易而求之,奚言道。

把穷理尽性和内丹修炼结合起来,这是陈致虚在庐山传道所必须采取的方法,否则他就不可能收录那么多弟子。

第三节 内炼心性、外行法术的道士

金元之时,全真教盛行天下,给道教带来了深刻的影响,但南方道教的固有传统也并未断绝。从六朝以来流行于南方的道教法术,在新的历史背景下也就和内丹修炼结合起来,由此出现了各种内炼与法术结合的道教派别。这些教派的出现,也与蒙古统治者的喜好有关,当时有些道士,就以此类法术取宠于帝王。这一时代风气,也在庐山道教中体现出来。

南宋时,白玉蟾将内丹的修炼与雷法的运用结合起来,强调在内炼的基础上运用雷法,召摄雷神将吏。他曾为雷法的重要著作《九天应元雷声普化天尊说玉枢宝经》作注。嘉定八年(1215)至嘉定九年(1216),白玉蟾在武夷山冲佑观主持了一次雷法的传度仪式。在仪式中，其弟子及参加者均以雷法神职人员的身份出现，如"上清太华丹景吏神霄玉府西台令行仙都风雷判"彭耜(号鹤林)等。白玉蟾《又与彭鹤林书》云：

> 鹤林真人贤高弟：春事秀妩，水暖花香，在途粗适，无烦介念。去年迫于除夕，遂即笔架山过，今正旦于是申奏诸天祭飨诸神，已于当日忝受"九天应元雷声普化天尊"门下纠录典者，签押雷霆都司鬼神公事，仍受上清驱役鬼神宝印印文纳上，至可收置治靖也。今老者过自康庐，若无所见闻，且莫发书，恐有浮沉，秋末冬初断可再会。《雷霆玉经》想已刊了，可施十本，以传江西之士①。

文章提到的《雷霆玉经》，即《九天应元雷声普化天尊说玉枢宝经》。白玉蟾要彭鹤林刊行此书并散发给江西的道士，可见他曾大力在江西传播雷法。庐山太平兴国宫是白玉蟾重要的传道基地，因此从他开始这里也就出现了雷法。

雷神信仰产生于民间，道教吸收并加以改造，创造了以"九天应元雷声普化天尊"为主神的雷部诸神，这些神灵成为两宋时神霄雷法的信仰基础。九天应元雷声普化天尊执掌五雷，乃众生之父，万灵之师，掌握生杀大权，专门惩处恶人，如白玉蟾《九天应元雷声普化天尊玉枢宝经集注》说他是三界之尊，十方之灵，统三十六天总司。按《庐山太平兴国宫采访真君事实》云："九天司命者，万物受

---

①《海琼白真人语录》卷四，《道藏》第33册，文物出版社、上海书店、天津古籍出版社，1988年，第138页。

生之真宰也。九天丈人者,众真景德之宗师也。九天使者,监御万灵之贵神,巡察三界,赏善罚恶之总司也。”比较起来,这个雷神等于把“九天司命”“九天丈人”“九天使者”的不同功能揉到一起去了。大约因为白玉蟾等人的推崇,“九天应元雷声普化天尊”也被引进了太平兴国宫,而且颇有些喧宾夺主的味道。如《事实》记载,吴人周举于建炎元年(1127)自京师归乡里。是时贼寇遍地,群盗四起。忽遇星冠羽衣人曰:“子明日死于兵难,若能诵十字经,可以免死,解冤延寿。”周举跪地以请,羽衣人曰:“九天应元雷声普化天尊,乃十字经也。”拜而受之,羽衣人倏忽之间便消失了。明日果然遇盗,被追逐于林间,窘迫之际,赶紧念起“九天应元雷声普化天尊”来。声音刚出口,雷声大震,群盗惊走,遂得脱难。这是一则雷神的灵验故事,《事实》将它当做九天使者的故事收录进来,显示了雷法在太平宫的传播痕迹。

宋元之际,雷时中行“混元法”,对以往的天心正法、雷法均有所继承又独树一帜,产生了巨大的影响,从此混元派成为天心派的一个大支派。

《历世真仙体道通鉴续编》卷五记载,雷时中(1221—1295),字可权,号默庵,先世为豫章人,后家于武昌金牛镇。自幼习辞赋,通诗经,精心道学。与九江吉甫有亲,因已未、庚申之难(指1259年蒙古军攻鄂州,南宋割让长江以北的土地),全家往九江依吉甫而居。甲子岁(1264),随殿帅往太平宫斋醮酬神,夜宿太平宫之听雨轩:

> 是夕,本宫知宫亦梦采访真君。告曰:“来日午刻可精严祀事,五百灵官中有一灵官亲降于坛炷香。”次日午朝,

> 殿帅谓师曰："我困甚，师可代烧香。"及至坛中，知宫大骇，方知师五百灵官中人也。后知宫白于师，师愈留心道法，绝念功名。

之后，雷时中复回金牛镇，专心朗诵《度人经》。后来有一道人给他授书一卷，名《混元六天如意道法》。于是雷时中兼习之，"常论《度人经》旨以开后学，其要在十回度人，非惟十遍可以度人。乃在平日修炼自己，以究返还之妙。"著《心法序要》《道法直指》《原道歌》，皆阐述"混元道化之妙"。

雷时中的道法理论主要由两部分构成：一部分是得自于庐山太平宫的《度人经》，一部分是不知来历的《混元六天妙道一气如意大法》。《度人经》体现了其道法的目的，即度人、救人；"混元法"则体现了其道法救人、度人的具体手段，简言之是招致鬼神，实施法术，济困扶危。如何才能招致鬼神？靠炼气、行气实现。气在何处？气是先天祖气，人人皆有。雷时中《修炼直指》云："夫修真之事皆是自己本真，非他外物而成者。其修炼亦自然之功，更不劳心费力。"又云："圣人设教，千经万论，莫不教人收心养气。总而言之，不过拘制魂魄而已。"这种说法，显然与内丹修炼类似。当然，雷时中所说的气，在一定程度上也类似于理学家所说的"正心诚意"，带有较浓的道德伦理色彩。南宋之时，庐山太平宫道士普遍修习《度人经》，自从白玉蟾传道庐山之后，内丹修炼已很盛行；而自从朱熹兴复白鹿洞书院之后，庐山一带理学大行。因此雷时中在太平宫综合吸收了《度人经》、内丹修炼、理学以及天心正法、雷法的一些特点，基本奠定了混元法的理论框架。

元朝庐山有道士薛季昭，任职道官，字显翁，号坦然子，著有《元始无量度人上品妙经注解》三卷，题为“九江冰湖野人薛季昭显翁注解”，收入《道藏》。卷前有薛季昭上表，时在元成宗大德七年(1303)，称“参诸老之玄谈，集成一家”。卷末收录《虚玄篇并序》，作于至大元年(1308)九月，又有薛季昭劝诵《郁罗萧台元始宝诰》之辞，题于延祐三年(1316)。可知薛季昭主要活动于元朝中叶。书后有大德七年乙巳(1305)李月阳跋：“冰湖薛显翁参注释经，接引初机。邦士大夫蔡翔夫怜其苦志，与之绣梓，大德乙巳，经板告成。”

两宋之时，庐山太平宫道士多诵习《度人经》，因此薛季昭应为太平宫道士。其师承远接北宋神霄派，近续宋元之际的雷时中。

薛季昭《郁罗萧台宝诰纪元》引《神霄录纂要》叙述宋徽宗时林灵素、张继先、徐知常、王文卿等人亲见天降“郁罗萧台”四字之事，王文卿说：“汝可洗心投诚，忏悔至诚，皈向称扬宝诰，上可祈晴祷雨，下可保国宁家，为己为人，增福延寿，禳灾度厄。”又作《进元始宝诰表》，说：

> 致蒙双桥雷真人梦授不言之旨，玉枢辛天君光降虚玄之篇。乃不自揣，昭以使昭，集注《灵宝度人经》之妙义，开述《度人经》中《三界进指掌图说》，并诸经诰道法分章音注，及解释《金刚》《华严》诸佛经义，以劝读诵，无非体古之君子与人为善之心。

王文卿为北宋神霄派创始人，“神霄”之名，即来源于《灵宝无量度人上品妙经》。据《冲虚通妙侍宸王先生家语》，王文卿，字予道(或曰字述道),号冲和子,江西南丰人。其神霄派以传习五雷法为事,谓行此法可役鬼神,致雷雨,除害免灾。这是神霄派区别于其他道派的主要特点,其理论基础是天人感应与内外合一说。谓天与我同体,人之精神与天时、阴阳五行一脉相通,此感必彼应;而其基础又在于行法者平时的内修(内丹修炼),行法者功深厚,风云雷雨可随召而至。宣和四年(1122),宋徽宗曾遣使具礼延聘王文卿至京。王文卿奏对玄化无为之道,筑雷坛驱治皇宫邪祟,受封"冲虚妙道先生"。薛季昭上表中说:"臣季昭等是凡夫,好参玄窍。师传心印,帅显雷坛"。雷坛正是神霄派道士作法之坛。

薛季昭《进元始宝诰表》提到"致蒙双桥雷真人梦授不言之旨",《虚玄篇并序》则自称至大元年(1308)九月一日,宿于先天坛,夜梦普济一气真人老祖师雷默庵曰:"先生之名在神霄玉府,阐化之功与老夫相亚……天君即日有《虚玄篇》赠汝。"后薛季昭于重九之日出南关,"过谷神庵鲍明甫学真坛内,忽见香炉中有光感,天君于光中果现此篇,赐通玄阐妙青灵开教宗师薛季昭。"可知薛季昭又师承雷时中(默庵),直接传授其道旨者为谷神庵鲍明甫。谷神庵,或即康王观,因五代道士李谷神于此修炼而得名。《历世真仙体道通鉴续编》记载雷时中,字可权,号默庵,"后家于今湖广之武昌金牛镇,所居溪水回环,东西二桥,故又号双桥老人",故"双桥雷真人""雷默庵"即雷时中。雷时中去世于元贞元年(1295),薛季昭或曾得其亲授,但故意神化其辞,托之于梦。雷时中劝人诵习《度人经》,行天心正法,据薛季昭所学来看,这一派实由北宋的神霄派演变而来。

元朝朱思本有《故保和通妙宗正真人徐公行述》,作于至治元年(1321)七月,是年徐懋昭去世,年八十二。徐懋昭字德明,弱冠不乐娶妇而远游,拜龙虎山上清宫通真观妙玄应真人张松隐为师。张见其风骨不凡,命礼玄教大宗师张留孙为师。数年学成,宋咸淳四年戊辰(1268)着道士服。既而游衡、庐名山,遇异人,授异书,能"役鬼神,致雷雨,弭灾沴",所至人们争相迎候,唯恐不及。后隐于仙岩山,建仙源观。元大德年间,制授提点常州通真观事,锡号保和通妙崇正法师。皇庆元年(1312),制加保和通妙崇正真人,仍主通真观①。袁桷《通真观徐君墓志铭》、黄溍《龙虎山仙源观记》都记载了他的生平事迹。徐懋昭的"役鬼神,致雷雨,弭灾沴"之术,也与庐山太平宫有关。

朱思本(1273—约1333),字本初,号贞一,临川(今江西抚州)人。自幼熟读经史,厌弃世道混浊,入龙虎山为道士。大德年间至大都,初师事玄教大宗师张留孙,留孙死后,协助玄教大宗师吴全节管理江南道教。至大四年至延祐七年(1311—1320),奉命代天子祀五岳四渎,周游南北,足迹遍及今华东、华北各省,著《舆地图》两卷,为地图史上的杰出作品。至治元年(1321)曾主持江西玉隆万寿宫。朱思本善诗文,与文坛名流虞集、范椁、柳贯、袁桷、许有壬等交往甚密。著有《贞一斋诗文稿》两卷。

朱思本有《游庐山记》,叙述他三次到庐山的经历②。延祐三年(1316)冬,朱思本行役江淮,舟过浔阳,"释舟至太平宫,因访董仙种杏坛,拜有道心渊师"。时庐山积雪阴霾,不暇周览,朱思本在这里住了两个晚上便离开了。这篇文章表明他曾师从庐山太平宫道

①李修生等:《全元文》第31册,凤凰出版社,2004年,第397页。
②李修生等:《全元文》第31册,凤凰出版社,2004年,第394页。

士桂心渊。

至治三年（1323）冬，朱思本复游太平宫，住了十多天，与太平宫道士符鹤皋踏雪游览庐山，所游览的道观有清虚观、康王谷景德观、灵溪观三将军祠、简寂观等，并作有《圣治太平宫神龙记》，记载了至治二年（1322）七月十二日夜半发生于太平宫的一桩奇异之事：

> 宫之东山，相距可十里所，有龙出焉。破仙公塘，并北山，缘涧而西，过深秀堂。欧阳道士方寝觉，山水骤至，室中汩汩有声。抚床，水已及席，亟揽衣起，将呼同居人走避，忽睹窗外红光绚烂如昼，流黄气袭人。欧阳心知其龙也，即屏息立水中。俄顷，光灭水退，又西过云无心堂。堂之北，叠石为墙，甚坚壮，至则彻底冲决。又西坏墙壁，经漆工万荣甫兄弟寝室中，觉水及肤，如温汤。方惊起，有物若巨木拂床而过，红光闪烁，夺人目睛，瞬间已在户外。异香芬馥良久，又过斋堂后，循檐而西，檐十楹中一柱独摧毁，意其微转身所触也。又过一空屋，坏东西壁而出，逾竹林，则及涧中矣。旁一室有锻者胡道士，奉母偕寝其中。暴涨及席，窗外红光，皆如欧阳所见。又西至宫前，过朝真桥涧南，酒家篝灯未灭，儿啼咿嗄。遂违而北去，经田中，曲折复西，乃入大溪。明日，视所经行，草木咸无所伤，惟流黄气，经日不散。

朱思本力陈此事为欧阳道士及其师桂心渊所见，真实无妄，但“方今天子龙飞，异人间出。吾知夫是龙之瑞之应，贤主人宜当之，见宣室承龙光不远矣”之语，分明别有所指，隐含了元朝要灭亡的预言。这个故事应当是庐山道士根据天心正法演绎出来的，隐约反映了这种法术在太平宫的流行情况。

泰定二年(1325)秋八月，朱思本又到庐山，游览了寻真观，之后道人王一山接待了他，再游览吴章山昭德观。复到太平宫，“会道人熊观静、涂洞观、符鹤皋抵掌话旧。”此外，朱思本还有《送罗道士归九江》：“老桂吹香万里秋，折枝为别意绸缪。庐山有鹤迎归佩，章水无风送客舟。松菊故园陶令宅，江山陈迹庾公楼。何时与子同清赏？却忆西林话旧游。”又有《送数学柳茂林序》，可见庐山易学之一斑：

> 异时予客京师，公卿间言数学，必以长沙鲁叔宁为称首，予不及知也。薄游庐山，邂逅清江柳茂林，实为叔宁高第弟子，推人穷通，言辄奇中。予于豫章天慵熊先生赠行诗序知之，天慵为江右儒宗，与许其言，信而有征。然则茂林虽未得比肩麻衣辈，亦见叔宁家学有传矣。

詹玉，生卒年不详，字可大，号天游，元凤林书院编《名儒草堂诗余》卷上称他为古郢(今湖北江陵)人，《元史·崔彧传》称他为江西人。至元间历除翰林应奉、集贤学士，乃桑哥党羽。桑哥败，为崔彧劾罢。有《天游词》一卷。

《元史·崔彧传》记载崔彧于至元二十九年(1292)上奏：

> 江西詹玉，始以妖术致位集贤。当桑哥持国，遣其掊

核江西学粮,贪酷暴横,学校大废。近与臣言:撒里蛮、答失蛮传旨,以江南有谋叛者,俾乘传往鞫;明日,访知为秃速忽、香山欺罔奏遣。玉在京师,犹敢诳诞如此,宜亟追还讯问。

《元史·隐逸传》:

危复之,字见心。宋末为太学生,师事汤汉,博览群书,好读《易》,尤工于诗。至元初,元帅郭昂屡荐为儒学官,不就。至元中,朝廷累遣奉御察罕及翰林应奉詹玉以币征之,皆弗起。隐于紫霞山中,士友私谥曰贞白先生。

詹玉在至元二十九年(1292)以前曾任翰林应奉、集贤学士,然而他起家的资本却是"妖术",表明他曾经是一个道士,取悦当权者之后进位翰林应奉。其词《八声甘州》正表现了入仕之时的得意之情:

从黄石容履一编书,曾佐汉王关。甚殷勤佳约,茹芝人共,引鹤差鸾。借手便成羽翼,方略正如闲。说道赤松去,还在人间。　　紫绶青春如许,是南辰尊宿,北斗天官。问沙堤早晚,喜色满长安。传宣能勾凤诏,便玉除前面领仙班。功名了,却茶烟琴月,慢慢东山。

此词以张良佐汉自喻,既显示了詹玉入仕的情况,也表明他以前是一个道士。詹玉又有词《霓裳中序第一》:“至元间,监醮长春宫,偶见羽士丈室古镜,状似秋叶,背有金刻宣和御宝四字,因感而赋。”大都长春宫为全真教总部,詹玉以翰林身份监督道士斋醮,表明他此前精通此类事务,故而可以监督之。

詹玉被崔彧弹劾落职,便重操旧业,依然做起了道士。《庐山志》收录有元朝詹玉的《洞仙歌·重游太平宫》,有“旧游何处,有青云随步”以及“锦袍流浪久,老却庐山,竹下泉声说今古”等语。词的题目称为《重游太平宫》,可见他以前曾到过太平宫,或者就是庐山太平宫的道士,或者出仕以前在庐山修道。此外,他还有《水调歌头·登紫霄峰》,说“落魄半生诗酒,自在一襟风月,知我者庐山”,并准备“采黄精,煮白石,勘元关”“长啸上天去,直赴紫薇班”。说明他落职若干年之后,又到庐山做起道士来了。

揭傒斯有《送詹尊师归庐山》:“香炉峰色紫生烟,一入京华路杳然。云碓秋闲春药水,雨犁春卧种芝田。书凭海鹤来时寄,剑自潭蛟去后悬。忽报归期惊倦客,独淹微禄负中年。”揭傒斯(1274—1344),字曼硕,龙兴富州(今江西丰城)人,元代著名诗人,延祐元年(1314)由布衣授为翰林院国史编修。此诗应作于延祐元年以后,时揭傒斯四十余岁,称“独淹微禄负中年”是合适的。如果这个詹尊师即詹玉,则詹玉在至元二十九年(1292)被褫夺集贤学士一职之后,尚于大都任道职二十多年,直到元仁宗延祐元年以后才归老庐山。

崔彧说詹玉以妖术入仕,表明他所习的道法也是天心正法之类。方回《桐江续集》卷二十五有《醉赠宗阳寓居九江道士胡虚白祈雨感应》:“欲血蛟螭出太阿,已翻银汉下天河。筑场预觉人人饱，赛社应闻处处歌。弹指三声轰霹雳，张颐一喷响滂沱。何曾别有神仙术，止是精神感格多。”这个胡虚白，用法术招致风雨，也应当是天心派道士。

林灵真（1239—1302），元代东华派主要传人，人称水南先生。温州平阳（今属浙江）人。所传弟子甚众，“在州里不下百余人”，其“派孙有庐山钟岳于公”等人①。派孙庐山钟岳于公，或为于立。于立（？—1341），字彦成（一字彦威），号虚白子，据元顾瑛《草堂雅集》，为南康之匡庐人，博学通古今，善谈笑，以诗酒放浪江湖间，学道于会稽山中，得石室藏书，与顾瑛友善，于玉山草堂有行窝，著有《会稽外史集》。他有《送景初漕史还平江各赋一诗寄吴下诸友》：“匡山道士躯干小，豪气直压香炉峰。池边咒剑出金虎，峡顶放船飞白龙。老我每推诗俊逸，何时相见话从容。散仙万一烟尘外，为报巢云若个松。”诗中所云“池边咒剑出金虎，峡顶放船飞白龙”，颇似东华派之法术。

总之，在元朝统治者喜好鬼神之事的情况下，两宋时在庐山已经衰落的天心正法又有抬头的趋势。道士修习这些法术，当然是为了获得生存的资本；但在理学风气、内丹修炼已经大盛的情况下，他们又必须把这些法术和内炼之功、心性修养结合起来，因此出现了一些新的道教流派。这种折中，多少有些无奈，随着元朝的灭亡，这一类教派也不再盛行于世。

元朝之时，南宋道士杨权得到九江民众的崇拜，香火很旺。同治《德化县志》引《九江府志》云：

---

①《水南林先生传》，《道藏》第7册，文物出版社、上海书店、天津古籍出版社，1988年，第20页。

杨权,字正夫,盱江人。自少聪颖不群,闻张真牧有道行,往从之,真牧授以"九返"之术。将别,嘱曰:"逢江莫行,至泥则止。"庆元乙卯,舟次九江泥沱嘴,始悟,临津结茅,日施符水。时城中大疫,饮其水者辄效,远近慕之。嘉熙庚子二月语其徒曰:"吾于教门开化之事略备,尔等勉旃,吾归矣!"留颂而逝。咸淳中封通慧孚惠真人。(据吴宗慈《庐山志》)

杨权的师父张真牧,即南宋道士张道清。《历世真仙体道通鉴》记载,张道清(1131—1207),字得一,号三峰,在庐山遇青城山道士皇甫坦,结忘年交。张道清有《中都晤皇甫坦赠句》:"久恋帝乡春,虚名空系身。何从青嶂里,认取自家真。"皇甫坦则有《答张真牧见赠》:"纶音飞下九重天,此意他年君亦然。正是蝶飞蝉脱后,金倾玉镂胜生前。"张道清死后,被皇帝敕封为"真牧真君",故称张真牧。张道清是九宫山道教的开创者,《湖北通志》卷六记载:"张道清修真于此,仙蜕存焉。宋宁宗敕建钦天瑞庆宫,元至正间建妙应殿,来往者众,遂为吴楚通衢。"①

张道清受学于皇甫坦,其行为风格亦酷似皇甫坦。宋理宗有《题张真牧像赞》:"睡则无梦,觉则无忧。心非是用,气与神游。逍遥物外,于我何求!"②可知张道清注重修炼真气,与皇甫坦类似。皇甫坦曾为光宗之后李氏看相,《宋史·方技传》:"荆南帅李道雅敬坦,坦岁谒道。隆兴初,道入朝,高宗、孝宗问之,皆称皇甫先生而

①《湖北通志》,台湾京华书局,1967年,第188页。
②《通山文史》第六辑,第34页。

不名。坦又善相人，尝相道中女必为天下母，后果为光宗后。”然而元朝佚名撰《宋史全文》记载宋光宗绍熙元年（1189）史实时，却将此事归于张道清名下：

> 立妃李氏为皇后，后父道拜庆远军节度使，赠太尉，谥忠毅。先是，道为湖北帅，有九宫山张真牧至其第，道命诸女拜之，其中女慈懿后也。真牧见之，惊曰：“此天下人母，我奈何受其拜邪？”人皆以为狂，道心独喜。孝宗在潜邸，闻是语，即为上聘之。时庄文太子钱妃之妹同选入宫，中外皆心拟钱氏而后定选。隆兴二年，封荣国夫人。郊礼成，进封定国。乾道七年，王为皇太子，立为太子妃，至是正位号，卒如张真牧之言云①。

《宋史全文》多称蒙元军队为“鞑”“虏”“北哨”“北骑”，显系元朝早期所撰，其中又保存了大量原始文献，故而应当比《宋史》可靠。两种文献分别将此事归于皇甫坦、张道清名下，必定有一者是错误的，但也可以说明两人行事风格极为相像。

杨权学道于张道清，行道于九江城侧的泥陀嵛。元朝庐陵人刘岳申《寿圣观记》云：

> 元有天下，嘉惠黎庶，怀柔百神。凡前代所以为民事神者，有举无废。唯九江有江湖之险，而寿圣观祠通慧真

①佚名撰：《宋史全文》（下），黑龙江人民出版社，2004年，第1949页。

> 君为盛。真君姓杨,名正夫,始家临川,尝游襄汉,遇异人。当宋庆元乙卯,诛茅结屋九江之泥陀嵴,救民水旱疾疠之灾,江湖河汉之厄,次第众建道院。嘉定初,赐观额,封通慧先生。咸淳甲戌开,观毁于火。皇元大德乙巳,始建殿。皇庆癸丑,观门建桥。延祐甲寅,藏殿而下以次成。戊午改封真君,加以孚惠仁祐徽称。泰定丁卯,玄武殿成。元统癸酉,三门成。凡民事神,与国家从民之欲者备矣。九江张鉴、赵某,为士请记庐陵①。

泥陀嵴在九江城西的湓浦港侧,《永乐大典》引《江州志》:"寿圣观,在湓浦。"引《九江志》:"寿圣观,在城西通慧坊,湓浦港畔。"②《古今图书集成》山川典第139庐山部:"寿圣观,宋庆元间杨权建。"李修生主编《全元文》据别本收录刘岳申《寿圣观记》,称"真君姓张",疑误。杨权于庆元乙卯(1195年)在九江修道,恰逢当时瘟疫大作,他以符水救人,全活甚多,因此深得百姓崇拜,于是建造寿圣观及众道院,宋宁宗嘉定初,赐观额,《永乐大典》引《江州志》:"宁宗御书寿圣观额赐本观。"③封杨权为"通慧先生"。宋理宗嘉熙四年(1240),杨权去世。到宋度宗咸淳年间,又封为"通慧孚惠真人",咸淳十年(1274),寿圣观毁于火。次年正月,江州守吕师夔投降元军,对杨权的崇拜遂告消歇。元成宗大德九年(1305),寿圣观

①《永乐大典》卷六六九七,引《九江府志》,见《永乐大典方志辑佚》,中华书局,2004年,第1724—1725页。

②见《永乐大典方志辑佚》,中华书局,2004年,第1587、1706页。

③见《永乐大典方志辑佚》,中华书局,2004年,第1572页。

得到恢复,此后次第有所兴建,香火大盛,直至元末。

刘岳申在《寿圣观记》中也表现了对这种崇拜的不满,借题发挥讽刺了乱象丛生的政治:

> 昔者圣人治天下……天清地宁,海晏而不波,河翕而不泛。民生其间,不知帝力。其后德衰,灾害并至。始有盲风怪雨,旱乾水溢。其后德愈降,灾害愈至。有民社者,不足御灾捍患,而一切听于神,物怪神奸,愈益众矣。
>
> 于是为政者,不知先成民而后致力于神,为士者不知修身以事天,为民者不知迁善以远罪,其来久矣。使又无明神以御灾捍患其间,民将若之何?昔人有言:吾其鱼矣!呜呼!甚矣难乎其为后世之民也。

元末江州战乱,寿圣观当亦毁于兵火,此后不再见于记载。

第四节　栖身道门、游心老庄的文人

元朝之时,儒学虽然得到尊崇,儒士却得不到重用,在以蒙古人、色目人为主的政治体系中,文人的地位远不如两宋时期,兼之在重实用的政治环境下,文人的表现也很逊色,故而多沉沦下僚。这种情况,促进了文人与佛道的交往。在元朝的庐山道士中,黄石翁是一个典型的文人化道士。

黄石翁,字可玉,号松瀑,南康人。世代为儒,家住庐山下。少儿时疾病缠身,父母强迫他入山为道士,意图让他“学老子道,志于寿”，通过修习养生术改变身体状况（袁桷《黄可玉哀辞》）。所居之处，多唐宋旧迹。但入道之后，疾病还是反复发作，每次发作均不能自已，过后危坐若思。有时客人来辩论荣辱名利之事，黄石翁闭目不答，客人很不满意，因此他便自号“狷叟”。死时年近六十，曾自作墓志铭。著有《清权斋内稿》，刘将孙、赵孟頫为之作序，未见流传。

刘将孙《清权斋集》序云：

> 松瀑黄可玉，庐山西坡先生家也，犹及接于古心昭文。家庭问学之趣，文献典型之存，怀抱至一之性，感慨蒿目之悲；其景景者，凄其诸葛之望；其佽佽者，薇歌之不任。四方上下之无足以怀，而托之此也。往从吾先君子讲悟，期之为太玄之一足……抑屈折于文字，不得不俯仰低郁而掩抑者，亦在是矣。

吴师道《赠黄伯庸序》云：

> 至大中，黄公可玉在杭时，友人寄余诗一卷，中有公名字，恨未及识，尝赋以道意。后益见其诗文，闻已即世，意尤恨。

黄石翁之父，名黄子麟，字麟卿，“不为郡守草降表，不食学廪粟，以狷介称”。黄石翁有子黄伯庸，陪同吴师道游览庐山，邀请吴师道为其父的诗文作序。“不为郡守草降表”指南宋灭亡时，江州守将吕师夔投降元军,黄子麟自认理学世家,不肯屈就,南宋灭亡之后,亦发誓不食官家提供的粮食。黄子麟强迫黄石翁入道,根本原因在此,养生为次。故而刘将孙说黄石翁"怀抱至一之性,感慨蒿目之悲",颇有遗民的风范。

黄石翁的生卒年,约略可知。袁桷《黄可玉哀辞》说他死时年近六十,当为五十九岁。《黄文献公文集》卷六有诗《至大庚戌(1310)正月二十一日,子与儒公禅师谒松瀑真人于龙翔上,方翰林邓先生适至,予为赋诗四韵,诸老皆属和焉……》,著名道士杜道坚的《通玄真经缵义》有黄石翁序,作于至大三年庚戌,称"余故标记范师友之所受于篇端以俟",题为"至大庚戌仲夏庐山道士寓南真馆黄石翁序"。可知黄石翁至大三年尚在世。《吴礼部集》卷八有《至大庚戌,黄君晋卿客杭,与邓善之翰林、黄松瀑尊师、儒鲁山上人会集赋诗,今至正辛巳(1341),晋卿提举儒学,与张伯雨尊师、高丽式上人会,再和前诗,上人至京以卷示,因写往年所和,重赋一章》,又有《赠黄伯庸序》称至大间在杭州与黄石翁见面之后,未及相识,黄石翁已经去世,因此黄石翁大约去世于至大四年(1311)或元仁宗皇庆初年(1312),约生于宋理宗淳祐末年(1252)。

黄石翁在庐山入道,当在南宋灭亡之初,大德年间的活动则多见于杭州。他在杭州寓居甚久,曾为钱塘道士马臻《霞外诗集》作序。马臻《霞外诗集》卷十有《和黄瀑翁寄吊龚岩翁画马诗》说:"大德丁未,黄瀑翁寄《吊龚岩翁画马诗》,因路云溪过江西访李鹤田,请同赋。明年路云溪回杭,瀑翁首出此卷索和章。"龚岩翁即龚开,南宋遗民,著名画家。李鹤田,江西吉水人,宋末曾官秘书省正字,入元不仕,长期居住杭州,与汪元量等为诗友。

在杭州时,黄石翁为龙翔宫道士。《珊瑚木难》云:"王顺伯本,第一跋是王黼。顺伯名厚之,号复斋,有《金石录》。家藏石刻、钟鼎、篆籀、鉴铭、泉谱侔内府,其家兵后不废。近岁丁未饥,越新昌尤惨,遂悉散落。始归于龙翔道士黄石翁,黄秘不示人。后有顺伯为浙西提举时,携入秘省,诸贤题名皆有,其最著者楼宣献、刘文节。今亦归张氏。"①丁未为大德十一年(1307)。《黄文献公文集》卷二有《同儒上人谒黄尊师于龙翔上方,修撰邓公适至,辄成小诗用纪盛集》,亦可证之。

陆友仁《砚北杂志》说黄石翁喜欢古书古玩,曾有诗云:"历落求奇迹,丁宁问异书。"又云:"石刻披秦篆,铜章验汉官。"他有不少观书、观画的题跋,散见于各种书画典籍中。

黄石翁与文人士大夫多有交游,善诗能文。邓善之说他的文章如"古训诫",有拟古的习气。《元诗选》收录他的《松瀑稿》,如《望云》:"望云云气深,入云云气浅。亦欲入深云,不知云近远。"尚有一种空灵秀丽之气。

黄石翁崇尚老子清虚无为之道,对符箓科范之类没有多大兴趣。《砚北杂志》记载庐山道士黄石翁之言曰:"寇谦之、杜光庭之科范,不如吴筠之诗。吴筠之诗,不如车子廉、杨世昌之酒。何则?渐自然。"又为著名道士杜道坚《通玄真经缵义》作序云:

> 先生于此事异而同,其功名高而不享其富,则所得于计然之书者,岂在文字章句之末?去之千载,真有若合符

①卢辅圣主编:《中国书画全书》第3册,上海书画出版社,1993年,第397页。

契者焉。独恨名卿大夫知先生者多，登门问道不少，乃未能尽用其说，如古人之谋国，其信道之末焉欤？山林之士，不忘斯世，肉食其忘之欤？不然，所以尊吾老子之道者，何所为而然也。

颇能见其崇道而未忘用世之心。袁桷《黄可玉哀辞》记载黄石翁曾说："曼容夸节，支离不能也。平世易足，吾何为乎是？空岩隐穴，廓然契领。至则曰：游声养名，非士之实。跻而望之，去圣逾远。"黄石翁自认是残疾，不得已而入道，也不以虚名为高。文章又说"余来京师，报书言茅山陶公《黄庭》出，可急购，购成当同议中黄毕法。未几，竟以疾死。呜呼！可玉言：'几六十，死矣曷哀也已！学老子道，志于寿，余不志耳。'"《茅山志》卷三十二收有黄石翁的《暮春计筹山中寄句曲山人》，或即到茅山索书所作。从这一点可见他并不怎么关心道士的修炼之道。

在"元诗四家"中，虞集、揭傒斯都与庐山道士有密切往来。

著名诗人虞集，于元英宗至治二年(1322)游览白鹤观，作有《白鹤观》诗：

白鹤山人如鹤白，自抱山樽留过客。要看修竹万琅玕，更对名花春雪色。山樽本出山下泉，过客醉去山人眠。客亦是鹤君莫笑，重来更待三千年。

虞集尚有《白鹤观记》，叙述了白鹤观的兴废历史，也提到至元二十四年丁亥(1287)道士王可晟、余德忠、吴德显、陈德兴、余汝南修复白鹤观的事情,“其钟楼、经藏、廊门之属,稍加于旧者,相迎道士也。”可见白鹤观在元朝略有修葺,不过总体上来看,并不兴盛。《元诗选》癸集收有浙江新昌人盛景年的《白鹤观》:“幽境松竹清,人行阴露滴。独犬下阶眠,一妪当门绩。旌幢高殿闭,钟磬虚堂寂。道士不相逢,蛛丝悬素壁。”就描绘了它的冷落之状。

揭傒斯有《送叶道士还庐山》:“揽智谢天械,先机援道枢。朝辞太乙宫,长啸归匡庐。天宇清荡荡,黄鹄声相呼。下视五老峰,颠倒彭蠡湖。安知玉京人,本自紫霄徒。旷然忽不见,令人生白须。”此外尚有《庐山连尊师求真阳诗,久诺之而未作,一夕梦中得之,因书以赠》等。其中叶道士、连尊师皆不详。

马祖常《石田文集》卷四有《送庐山周道士》:“崆峒移得三珠树,独向江边种未成。南国祗应仙露少,却来天上泻金茎。”张翥《蜕庵集》卷三有《送匡山王济远、朱弘道南归》,云“好在丹房保玄极,九还金液待君成。”王济远、朱弘道也应当是道士。江苏昆山吕诚《来鹤亭诗》卷三有《题庐山道士云松诗卷》:“道人结屋云松间,白云为室松为阙。夜深骑鹤上天去,云在虚空松在山。”

上述诸人与庐山道士的唱和之作,皆体现了文人风雅与道家韵致的结合。又钱宰《煮雪轩记》提到西江汪季子,字文璧,南昌人,筑室于别墅,落成之日,大雪漫天,“适匡庐道士葛公子虚、九江浮屠无人过季子,相与谈玄。”则更加鲜明地体现了一种高雅而超凡脱俗的生活情调:

西江汪季子筑室于别墅。落成之日,玄云蔽江,朔风号寒,大雪布遥野。适匡庐山道士葛公子虚、九江浮屠无人过季子,相与谈玄。季子著银鼠帽狐裘豹袪,傲雪出迎客。既入席,命童子设宴,具爇炽炭,出醇酎,为二客御寒焉。酒半,季子索许旌阳烧丹灶、轩辕弥明煮茶石鼎,伐桂树枝,与二客蹑屐中庭,斫白雪,纳鼎铛瀹茗而煮之。火且炽,白雪旋化,若生银入冶熔而为玉液,若真铅九转变而为玄霜。一勺入口,神水上华池,灵水斯烈,白雪之英,清入肺腑,因名其轩曰"煮雪"。无人作煮雪偈;子虚作步虚声,歌阳春白雪之谣,其高洁之操为何如耶①!

这件事发生在南昌,参与者有庐山道士葛子虚、僧人无人,两人皆不可考。钱宰认为,雪中煮茶,配以道士炼丹之器具,极富风韵,可与王羲之雪夜访友相比。这种气韵,是文人扩展内心世界的体现,也是道教心性世界的一种展现,对明清文人有较大的影响。

元末著名文人危素,作有《江州路玄妙观碑》,可见江州玄妙观的活动:

至正十一年七月戊申朔,皇帝降玺书赐江州路玄妙观。观之学者王崇大,虔奉之以还,而来属素著其事于碑。……按崇大所闻,参诸郡志,观始于东晋。初名老君庵,在郡治之东北薛家坡,则郭璞所卜。唐开元二十年,作紫极宫,尝冶铜为玄宗像,侍玄元皇帝侧。宋祥符五年,改天庆观,建炎间毁于兵。入国朝,改今额。漕使、邦侯、武帅小

①钱伯城等主编:《全明文》第2册,上海古籍出版社,1994年,第190页。

大之臣祝厘于此,民之水旱疾疫者,亦祷焉。延祐七年,主山戢君复礼,新作通明殿。至顺三年,王君义敬新作斋堂。至元四年,王君之弟义昭作方丈室。六年,王君复作混元殿。至正四年,正一堂坏,住持提点詹君泰琼,请义昭之门人王道忠、詹复殷、詹复立出财更作之。若本命、舍田二祠,则六年欧阳道聪、李复璋作。□□、钟鼓二高楼,则十年今住持□德久、张泰德等作之。于是规制□□,栋宇穹峻,伟然神明之居,为一方之望矣①。

元朝的江州玄妙观,即宋朝的天庆观、唐朝的紫极宫。文章记载天庆观历史颇为详尽,可补其他史料之不足。又记载"唐翰林供奉李公及宋苏文忠公、黄文节公,皆以年四十有九而过斯观",可知李白游览紫极宫为天宝八年(749),苏轼初游天庆观为熙宁八年(1075),黄庭坚初游天庆观为元祐八年(1093),都有参考价值。

①钱伯城等主编:《全明文》第2册,上海古籍出版社,1994年,第393页。

第五章
从政治到人文：明朝分化的庐山道教

第一节 大明王朝的开国神山

明朝初期,庐山最为有名的道士是周颠仙,为其扬名的是开国皇帝朱元璋。朱元璋围绕周颠仙的一系列举措,使庐山成了大明王朝的开国神山。

朱元璋出身于贫困农家,沦落为游方僧,于至正十二年(1352)参加郭子兴的农民起义军,逐渐发展自己的势力,最终取得天下,建立明王朝。从参加起义到取得天下,朱元璋前后花费了十七年时光,其中以至正十九年(1359)到二十三年(1363)与陈友谅反复搏杀、最终彻底消灭陈友谅这一阶段最为关键。陈友谅占据长江中下游的要害之地江州,自称汉王,骁勇善战,兵多将广,屡次对朱元璋属地发动大规模的攻击,对朱元璋政权构成了致命的威胁,是朱元璋一生中遇到的最为强劲的一个对手。1363 年,朱元璋与陈友谅进行鄱阳湖决战,此次战役的惨烈程度超过朱元璋一生中的任何战役,最终以朱元璋的险胜而告终。无数将士之死伤,换取了朱元璋政权的稳定,造就了一批开国功臣,也使朱元璋与庐山文化产生了密切的关系,至今庐山及周边地区有数十处地名皆与朱元璋有关。

鄱阳湖大战中,朱元璋在军事谋略、政治策略上占有优势,但在军事实力上并无优势,甚至还处于劣势,因此他的胜利,带有一定的偶然性。这就使朱元璋相信,有一种神秘的力量在帮助他;而出现于此时的周颠仙,就与他心中的神秘感相遇,成为一个神乎其神的人物。到了朱元璋晚年,周颠仙又被当作御用工具来使用,名气更大了。

《明史·方伎传》记载:

周颠,建昌人,无名字。年十四,得狂疾,走南昌市中乞食,语言无恒,皆呼之曰颠。及长,有异状,数谒长官,曰"告太平"。时天下宁谧,人莫测也。后南昌为陈友谅所据,颠避去。太祖克南昌,颠谒道左。洎还金陵,颠亦随至。一日,驾出,颠来谒。问"何为",曰"告太平"。自是屡以告。太祖厌之,命覆以巨缸,积薪煅之。薪尽启视,则无恙,顶上出微汗而已。太祖异之,命寄食蒋山僧寺。已而僧来诉,颠与沙弥争饭,怒而不食且半月。太祖往视颠,颠无饥色。乃赐盛馔,食已闭空室中,绝其粒一月,比往视,如故。诸将士争进酒馔,茹而吐之,太祖与共食则不吐。太祖将征友谅,问曰:"此行可乎?"对曰:"可。"曰:"彼已称帝,克之不亦难乎?"颠仰首视天,正容曰:"天上无他座。"太祖携之行,舟次安庆,无风,遣使问之,曰:"行则有风。"遂命牵舟进,须臾风大作,直抵小孤。太祖虑其妄言惑军心,使人守之。至马当,见江豚戏水,叹曰:"水怪见,损人多。"守者以告。太祖恶之,投诸江。师次湖口,颠复来,且乞食。太祖与之食,食已,即整衣作远行状,遂辞去。友谅既平,太祖遣使往庐山求之,不得,疑其仙去。洪武中,帝亲撰《周颠仙传》,纪其事。

《明史》的记载,全部来源于朱元璋的《御制周颠仙人传》。

《御制周颠仙人传》(一卷,朱元璋撰)、《明史卷九八·艺文志三》、《四库全书总目提要卷一四七·子部·道家类存目》均有著录。提要云:“洪武二十六年,太祖亲制此传,命中书舍人詹希庾言之,勒石庐山,后人录出刊行。”但是,这篇真实存在的文章,所叙之事却更像虚构的小说,且没有任何佐证材料。

周颠人姓周,不知名字,自称建昌(今永修县)人,因疯疯癫癫,人称周颠人。全真教祖王重阳号“王害风”,马丹阳号“马风子”,元朝庐山太平宫的道士桂心渊号称“桂风子”,佯狂装疯乃是道士的一种做派。

朱元璋说于鄱阳湖大战胜利之后,特意派人到匡庐山下去寻找周颠仙,问当地居民是否见过他。可是“地荒人无,唯太平宫侧草莽间一民居之”。使者将周颠仙的形状描述了一通,问居民是否看见过。居民说,前一段时间,有一个瘦长人物来到他家,声称:“好了,我告太平来了。你为民者用心种田。”语后,“于我宅内不食半月矣。”此后深入匡庐,不知所之。在这种描述中,可看出这位来无影、去无踪的周颠仙,乃是庐山太平兴国宫的道士。李梦阳《游庐山记》亦云:“又观太平宫,太平宫者,即御制碑物色周颠处也。”(《空同集》卷四十八)太平宫在元末毁于战火,尚有部分残留,也还有几个道士,周颠仙是其中的一位,其入道时间,当在元末战乱以前。朱元璋说周颠仙随军从南京到鄱阳湖,一到鄱阳湖地区就走了,不知去向,使者何以有目的地去太平宫一带寻找?可见这位神秘的道士,也有明白的来历。但朱元璋故意隐去他的来历,又说周颠仙后来不知所终,无非是为了增加其神秘感而已。当然,皇帝为自己制造顺天应人的神话,又不能完全依托鬼神,否则人们会嗤之以鼻,所以在朱元璋的笔下,周颠仙就成了一个半人半神的形象。

朱元璋说周颠仙十四岁时得了癫病,父母无暇拘管,任他癫到南昌,四处乞食。元顺帝至正年间,曾到抚州,后来又到南昌。有时为他人做工,混口饭吃,经常睡在屋檐下。三十多岁的时候,突然口出异词,每逢新官到任,都要去拜见,说什么"告太平"。当时天下还没有大乱,人们都很惊讶,不知什么意思。朱元璋突出这一点,意在表明周颠仙很早就预言有"圣人出焉",将于大乱之后恢复太平,此圣人当然就是他自己。据"不数年,元天下乱"之语,可知至正十一年(1351)农民起义爆发时,周颠仙三十出头,约生于元仁宗延祐年间(1314—1320)。而元顺帝至元二年(1336),庐山太平宫道士桂心渊去世。《历世真仙体道通鉴续编》卷五"金蓬头"条云:

至元丙子岁正月一日,其同学桂心渊,世称桂风子,坐解于庐山。

因此,周颠仙有可能曾拜同样疯癫的桂心渊为师。朱元璋于洪武二十六年(1393)撰成《周颠仙人传》,当年八月又作《祭天眼尊者周颠仙人徐道人赤脚僧文》,称"虽然,神已灵妙不测矣",可知洪武二十六年(1393)以前,周颠仙已经去世。

朱元璋称周颠为"仙人",又于庐山白鹿升仙台建造御碑亭,因此周颠仙实为一道士;但他与天眼尊者、赤脚僧人等佛教中人一起活动，朱元璋亦于庐山佛教圣地天池寺祭祀周颠仙，又说曾于竹林寺中见周颠仙，而竹林寺听起来好像是个佛寺，所以周颠仙是佛是道，也很含糊。朱元璋曾入佛门为僧，登基后有不少崇佛之举，但他也同样重视儒、道，《三教论》云："三教之立，虽持身荣俭之不同，其所济给之理一。然于斯世之愚人，于斯三教，有不可缺者。"①"三教合一"之说，元朝已经盛行，朱元璋想让三教共同为政治服务，也就不会刻意明示周颠仙的道士身份了。

按照朱元璋所叙，周颠仙在他跟前说了很多预言，这些都在鄱阳湖大战及战后得到应验。然而，在鄱阳湖大战中，朱元璋并无绝对优势，几乎是侥幸取胜；周颠仙即使连猜带蒙，也未必能准确说出他的军事命运。据此推测，周颠仙的预言，多半是朱元璋虚构的。

《周颠仙人传》说陈友谅占据南昌之后，周颠仙从来不跟他"告太平"，表明陈友谅不是真命天子。而朱元璋于至正二十二年(1362)占领南昌之后，于南昌东华门外道旁遇到一人拜见，此人就是周颠仙。次年三月，朱元璋返回建业(南京)，六月，周颠仙也跟随到了建业；又在朱元璋跟前"告太平"，而且反反复复，每次都说同样的话，有时对着朱元璋抓胸前的虱子，说有"二三斗"之多；又说什么"婆娘反""世上甚么动得人心，只有胭脂胚粉动得婆娘嫂""你只这般，只这般"。

朱元璋描述周颠仙的事迹，为己所用的意图太强烈，又不肯实事求是，说得明明白白。周颠仙的这几句话，都是隐语。"告太平"，指朱元璋是平定天下的太平君主；"婆娘反"，当是谐音"鄱阳

①钱伯城等主编：《全明文》第1册，上海古籍出版社，1994年，第146页。

(湖)反”，意指陈友谅将于鄱阳湖与朱元璋决战；“世上甚么动得人心，只有胭脂胚粉动得婆娘嫂”中“胭脂胚粉”应指南京，因南京有胭脂岗，洪武二十六年(1393)在这里动工开凿一条运河，即胭脂河，连接秦淮河，以打通南京与太湖的水上通道。以“胭脂岗”或“胭脂河”代指金陵，以“婆娘”谐音鄱阳，又从胭脂可以打动婆娘心的“动得”延伸出“攻打、动摇、征服”等意义，隐喻只有占据金陵的朱元璋才能够吃掉占据鄱阳湖的陈友谅。这种隐喻手法，类似于灯谜。为了神异其说，朱元璋又描写了几个周颠仙的神奇故事：一是用烧酒灌他，但总是灌不醉。二是给他提供了一种神药，即“三寸许菖蒲一茎”，叫朱元璋“细嚼，饮水，腹无痛”，暗指鄱阳湖边的陈友谅为朱元璋的心腹之患，必须及时剿灭，而菖蒲形同剑，俗称“菖蒲剑”，民间过端午节挂菖蒲，即取其“形状如剑，可以斩鬼除邪”之意。三是朱元璋讨厌他癫狂不已，命人把周颠仙放在大缸里烧烤，烤了三次，安然无恙。这个故事，暗指朱元璋在鄱阳湖大战中用火攻的办法对付陈友谅。这些预言，都是朱元璋根据后来所发生的事情制造的，未必是周颠仙所言。

此后，朱元璋命周颠仙寄食于蒋山寺，一个多月后，主僧来告，说周颠仙与和尚争饭，“遂怒不食，今半月矣”。半个月不吃饭的周颠仙，依然是“步趋无艰，容无饥色”。朱元璋招待他吃了一顿饭，又秘密吩咐主僧饿周颠仙一个月，但一个月下来，周颠仙还是安然无恙。“诸军将士闻是，争取酒肴以供之”，可周颠仙把吃下去的食物全吐出来了。朱元璋与之共食，却一点都不吐出来。这暗示只有朱元璋才能享受天下，别人却难免“吃进去又吐出来”。周颠仙以手画地成圈，指着朱元璋说：“你打破一桶，再做一桶。”表示朱元璋将打破元朝的“一统”，再造明朝的“一统”；又对一个后生说：“噫！教你充军便充军。”意指跟随朱元璋可以建功立业。又对朱元璋说：“山东只好立一个省。”预示山东一带将纳入明朝的版图。

朱元璋率众西征九江，问周颠仙曰：“此行可乎？”周颠仙脱口而出：“可。”朱元璋又问：“彼已称帝，今与彼战，岂不难乎？”周颠仙疯疯癫癫地看了看屋顶上面，“久之，端首正容”，以手拂之曰：“上面无他的。”表示天上没有安排陈友谅的帝位。周颠仙随大军同行，“以平日所持之拐擎之，急趋朕之马前，摇舞之状若壮士挥戈之势，此露必胜之兆”，预兆朱元璋必胜。行至皖城，因无风，水师难以行走，周颠仙说：“只管行，只管有风。无胆不行，便无风。”于是诸军牵舟溯流，走了两三里，果然起了微风，继之以大风，扬帆长驱，径达小孤山。周颠仙看见江中有江猪出现，又说“水怪见前，损人多”。预兆朱元璋部队的损失会很大。朱元璋不悦，命人把他丢到水里，可过了一阵子，周颠仙又出现了，问朱元璋要吃的，吃完后说：“你要杀我？”朱元璋说：“被你烦多，杀且未敢，且纵你行。”于是周颠仙带上食物走掉了，莫知所之。

朱元璋塑造这样一个疯癫道人的形象，旨在显示他的君权乃上天所授。周颠仙这些充满暗示的神秘话语，分明又让人联想到朱元璋的军师刘伯温。刘伯温特别喜欢用神秘的语言打动朱元璋，而这篇文章可能也参考了刘伯温的一些预言故事。

朱元璋取得鄱阳湖大战的胜利之后，周颠仙就杳无影踪了，直到二十一年之后才出现。洪武十六年(1383)八月，突然有一个赤脚僧觉显来京城拜见朱元璋，说匡庐深山中有一老人请他捎话给皇帝，说“国祚”之事，此老人正是周颠仙。朱元璋的太子朱标于洪武二十五年四月去世，朱元璋的《周颠仙人传》作于洪武二十六年(1393)，所以“国祚”暗指太子早卒之事；不过周颠仙不可能在九年之前预见朱标之死，所以这一点也是朱元璋在洪武二十六年捏造的。赤脚僧在朝四年，仍回庐山，他说周颠仙想见皇帝，但皇帝不愿见，只是赠了两首诗。

赤脚僧回庐山之后的第六年，也即洪武二十六年(1393)，朱元璋患了热病，差点死去，这时赤脚僧又来了，说“天眼尊者及周颠仙人遣某送药至”，其药一曰“温良药”，一曰“温良石”。“其用之方，金盒子盛着，背上磨着，金盏子内吃一盏便好”“服过二番，乃闻有菖蒲香盏，底有砂丹沉坠，鲜红异世有者”，吃过周颠仙送来的药，朱元璋便好了。

朱元璋说洪武二十六年(1393)自己病得快要死了，但《明史·太祖本纪》对此只字未提，可见周颠仙送药之事，纯属虚构，不过是个政治暗喻而已。就在朱元璋撰写此传的半年前，也即洪武二十六年二月，爆发了骇人听闻的蓝玉案，朱元璋以谋反罪将大将蓝玉处以磔刑，牵连到十三侯、二伯，前后诛杀二万余人，军中为之一空。因此，《周颠仙人传》中所谓的“温凉石”，实际上就是玉，隐指“蓝玉”，又蓝玉被封为凉国公。朱元璋说自己得了热病，要“凉”药来医治，乃是说杀了蓝玉一党就好了。相传秦国有宝物温凉玉斝，杯中饮料的冷热随人而宜。明汤显祖《牡丹亭·谒遇》：“这是靺鞨柳金芽，这是温凉玉斝，这是吸月的蟾蜍和阳燧、冰盘化。”亦称“温凉玉盏”。明无名氏《临潼斗宝》第三折：“俺秦国宝物，乃是四季温凉玉盏，随人所愿，要温者自温，要凉者自凉。”朱元璋说两种药一名“温凉药”，一名“温凉石”，合起来就是“温凉药石”，谐音“温凉(代指蓝玉)要死”。又菖蒲如同剑,也称菖蒲剑,“盏”谐音“斩”,所谓的“菖蒲香盏”,就是“以剑斩之”的意思。

据《周颠仙人传》,赤脚僧住在庐山天池寺,有一天,徐道人来了,说竹林寺有请,赤脚僧于是与徐道人一块去竹林寺,看见天眼尊者坐在寺中,“少顷,一披草衣者入”,天眼尊者说这就是周颠仙。周颠仙不但托他送药给朱元璋,还写有给朱元璋的和诗。朱元璋得到药与诗歌之后,再派使者去寻找周颠仙,已经不见了。《江西通志》卷一百八十引《豫章书》于送药之后还有一段更离奇的描述:“复遣行人往庐山踪迹之,颠引行人入,见宫室罗列,凡二十有八。曰:适所至乃二十八宿出治之所。娄宿今处世间,治天下。行人曰:何以使上见信?乃赋诗封固以献,启之,其语不可解。”①民间传说朱元璋出生的那一年,天上的娄宿不见了,直到朱元璋死的那年,娄宿复明。明沈节甫辑《纪录汇编》卷一百九十三:“元天历戊辰娄宿降灵,高皇帝以是年生,至洪武戊寅而娄星复明。”②周颠仙所说,与此一致。这段话今本《周颠仙人传》没有,估计是被删落的初稿文字,之所以要删除,是因为太荒诞,很容易露出马脚。

赤脚僧所说的竹林寺,本属子虚乌有。

唐代有“竹林神”之说,如韩愈有《祭竹林神文》,《李娃传》有“竹林神”之名。辽朝有竹林寺,清朝吴长元《宸垣识略》卷十《竹林寺》条:“辽道宗八年,楚国大长公主舍私第为寺,赐额竹林,又曰金熙宗驸马宫也。寺僧云:‘一塔无影。’”在一般情况下,古人皆用“竹林寺”来比喻不存在的地方。如元杂剧《刘晨阮肇误入桃源》第

①(光绪)《江西通志》,《续修四库全书·史部地理类》第660册,第538页。

②沈节甫辑:《纪录汇编》,中华全国图书馆文献缩微复制中心,第2105页。

四折："敢这桃源洞也似竹林寺有影无形的。"《汉宫秋》四折："想娘娘似竹林寺不见半分形，则留下这个影、影。"《金钱记》："却做了山一带、水一派竹林寺无影无形的并蒂莲。"《黄花峪》："绕村坊，寻门户，一径的打探个虚实，恰便似竹林寺有影无寻处。"《喻世名言·史弘肇龙虎君臣会》："竹林寺有影无形，看日山藏真隐圣。"因此，朱元璋以竹林寺为说，不过是神异其词罢了。

《江西通志》云："寺在天池之南，有名无寺。唯钟鼓灯影可凭，时或见之。石罅中有清虚灵台四字。李梦阳云：非篆非隶，周颠仙笔也。"明代汤宾尹《游天池寺记》："少焉，云缕缕出山下，如数白鹄回翔林莽间。斯须，弥漫天地，江山人我，四顾无影。视立既静，若有翕忽往来游行空中者，于此外更觅竹林寺，真成梦语耳！"徐霞客《游庐山日记》："竹林为匡庐幻境，可望不可即；台前风雨中，时时闻钟梵声，故以此当之。"皆可见竹林寺本不存在。

《周颠仙人传》说："朕复以是诗再观，其词其字皆异寻常，不在镌巧，但说事耳。国之休咎存亡之道已决矣，故纪之以示后人。"明示周颠等人的诗歌中存乎"国之休咎存亡之道"。

天眼尊者诗曰：

> 圣主祥瑞合天基，如影随形总是痴。奉天门下洪福大，生灵有难不肯依。非非相处方出定，金轮积位四海居。明君有道乾坤广，等闲一智声如雷。

周颠仙人诗曰：

初见圣主应天基，一时风采一时痴。逐片俱来箍一统，浩大乾坤正此时。人君自此安邦定，齐天洪福谢恩驰。我王感得龙颜喜，大兴佛法当此时。

群仙古诗曰：

匡庐之巅有深谷，金仙弟子岩为屋。炼丹利济几何年，朝耕白云暮种竹。

御赞赤脚僧诗曰：

跣足殷勤事有秋，苦空颠际孰为俦。愆消累世冤魂断，幻脱当时业海愁。方广昔闻仙委迹，天池今见佛来由。神怜黔首增吾寿，丹饵来临久疾瘳。

这些诗歌蕴含了什么“国之休咎存亡之道”？其实也不难知晓。其中的“如影随形总是痴”“一时风采一时痴”，反复提到“痴”字，这应该指那些功臣名将，包括蓝玉之流。言下之意，朱元璋登基，乃是天命，那些跟随他的功臣，只不过是凡夫俗子，哪能与皇帝相比，又哪能永远如影随形般跟着皇帝？朱元璋就如那座神奇缥缈的竹林寺，其心思，其踪影，永远是臣下捉摸不到的。所以，杀掉蓝玉等众，乃是必然的，而“人君自此安邦定，齐天洪福谢恩驰”，表示朱元璋这下放心了，国家安定了，垂死之人，也不再担心大臣们动摇江山国本了。“愆消累世冤魂断，幻脱当时业海愁”，“大兴佛法当此时”，则指朱元璋杀了功臣，要消除冤孽，大兴佛法，所以有在庐山上大兴土木之事。综合起来，这几首诗都是朱元璋制作的，表现了他晚年的心迹，而不是四位仙人所造。

朱元璋在《周颠仙人传》中称使者找不到周颠仙，而这篇文章作于洪武二十六年(1393)九月，说明当时他还不知道周颠仙的存亡死活。可是，早在一个月之前，也即同年八月，他却写了一篇《御制祭天眼尊者周颠仙人徐道人赤脚僧文》：

> 昔者其色相空万物而空。万法外，色相而难之，以存一灵。斯若是，历苦劫于无量。今者神神妙用，幽隐于庐岳，独为朕知而济朕难。然朕终不忘于利济之恩，当以礼谢。虽然，神已灵妙不测矣，寻常无碍于上下，逍遥乎两间，周游乎八极，翫阅人情，猝然礼至，杳然弗应，岂不为世所嗤！故先期京师，已告诸祠，又遣使至庐岳之下，祷于庐岳之神，方以礼进，礼不过谢而已矣。今世之人知幽明之理者鲜矣，敢请倏然而显，倏然而隐，使善者慕而不得，恶者身而难亲，岂不有补于世道者欤！

这篇文章显得非常神秘。其中说“朕终不忘于利济之恩，当以礼谢”，好像要答谢周颠仙；然而“万法外，色相而难之，以存一灵”，“虽然，神已灵妙不测矣”之类的话语，却分明肯定周颠仙已经死了，而且文章也叫做“祭文”，用祭文只能表示祭祀，焉能表示答谢？由此推断，这位神秘的周颠仙，在至正二十三年(1363)朱元璋获得鄱阳湖大战的胜利之后，即不知所终；而在三十年杳无影踪之后于洪武二十六年(1393)又突然冒出来的赤脚僧、周颠仙等人,完全是朱元璋虚构的,说洪武十六年(1383)周颠仙捎话给朱元璋,也是虚构的;诚然,朱元璋的猜忌心极重,在他坐稳宝座之后,绝对不允许一个经常预言国家大事、蛊惑人心的周颠仙存在,周颠仙即便没死,也没有胆量去预言这些事情。而朱元璋在元末得到周颠仙的襄助,按理洪武初期就该予以封赏,可朱元璋却要等到三十年之后才来撰写这篇传记,显示他只不过是自说自话,糊弄世人罢了。总之,《周颠仙人传》是一篇集政治谎言、荒唐事迹为一体的文章,也是一篇晓谕臣子、自明心迹的文章。

当然,为了坐实这件事情,朱元璋还得在庐山上大兴土木,把假的变成真的。

朱元璋指令在庐山上建御碑亭,铭刻《周颠仙传》的全文,建亭之处为白鹿升仙台,好像是周颠仙升天的地方,而别人也传说周颠仙已乘白鹿升天。御制石碑高一丈二尺,阔三尺七八,厚七寸,坚白细润,正反两面刻着明代书法家詹希庾手书的朱元璋祭周颠及四仙诗,遒劲有力,有虞世南、褚遂良之笔意。亭因碑而名,阔十余尺,“覆载梁柱”,全为石制,端庄凝重,古朴厚实。嘉靖中,九江太守马纪曾经重建,民国二十五年(1936)庐山管理局局长谭炳训再次整饰,加设石栏,焕然一新。亭居高临下,远望众峰,如同城垛,俯瞰东林寺塔,若酒杯中浮着一只筷子,湖光山色,历历在目。亭柱石刻联句云:“四壁云山九江棹,一亭烟雨万壑松。”另一副是:“故从此处寻踪迹,更有何人告太平。”

为建造御碑亭,运送碑石材料,官府还在庐山开辟了一条小道,即“九十九盘御道”。“御道”沿途有明代以来的名人石刻,又有“庐山高”石坊等胜迹。这条路起自东林寺，沿路建有锦涧、半云、甘露、一息、披霞五座小亭，供游人休息观景。它是三条上山道路中风景最优美、行人最稠密的一条，可以直达山巅古刹天池寺。

天池寺始于东晋，宋代改称天池院。据说这里是周颠仙人、天眼尊者、徐道人和赤脚僧聚会的地方。朱元璋令地方官府出资对天池寺殿宇进行大规模的修葺，因竹林寺故址与天池院相距甚近，又令在天池寺中设殿供奉周颠、觉显、天眼尊者、徐道人四仙，命江州僧司挑选有道高僧出主天池寺，赐铜钟、象皮鼓、乌金太子像和铜铸大中小佛像数尊，并敕封天池寺为“天池护国寺”，后明成祖朱棣再敕“天池万寿寺”额，明宣宗朱瞻基又敕“天池妙吉禅寺”，世称“三敕天池寺”。天池寺获此殊荣，一跃成为称雄庐山的十方丛林。

为纪念周颠等四仙，朱元璋还在天池山建了聚仙亭，且为赤脚僧建造了赤脚祖师塔，碑碣上写有“敕封明心觉显祖师之墓”，对联云：“白云千年骨，青山万古情。”

在《御制祭天眼尊者周颠仙人徐道人赤脚僧文》中，又有“故先期京师，已告诸祠，又遣使至庐岳之下，祷于庐岳之神”之语，说明朱元璋还加封庐山为“庐岳”。庐岳之称，由来已久，如东晋湛方生《帆入南湖诗》：“彭蠡纪三江，庐岳主众阜。白沙净川路，青松蔚岩首。此水何时流？此山何时有？人运互推迁，兹器独长久。悠悠宇宙中，古今迭先后。”《宋书·沈怀文传》记载：“隐士雷次宗被征居钟山，后南还庐岳，何尚之设祖道，文义之士毕集。”唐朝李白《流夜郎永华寺寄浔阳群官》：“写意寄庐岳，何当来此地。”杜荀鹤有《怀庐岳书斋》。不过朝廷正式加封庐岳，乃是从朱元璋开始的。他在晚年加封庐山，当然是为了江山永固，皇位传承不绝。朝廷下令九江两府每年春秋“合祀天池寺”，这是庐山第一次受到朝廷如此高的礼遇。两百年后，明神宗又建庐岳祠于山南万寿寺左侧，作为南康府春秋二祀的固定场所，不再二府合祀。但每逢春秋两季，德化县知县仍亲到天池寺躬祭，相沿不废。清朝乾隆年间，又封江西庐岳神曰“溥福广济”，直到嘉庆年间，祭祀庐岳之制尚存。

第二节　分道扬镳的庐山道教

据星子人余鼐于永乐十二年(1414)所记，元朝时庐山南有道观数十处，其徒千余人。元末战乱中，道观大部分被毁。山北的情况也是如此，据桑乔《庐山纪事》，山北的太平宫，元末毁于战火，明朝洪武年间重建，嘉靖年间主祀许逊，香火甚旺，后又集资修建殿宇，清朝咸丰年间重建真君殿。王守仁《太平宫白云》诗：“白云休道本无心，随我迢迢度远岑。拦路野风吹暂断，又穿深树候前林。”不过，此时的太平宫已没有原来的辉煌与影响力了。江苏吴江人俞安期，作有《游太平宫纪述二十韵》，序云：

> 宫为咏真第八洞天，唐玄宗诏祀九天使者，宫殿之盛，自古未有。后毁兵燹，今小有存者，是或重构。丹井、宝池、鹿场、仙石，益沦而无闻矣。

诗歌详细地描述了太平宫的衰落之状。“独存三绛殿，剩住几黄冠”之语，表明当时的太平宫只有三四个殿堂，道士也寥寥可数①。

明初庐山道教虽已衰落，但传统道教的影响力依然存在。如元明之际的著名道士张三丰，曾游历庐山，作有《庐山雨后题石》：“飞瀑悬崖石，一落一千丈。骤雨洗烟岚，一峰一挤嶂。海风吹我来，山云随我上。头簪瑶草花，口诵渔家唱。拍掌而登楼，幽阁琴声亮。信笔写龙蛇，字字作活像。欲识我为谁，笔架峰头望。”②明朝永乐年间，其弟子王宗道，奉命寻访张三丰而不得，后入庐山修道。《后列仙传》云：

> 王宗道者，淮安人也。尝从三丰先生学道。永乐三年，成祖访求三丰，令觅宗道与胡濙同往。召见时，赐金冠鹤氅，奉书香。遍游天下，十年不遇。及还，赐封圆德真人。后入庐山采药，飘然不返③。

朱元璋的第十六个儿子朱权（1378—1448），十三岁封藩于大宁，世称宁王，谥为“献”，故又称宁献王。他协同朱棣夺取帝位，永乐元年（1403）改封南昌，颇受猜疑，故终日在书斋中研读秘籍，沉湎诗文，尝“令人往庐山之巅，囊云以归”，在书斋中“障以帘幕，每日放云一囊，四壁氤氲，如在岩洞”，故名其书斋为“云斋”。其《茶谱》记载茶道，详细精到，又认为品茶应品谷雨茶，用水当用青城山水、

①郑翔、胡迎建：《庐山历代诗词全集》第6册，上海古籍出版社，2010年，第3593页。
②《张三丰先生丹道全书》，团结出版社，2008年，第232页。
③《张三丰全集》，花城出版社，1995年，第28页。

山水、扬子江心水以及庐山康王谷谷帘泉水，可谓对庐山的云与水情有独钟。其所著《太和正音谱》为中国现存最早的杂剧曲谱，是中国戏曲史上重要的理论著作。

朱权嗜好道教经典，编有《天皇至道太清玉册》二卷十九章，收入《万历续道藏》。其中《宫殿坛墠章》云：

> 匡续夏禹之裔，弟兄五人，生而神灵。长曰续，周武王时与老子同为柱下史，受老子之道，隐于浔阳，三人结庐于天池之峰，二人结庐于虎溪。道成冲举，故名其山曰匡庐，汉武帝封为大明君。国朝改君为公，此庵之始也。后遁世之士潜修至道者，结茅于岩壑之间，亦其事也。余故体其制，结茅于遐龄之南峰，其地产灵芝，故名之曰芝庵，书其对曰："我居方外当离俗；谁信庵中别有天。"其庵内对曰："一室斗大，寸心天宽；默坐凝神，妙思玄造。"庵之下建白云之丹室，书其对曰："栖白云而炼大还；避红尘而为小隐。"以俟有道者居之。其路自飞升台之南地，龄峰之西有松杉之径，周回曲折，而至其处，其径中有额曰："白云深处。"书其对曰："一壶天地小；无限野云深。"将至庵所，其径有额曰："红尘不到处。"书其对曰："静里日月长；闲中天地阔。"①

可见庐山道教对他的影响。朱权墓在今江西省新建县石埠乡

①张继禹主编：《中华道藏》第28册，华夏出版社，2004年，第717页。

黄源村缑岭东麓，“遐龄”为朱权的别墅“遐龄洞天”，亦在缑岭脚下。

据同治《星子县志》记载，庐山之南的白鹤观，明朝正统间有道士钱道演官都纪司。但此时的白鹤观规模不大，到明末又渐渐凋敝。王思任《白鹤观》诗云：“五老峰前古涧隗，仙池仙臼共莓苔。白鹤不知何处去，但看穷观草猪来。”就写出了白鹤观的荒凉景象。王思任于明朝天启五年（1625）游览庐山，作有《重修庐山白鹤观记》：

> 天启乙丑夏，山阴王思任来游……栋宇颓危，门椳不设，饥猪扰案，鸟鼠碎檐，虽长松历涧，依然瑟响，而蒿荆篱豆，迷阳岑莫，亡聊赖甚矣。观主人李元丹乞留一言，以为兴复之藉，而任适在浔阳，为题白鹤观说以贻。星子令陈巽言倡其事，郡孝廉陶孔志为纠首以成之。崇祯壬申，任复为起部视榷鸠兹，而元丹忽来，出孝廉手札征记……星渚瘠涩，虽未必能焕隆章灼，而亦称稍稍恢葺矣①。

王思任游览白鹤观，观主李元丹请他留言兴复白鹤观；后得星子县令的协助，做了一些修复，但终因财力有限，修葺的工程也不大。

山南其他道观，则如明初星子人余鼒说：“今其废址皆委于荒烟宿莽，为狐鼬猿麋之场。”王思任《简寂观》云：“简寂原名观，于今寂

①李鸣选注：《王季重小品》，文化艺术出版社，1996 年，第 131 页。

更芜。问松寻道士,指瀑失田夫。古鼠巢萝殿,荒鸡叫草厨。空余礼斗石,犹听步虚趋。”可见简寂观的凋败之象。其中得到修复的是位于山下星子县的元妙观。

元妙观,在星子县北,宋朝大中祥符年间(1008—1016)建,名天庆观,元朝改名元妙观,号称“谷岩洞天”,又名“瑶玉洞天”,世传何真人得道之地,为山南玄教胜地。至正十二年(1352),毁于兵火。明朝洪武初年,避难于他处的白鹤观道士周元隐(名汝镇)回到庐山之南,结庵居住于元妙观故址。洪武五年(1372),在星子县令金华人朱悦道的倡导协助下,重建元妙观。洪武末年,八十余岁的周元隐去世,弟子张碧霄住持元妙观,开道纪司,与龚碧渊、钱融观齐心协力,重建三清殿,永乐元年(1403)十二月竣工,恢复了以往的规模,名为“洞清之殿”。万历年间,因为元妙观逼近公署衙门,巡抚翁溥就把它一分为二,一部分迁移到城东慈化院旧基上,为东元妙观,一部分迁到城西能仁寺旧址上,为西元妙观①。

一、庐山深处的伍柳宗

明朝时,在庐山活动的大多是全真道士。

伍守阳(1565—1644),原名阳,字端阳,江西吉安人。自幼持身高洁,喜好性命之学,遂放弃儒业,专习全真派功法,志在成仙。据《金盖心灯》卷二《伍冲虚律师传》,明万历二十一年(1593),伍守阳于庐山师事曹常化。曹常化以大丹秘诀授之,伍守阳苦炼之,却未能成功。后来又师事李泥丸,李泥丸授以《东老遗书》。伍守阳竭诚烹炼,据说“丹垂成而飞者五十七次”。李泥丸后居何山,伍守阳

①姜南星主编:《星子县志》,江西人民出版社,1990 年,第 515 页。

又访之,得“五雷法”而还。再炼,丹成,将欲吞服。李泥丸突然闯入,制止伍守阳服丹,说他五脏未坚,不可即服,可先用丹“点石成金”以济人利物。此后,伍守阳以擅长外丹黄白术闻名,遂收录弟子吉王朱常淳。朱常淳,派名太和,号云水,明英宗之重孙,崇祯帝之从兄。他是伍守阳最早最重要的弟子,伍氏绝大部分著述都源于回答他的提问而成。吉王欲将伍守阳罗致府中,伍守阳不想介入政治,遂遁至天台山隐修。后来赵复阳闻知,主动将内丹口诀传授给他,又劝他到王屋山与王常月同处。王常月一见如故,授以三大戒。相处有年,返服还丹,自号冲虚子。伍守阳撰有《天仙正理》《仙佛合宗语录》等,清代有柳华阳继承其说,著《金仙正论》《慧命经》,后人将四书合刻,称为《伍柳仙宗》;由此形成内丹派别中的伍柳派。

伍柳派在修持丹法上主张仙道为宗,佛法为用,仙佛合宗。既论证《黄庭经》《胎息经》《坐忘论》之理,又参引佛教《楞严经》《大般若经》《华严经》,将仙佛合为一体,强调修丹只用先天,忌用后天,尤重“一点真阳”、先天祖气的炼养,认为内药、外药皆原本先天祖气。所谓外药,是指“祖气从生身时,虽隐藏于丹田,却有向外发生之时,即取此发生于外者,复返还于内,是以虽从内生,却从外来,故谓之外药。”所谓内药,是指采外药炼成还丹大药,“全不著于外,只动于发生之地,因其不离于内,故谓内药。”(《天仙正理》)外药为生而后采,内药为采而后生,实指此一气而已。伍柳派丹法修炼比北宗详细复杂,对炼己、药物、鼎器、火候、效验、任督、防危以及伏气、胎息、真意、大小周天等均有详述。

《伍冲虚律师传》称伍守阳于庐山师事全真道士曹常化。曹常化,即曹还阳,生于嘉靖四十一年(1562),法名常化。据《伍真人修仙歌》,曹常化出生在江西南昌武阳,祖父、父亲皆富有。万历十五年(1587),曹常化闻庐江县李虚庵有道行,遂治装往谒,得天仙之道。万历二十一年(1593)开始给伍守阳传授《仙佛合宗》全旨,授受历时二十年。曹常化传授之语录,散见于伍守阳的各种著作之中。如《仙佛合宗·门人问答》中载有他所作绝句二首,其一云:"一阳初动本无心,无心拨动指南针。仔细临炉分老嫩,送归土釜结姻亲。"伍守阳评其诗句云:"皆重宜大药者耳。金丹大道至难明者,真火、真药也。二真人(李虚庵与曹还阳)不得不为之反复悉言之详也。"

曹还阳为伍守阳之师属实,不过他将道旨传授给伍守阳,未必是在庐山,而有可能是在南昌。按《伍真人修仙歌》云:

> 南昌同县武阳地,三里邻居遇个迟。一论天仙最上理,请到家中时扣之……持到中秋八月时,卖田护师同入室……予唯不好师固传,师云:"汝唯不好炼丹,是不贪富贵势力,德已不亏,志已特异,故可传外。且仙度人传内未有不传外者。资外以修内,汝且受之,但无妄为妄传则可矣。但记在心著在目。"壬子春,遂与师同炼于豫章城西,西山之后溪水涯次。

说曹还阳在南昌城西传道给伍守阳,应该是可靠的。

崇祯十三年(1640)以后,伍守阳的事迹不见记载,后人亦有异说。《伍真人事实及授受源流略》说,母亲王氏卒后,伍守阳便"隐迹仙去"[①]。《金盖心灯》却说伍守阳于崇祯十六年(1643)末在庐山收谢凝素为弟子,此前也曾收姚耕烟为徒,崇祯十七年(1644)正月朔日逝于武陵[②]。根据其弟子谢凝素的事迹来看,这一点是可信的。

谢凝素,名太易,自号凝素子,江苏武进人,全真龙门派第九代律师。生性爱洁净,不茹荤腥,自称为北宋隐士林逋的后身,曾经徙居昆陵红梅阁,通宵达旦对着梅花,欣赏其中的静逸之趣,据说有一个月夜听见了环佩叮咚之声,乃梅花之神为其精诚所感动而降临。崇祯十六年(1643),谢凝素来到西湖孤山,准备在这里终老,不久得到了白玉蟾注的《道德经》,揣摩许久,不得其要,听说伍守阳的弟子姚耕烟在这方面很有造诣,就竭诚拜他为师。姚耕烟深受感动,对他说:"道无尔我,缘有浅深。我师隐庐山,与子有缘,即往访,犹得闻道。"姚耕烟为他写了一封信,送他上路,一直送到江边,舟行十余里,姚耕烟还在江边站立着,舍不得离开。谢凝素到了庐山,四处寻找,皆没有看见伍守阳的踪影,于是来到武昌,游览龟山,俄而看见有一道士拄着藜杖,翩然下山,向他招手说:"你就是那个爱梅客吧?伍守阳师父到广信游历去了。"腊月里,谢凝素又来到庐山,伍守阳果然回来了。起初他并没有在意这个学道者,默然久之,才为他解释章句,纵谈元奥,其中一动一静,都嘱咐他用心体认。之后,伍守阳去湖南武陵,谢凝素一路跟随,伍守阳又授以丹道宗旨、大戒以及诸法。转瞬元旦,冲虚子伍守阳去世,谢凝素为之卜葬于武陵之平山,结庐于墓,干戈扰攘,无能惊及,自叹师父有神灵庇佑。天下太平之后,返回江南之金盖山,访梅华岛,寄迹何山赵庄,复植梅

①《天仙正理直论》,《藏外道书》第5册,巴蜀书社,1994年,第784页。

②参见《谢凝素律师传》,《藏外道书》第31册,巴蜀书社,1994年,第209—210页。

于左右，当时称为胜境。康熙三年(1664)，谒王常月于宗阳宫，又得传授。康熙二十二年(1683)出游之后，就没有再回来。谢凝素著作颇丰，有《白注道德经疏》《参同契注疏》《金仙正论》《慧命篇》《金丹火候》《梅邬清赏集》《植梅谱》《日用篇》等，凡十余种①。

明朝末年，在庐山隐修的还有孙化南。《古今图书集成·神异典·方士部》引《江西通志》云：

孙化南，不知何许人，天启间，爱庐山咏真洞幽秀，作墓圜其侧，垂成，投身以入而封之，留一孔略通清浊，朝夕诵皇经，礼北斗，其术以清净自然为宗。坐圜三载，一夕吐三昧火，须眉皆焦，遂蜕去。道家咸云："法性命双修"，南所修，似先性后命，故营魄不守。然其精进勇猛，自桂风子后，近之称炼者，皆不能及焉。

二、庐山之麓的净明道

东晋时期，吴猛、许逊等道士在庐山及周边活动，留下了大量传说。隋唐时期，这些人物得到神化，到了宋元时期，又在许逊崇拜的基础上产生了净明道。元初，西山隐士刘玉(1257—1308)自称数遇许逊等仙真，降授净明道要，遂开创净明道派，以南昌西山为活动中心，一时从学者甚众。刘玉所创净明道奉许逊为教祖，自称为第二代祖师。净明道的教义，融合了儒释道的理论，以本心净明为要，制行以忠孝为贵。事实上，净明道有不少源头，如上清派、灵宝派等对

①参见《谢凝素律师传》，《藏外道书》第31册，巴蜀书社，1994年，第209—210页。

它皆有影响，而庐山也成为该教派的发源地之一。

北宋僧人释文莹《玉壶清话》卷十记载：

> 白鹿洞道士许筠，世传许旌阳之族，能持"混胎丈人摄魔还精符"按摩起居，以济人疾。含神内照，恬然无欲。忽一越人来谒曰："吾有至宝在怀，今垂死，欲求一人付之。举世皆贪夫，无堪受者，欲沈于海，又所不忍。"出一丸石如碧玉鸡卵，以赠筠，且曰："古传扶桑山有玉鸡，鸣则金鸡鸣，金鸡鸣则石鸡鸣，石鸡鸣则人间鸡悉鸣矣，此石鸡卵也。张骞又曰瑟母。出扶桑山，流落海北岸，能噏宝玉屑。但五金砂及宝矿碎而成屑，以卵环搅，宝末尽黏其上，不假淘汰。"筠得之，漫于金沙浣取试，搅金屑如碎麸，尽缀于卵，取烹之，皆良金也。日可取百铢。筠曰："吾此学不贪为宝，此物丧真，于道益远。"瘗于钟山之中。后竟无得者①。

许筠为许逊的后裔，他所持的《混胎丈人摄魔还精符》，内容不详，书名亦见于宋代傅肱《蟹谱》、明陈良孺《读书考定》卷二十九。清朝孙之騄辑《晴川蟹录》云："蛉腹：唐顾况，字逋翁，《混胎丈人摄魔还精符》曰：'螟蛉之子，蝦目蟹腹，即即周周，两不相掩，此之谓体异而气同。'"②顾况为苏州海盐（今浙江海盐）人，早年与亲族共居句容云阳里，就读于元阳观，深受道教影响，后来又皈依茅山宗，

①朱易安等主编：《全宋笔记》第一编，大象出版社，2003年，第175页。
②孙之騄辑：《晴川蟹录》卷一，《续修四库全书》第1120册，第428页。

以“华阳山人”自号。因此,《混胎丈人摄魔还精符》可以确定为唐朝顾况撰。

从“摄魔还精”一词,约略可知该书内容。《云笈七签》卷四十二“存思”云:

> 读《元虚黄房真晨君道经》,当思月中桃君方盈。真气月晖之色,从兆泥丸中入,下布兆右手之户。毕,微祝曰:……毕,引月晖之气三咽止,便读《玉经》。毕,又祝曰:……五府生华,白气运烟,充溢三清,紫房宝津,上开仙户,下塞死门,令我羽简,玉帝之前,七祖父母,返生南轩,虎符摄魔,龙旌命神。

《云笈七签》卷四十七有《玉帝卫灵咒鬼上法》,出自《消魔经》,咒略云:“上威六天,下摄魔灵,既威既摄,万凶灭形。”“若夜恐怖,梦想魔鬼试人,干犯真气欲病者,急念此咒,心存至道。”《道藏》中有《上清金真玉光八景飞经》,为六朝上清经典,《无上秘要》卷九十九和《云笈七签》卷五十三皆曾引用,其书述八景道君名讳、五帝摄魔之符、七元星符,劝人服符诵咒。由此可知,所谓的“摄魔还精”,即一种存思方法,主要内容是存思神仙,以消除邪思杂念,做到还精补脑,与上清法类似;又顾况为茅山宗道士,故而该书叙述的就是上清修炼法。

据郭武、李远国等人研究,唐代许逊孝道与上清派有着深厚的关系，这种关系导致上清派对净明道的修炼法产生很大的影响①。净明道所用的经书中，尚有《灵宝净明新修九老神印伏魔秘法》，叙述“存想九老帝君太阳上帝在日轮中”的“每日服气法”。许筠修炼《混胎丈人摄魔还精符》，体现了净明孝道早期的发展轨迹，表明庐山上清派是净明道的重要源头。

《历世真仙体道通鉴》卷二十七载：“天师胡惠超，字拔俗，不知何许人也，莫知其年寿。唐高宗上元间来自庐山，栖于豫章西山之洪井。”胡惠超又作胡慧超。郭武《〈净明忠孝全书〉研究》说，在许逊教团发展的过程中，胡惠超起到了关键作用，他不仅修复了许逊教团的祖庭西山游帷观，振兴了该派的活动场所，还编撰了一些文书，为净明道的理论建设作出了贡献，故而被后世尊为净明道的法师。宋元之交，净明道的重要人物刘玉就托称遇见胡惠超，得传许逊之旨和净明之道。胡惠超的法术，类似于庐山的三洞道士，如《净明忠孝全书》卷一《净明法师洞真先生传》记载胡惠超书写符箓，役使鬼神以运送木材；又发窖藏以充建设之费用。因此，他在唐高宗上元年间(674—676)之前，已经在庐山学成了三洞法，这种法术后来被净明道所继承。另外，建昌人叶千韶，也是净明道重要人物，光绪《江西通志》卷一百八十称他“少隐庐山，辟谷服气”。不过其他史料均没有提到他在庐山修炼之事。综合起来，净明道存神、炼真气以行法术的特点，多半得之于南朝至唐朝的庐山三洞道士。

《玉壶清话》为北宋熙宁、元丰年间僧人文莹所撰。书中称许筠为“白鹿洞道士”，而白鹿洞在南唐时已经辟为书院，儒生云集，

①郭武：《〈净明忠孝全书〉研究》，中国社会科学出版社，2005年，第213页。

儒学兴盛，并非道教活动的主要场所。因此，这个许筠，应该就是白鹿洞的一个诸生，受到儒学的深刻影响。先祖许逊以“忠孝”著称，他在这里进修儒家的忠孝之道，也合情合理。在庐山儒学风气的影响下，许筠自然会想到将忠孝之道结合到道教实践中。如此，许筠应是将忠孝与法术结合起来的始作俑者之一。

明朝之时，庐山也有一些净明道士在活动。

赵宜真（？—1382），江西安福人，号原阳子，兼师清微派、全真北派、南宗内丹派，并复兴净明道，被奉为净明道第四代掌教。其《原阳子法语》主张以“自炼法身”为内丹基础，“无为”为采炼诀要，“忘”字为本，以“粉碎虚空”为最高境界。擅长清微雷法，将内炼与“天”“心”结合，不注重仪式上的繁文缛节。强调修道应该“福慧相须，不可偏废”，认为修道者应该“自利利他，则彼此相济”。弟子众多，最著者为明代高道刘渊然。

据《江西通志》，赵宜真自幼颖悟，修习进士之业，入京赴试，中途卧病，不能赶考，梦见神人指示，位正仙班，乃入龙虎山出家为道士。师事李元、张天全，结茅居住庐山，修炼全真道。四方闻其能致雷雨之术，辄不远千里，云集座下，至正十二年（1352）开始携弟子云游。这种“致雷雨之术”，应当就是五代庐山谭紫霄所行的天心正法，与元代雷时中一派所行的法术也很相似；而这种内炼加法术的修道模式，也与天心派异曲同工。

刘渊然（1351—1432），号体元子，江西赣县人，明初著名高道，幼年在祥符宫出家为道士，师事胡、张二师，得符法，后又礼赵原阳为师，得授金火返还大丹之诀，不仅得全真、清微二派之传，且被尊为净明道第六代嗣师，以“呼召风雷、道法尊妙”而名扬四方。明太祖朱元璋于洪武二十六年(1393)将他召入禁中，试以道术，赫然灵验，赐号"高道"，令其在南京朝天宫西山道院居住。历访庐山、武当山。后被谪至龙虎山，再谪至云南龙泉观，洪熙元年(1425)召还。《明史》卷二百九十九《张正常传》称他"有道术"，为人清静自守，不干世事，故为"累朝所礼"。刘渊然拜访庐山，以期有益于道行，也可见净明道与庐山的关系。

明朝时期，庐山之北的太平兴国宫引进了许逊崇拜。桑乔《庐山纪事》云，嘉靖年间，湖北黄梅杨家穴人，争立许旌阳庙，后来各地知府都将旌阳像送到太平宫，遂不再争，从此大量朝拜者都到太平宫进香，后来又集资修建殿宇。为什么在太平宫祭祀许真君，各地就不再争执，并且乐意到这里朝拜？这表明南昌西山是净明道的活动中心，而庐山却是教派之内共同认可的主要发源地，故而信众很容易就信从了这里的许逊崇拜。

王重民《中国善本书提要》"子部宗教类"载录《许真君净明宗教录》十五卷，附《净明归一内经》一卷，共六册，明朝万历年间刻本。卷一题："弟子杨尔曾校书"。《净明归一内经》题："南畿水晶子撰，星邑陈尧卿录，书林詹易斋梓"。卷末题：

> 皇明万历甲辰金望月，南畿宛陵泾川净明忠孝后嗣上帝诏封九天都大使管事学仙童子赵一明，俗名善为，号自然，字水晶子谨撰，今在江西南康府庐山黄岩洞新建许君万寿宫刻行。

此书其余各卷书名及题衔颇不一律，它的主要内容由杂辑许真君著作及后人所作许真君之事迹而凑成。如卷二《许真君传》为白玉蟾撰,卷三至卷五《许真君八十五化录》为施岑编次。其内容或类道经,或类小说。世行有关于许真君之小说,均可与是书互相考证。书末有记云:"万历甲辰(1604)仲秋詹氏西清堂梓。"詹氏为书林中人,承尔曾之意而付梓,与所谓"万寿宫刻行"同指一事①。杨尔曾,字圣鲁,号雉衡山人,又号夷白主人,钱塘人。生卒年均不详,约明神宗万历四十年(1612)前后在世。好编刊通俗书籍,编有小说《东西晋演义》《韩湘子全传》《海内奇观》《图绘宗彝》等,颇为流行。

《许真君净明宗教录》是孤本,藏于北京大学图书馆。但其中的主要内容,却可以在别处见到。如《许真君八十五化录》,实即《西山许真君八十五化录》,收录于《道藏》之中。该书是净明道神化许逊的杰作,附有后记一篇,作后记的玉隆万寿宫道士孙元明,自署为"灵宝大师",可见南宋时净明道并未完全定型,而灵宝派也是其源头之一,如同庐山道士多兼习灵宝、上清经典一般。

值得注意的是该书的编撰者庐山净明道士赵一明。赵一明是宛陵(安徽宣城)泾川人,身份为"净明忠孝后嗣"。"九天都大使"是道教中给许逊所加的封号,"上帝诏封九天都大使管事学仙童子"是赵一明自号。赵一明在庐山之南的黄岩洞新建万寿宫,时在万历三十二年(1604)之前。黄岩洞,在庐山秀峰瀑布附近。民国高鹤年《名山游访记 · 由沪至匡庐游访略记》云:"又一里黄岩洞,上有四字云'自在所在'。三里文殊塔,看瀑布如玉带下垂,不知几千

①王重民撰:《中国善本书提要》,上海古籍出版社,1983 年,第 412 页。

百丈。仍回秀峰，犬仍偕行至寺，乃知即秀峰之犬也。”①赵一明所建的庐山万寿宫，别处未见记载，因此这是庐山传播净明道的一条重要资料。但赵一明于理论上建树不多，这一处万寿宫也不甚兴盛，后来就不见踪影，多半是荒废了。

第三节　化虚为实的养生丹经

与社会文明的进程和当时的社会思潮一致，明代庐山道教在神秘文化方面的创造力显著减退，导致其影响也大为削弱；然而它也在内丹学方面取得了前所未有的成就。内丹学的发展，使不少人意识到其中包含有真实无妄的养生功夫，因而在这方面进行重点探讨，如丹亭真人、桑乔、庐山山人就是其中突出的三位。他们的著作，让人们感觉到内丹学不再是一种纯粹臆想的产物，无任何验证、实践之可能，而是一种切实可行、对身心健康大有裨益的理论。他们的著述，显示道教已经发展到一个新阶段。因为道教缘心而生，神仙、丹药，皆为心灵的幻象；而洗涤一切幻象，显露其为心灵服务之本质，乃是道教发展的必然结局，也是一切宗教必将到达的境界。此时全国各地还在盛行玄虚的内丹修炼，故而庐山道教的这种变化显得非常可贵，起到了“导夫先路”的作用。

一、气息可调，修仙必先除病

卢丹亭，明代济源县（今属河南）人，久居庐山。据说他修习神仙长生之术，擅吐纳导引，能变化形骸，尤精医道，有起死回生之妙

①高鹤年著、吴雨香点校：《名山游访记》，宗教文化出版社，2000年，第98页。

手。胡应麟(1551—1602)《少室山房杂记》曰:

> 博学能文,究易穷道,尤深于炉鼎铅汞、长生不老之术,变化性命、神化无方之诀。平生好游名山洞府,行止无定,来时自来,去时自去,忘生老病死,无往而不自在逍遥也①。

又萧天石《丹事真人传道密集序》云,“丹亭真人为玄门隐士,据《青城秘传》载:真人久居庐山,足迹遍五岳名山洞府,曾一度至青城峨眉;二百余岁,犹步履如飞,鹤发童颜,骨弱筋柔,犹孺子也。其修老氏婴儿派之道功乎?”②因此,丹亭真人是明朝时期一位埋名隐姓的庐山高道。萧天石主编的《道藏精华》收录有《丹亭真人传道密集》,据萧氏称,原书为台湾国立中央图书馆珍藏之善本图书,乃傅青主手录的丹亭真人传道秘书,凡四种:《卢丹亭真人养真秘笈》(署太原傅青主录,有礼亭考证记)、《丹亭悟真篇》(署太原傅青主录)、《傅青主丹亭问答集》(署太原傅青主纂,有天笃老人石舟题字并序)、《丹亭真人卢祖师玄谈集》(署太原傅青主手录秘本)。这四种道书,体现了明清之际新出道教医学著作的新特点,如内丹修炼与医学的关系更加密切,普遍强调修道养生要通晓医理,以医理为指南等。

卢丹亭提出了“修身者,要知一身血气脉络之要”的修真养生

---

①李远国编著:《中国道教养生长寿术》,四川科学技术出版社,1992 年,第 114 页。

②《丹亭真人传道密集》,《道藏精华》第十三集之五,台湾自由出版社,2001 年,第 2 页。

观。《丹亭悟真篇》认为:“欲修长生,须识长生之本;欲求不死,当明不餐之人。”而长生之本就包括熟知医理,明察人之五脏六腑构造、脉络联布之要及一身气血精液升降出入的规律:

> 夫修身者,要知一身血气脉络之要。人欲修养,而不知一身血气脉络联布之要,炼精则为精凝,炼气则为气滞,炼神则为神乱,反致血气逆滞,发生他疾,不可不鉴也……天地间,一呼而气上升而潮升,则千流万派皆随之而盈;一吸而气下降而潮退,则千流万派皆随之而涸。此人之一身血脉联布之要如此,欲修真者不可以不知也。

卢丹亭也提出了“病魔不除,仙基难立”及“却病以气”的修仙方法论。明清之时,传统医学对生命现象及其生长壮老机制的认识不断深化,传统医疗技术在除病防疾以益生延年方面的重要作用亦为道门中人所普遍认同,道教在修仙理论上对长生的途径、条件的把握也发生了相应的转变。熟识医理的丹亭真人就明确提出修仙与治病却疾是相互统一的,而且修仙必须首先却疾。《丹亭真人卢祖师玄谈》之“总论”通过门徒养浩生与真人问答的形式阐述了这一思想:

> 养浩生曰:尝观自古真师,未得延年,先期却病,故病魔不除,仙基难立。敢叩慈座,却病之方,果何如法?
>
> 真人曰:善哉问也……观人之未生也,本天地之一气。迨父母构精,胎始立焉。受天地气足而始生,则人也者,本

一气而已矣……气以成形，且此气之在人，鼓舞动作，悲欢痛痒，莫不由之。于是亏此气则病，滞此气则病。惟周流一身，则康宁福祚也。

丹亭真人明确指出却病是修仙延年的基本条件，病魔不除，则仙基难立，这是对传统道教内丹术“筑基”一说的新发展。此外，他还以天人一体及道教医学人体观为理论依据，阐述了“却病以气”的丹功治病大法，使其道教修仙方术在理论上呈现出医学化趋势，而在技法上则趋于实用养生，促进了道教医学与传统医学的融汇。

《丹亭真人玄谈集》虽名为“玄谈”，但书中玄理色彩很淡薄，整个体例恰似一部临床丹功治病手册。全书分四十节，除第一节为总论外，其余各节分别是针对临床上的各种疾患，简明扼要地说明如何依据病理特征，“却病以气”，进行施功治疗。书中所载数十种“却病以气”的功法，都能结合传统医学理论，进行辨证施功，在临床治疗方面有其独到之处，具有很强的应用价值。

《卢丹亭真人养真秘笈》一书，是《丹亭真人传道密集》的首篇。正文前有丹亭真人传道图一幅。书中以真人与门徒养浩生一问一答的形式，阐述以修炼息法为核心的内丹养生功及其诀要，分“数息第一”“调息第二”“闭息第三”“住息第四”“踵息第五”“胎息第六”“无胎息第七”七节，且每节之前都有简要的“总论”。卢丹亭从道教医学培养元气的人体观出发，认为“成真之道功在于气”，修道养生全在于人体神气的调用，故断定修息法乃养真之大功：

真人曰：此际功大非同小术，乃脱假成真无极大道也。

故得此道者非旁门可入,非杂类可成,唯此一神一气而已,盖气即铅也,神即汞也。

养浩生曰:成真之道功在于气,固矣,然下手处端在何处?

真人曰:此气所以难得死者,以有呼吸之气泄之也。下手处必须数此呼吸之数。既知数息便要调息,既知调息便要闭息,既知闭息便要停住息,以至踵、胎息,胎息方求入无胎息的境地,以跻圣域。

全书以修息法为旨要,以数息法、调息法为入手门径,从闭息法、住息法、踵息法以至胎息法、无胎息法,循序渐进,体现了丹亭真人内丹养生书的共同特点,行文简明扼要,文风颇为朴实,一反道教内丹养生著作常有的玄秘旧习①。

二、以假修真,丹鼎原是身心

桑乔(?—1564),字子木,号南皋,别号玄同子,江都(今江苏扬州)人。《明史》有传,但不如隆庆三年(1570)欧大任所作的《南皋先生传》叙事周详②。嘉靖十一年(1532),桑乔中进士,官至监察御史,曾奏请蠲免山西徭赋,弹劾平寇不力的官员。嘉靖十六年(1537)夏,因雷震谨身殿,下诏求言,遂上书弹劾严嵩,成为最早弹劾严嵩的直臣。嘉靖十八年(1539),因病辞官,为都御史王廷相所弹劾,严嵩借机诬陷,将之廷杖下狱,旋即谪戍九江,居戍所二十六

①参见盖建民著:《道教医学》,宗教文化出版社,2001年,第203—211页。

②见《真诠》附录,《四库存目丛书·子部》第261册,齐鲁书社,1995年,第829—830页。

年而卒。欧大任《南皋先生传》说桑乔在九江不因私事归家，将母亲迎来，躬耕奉养，母亲回江都之后，"独居一室，左右图书，咏诗读史，饮水茹粝。平生不畜妾媵，一仆供扫除汲爨，泊如也。""晚游匡庐，耽嗜玄旨及易占大六壬数，得其微奥，尝曰：穿壬透易，阴阳在掌握中。所著有《庐山纪事》十二卷，《真诠》四卷，诗文集二十卷。甲子卒于九江。"所撰《庐山纪事》十二卷，体制完备，篇幅宏大，为后世《庐山志》的奠基之作。

桑乔在九江，既致力于著述，亦潜心于易占大六壬数，钻研道家之旨，对内丹修炼颇有研究，自称受道于全真阳道生，并编纂其所传授之《真诠》。《真诠》卷末《遇真记》云："予病卧九江西林寺，有黄冠来憩宇下，漫就之，察其气象似有道者，问其年，八十九矣，其生天顺之六年，其祠簿则成化七年（1471）所给也，丰神磊落，如四十许人，种发被耳，未尽皤，闻其名，曰葆真子阳道生也。"据此阳道生生于天顺六年（1462），到西林寺遇见桑乔时八十九岁，时在嘉靖三十年（1551）。桑乔向他请教"长生久视之道"，阳道生说，修身不外乎存心养性。又自叙其道从（王）重阳、（丘）长春、云峰、洞真、寥阳、太虚一路传承而来，表明自己是全真道士。阳道生对桑乔说："吾有《真诠》二卷，《卮谈》二卷，子试观之，翌日吾且之庐山观天池，返乃就汝取书。"但他却一去不复返，桑乔遂"为之删润而传之"，书成于嘉靖辛亥（1551）八月一日。《真诠》卷首有《云窝问道篇》，题为"葆真子斗野阳道生"，称"道生少时侍先师太虚真人于姑余山之云窝……又三年，先师尸解……去参它老仙，又见仙道中衰，正源不振，邪说盛行"，因此"辑其妙旨，分为二卷"。又称《真诠》是书"始于壬寅，成于丁未。"壬寅当即嘉靖二十一年（1542），丁未为嘉靖二十六年（1547）。

上述记载，颇多破绽。其一，阳道生所叙的传承体系并不可靠，因为丘长春（丘处机）去世于1227年，距离桑乔见阳道生的1551年已有324年，每一传间距六十多年，实在不合情理。其二，桑乔说阳道生"其祠簿则成化七年所给也"，应指阳道生于成化七年（1471）受道士职。明代的道士，皆要纳入官方的管理体制，阳道生于成化七年方九岁，此时便正式成为道士，未免太早。其三，桑乔见到阳道生，在嘉靖三十年（1551），此时阳道生八十九岁；而桑乔删削润色《真诠》，亦成于嘉靖辛亥（1551）八月一日，几个月便成书，未免太快。其四，据《云窝问道篇》，阳道生少时师从太虚真人于姑余山之云窝，姑余山即昆嵛山，在山东文登、牟平、乳山三县交界处。这应该是成化七年阳道生入道时的事情。三年之后，太虚真人即去世，阳道生见邪说盛行，遂立志弘扬师父妙旨，如此他十三四岁时就已尽得师父真传，而且能够辨别正邪，深知师父之真谛；但却要到师父去世之后七十来年才开始"辑其妙旨，分为二卷"，不免过于离奇。其五，《云窝问道篇》题为"葆真子斗野阳道生"，斗野当为其籍贯，但具体在何处，却很难指实；倒是桑乔的故乡扬州有斗野亭，位于扬州城东北的古镇邵伯，始建于宋朝。又宋朝张蕴，字仁溥，号斗野，扬州人，嘉熙中为沿江制置使司幕属，历临安府通判，工诗，有《斗野稿》。这应该不是巧合。据此推断，阳道生实际上是一个并不存在的"乌有先生"，而《真诠》就是桑乔所著；这与欧大任《南皋先生传》说桑乔著有《真诠》吻合。

《真诠》一书，颇受后人重视。清朝康熙庚寅年（1710），守纲道人彭定求校刊此书，作《重刻真诠小引》，谓此书出自家藏，"先君晚年复题简端曰：平生阅历四方丹术甚多，迷谬错出，不如此书洁净精微，可以守约自得。丁宁切挚留藏箧，岁月荏苒，楮墨模糊，恐日久失传，因重梓之。"萧天石将此书编入《道藏精华》第四集，评曰："一般言丹道者之通病，非失之于乖谬空虚，则失之于玄幽渺冥，非落入于诡谲怪异，即落入于旁门之术；斯编则绝无此病，本末兼赅，体用咸宜，贤者可识其深，不贤者可识其浅，无论上智下愚，循之以修，即可以之守约入道，亦可以之养生尽年。"本书上卷言"忘精神而超生之道"，有道诠三则：极玄宗旨、陶炼功夫、助机要语。卷下之上言"见精神而久生之道"的丹原、丹基、丹材、丹枢、丹用，卷下之下谈此道之丹事二十四则。《真诠》谈修道之要，条理清晰，语言简洁，令人一目了然。卷中引述各丹书及真人语录，皆能贯通一气。综合各种评论，此书的特点有二：

其一，在全真教的"炼丹""炼心"理论中，独取炼心，不讲炼丹，而炼心之说，颇为精要，足资参考。

《真诠引》说内丹"其道有二，《文始经》曰：能见精神而久生，能忘精神而超生。忘精神者，虚极静笃，精自然化气，气自然化神，神自然还虚，此虚无大道之学也。见精神者，虚极以为本，火符以为用，炼精成炁，炼炁成神，炼神还虚，此以神驭炁之学也。"桑乔认为，虚无大道虽然不着于精气，却能与道合真，神形俱妙，了性而自然了命；以神驭气，则着于精气，炼神合形，了命而性因之以存。在《真诠引》中，他说两者皆有益于人，但实际上他推崇前者而贬抑后者，《云窝问道篇》说虚无大道"虚无自然与虚空通体"，而以神驭气只在躯壳上做工夫，对虚静关注不够，已"落第二义"；又有很多以神驭气的修炼者，不以虚静为根本，落入"旁门邪道"。金元以来，内丹修炼者侈谈安炉立鼎,修炼形体,而对性功关注不够,因此桑乔此说,就体现了他的反思精神。

《真诠》谈虚无大道,精心选择前人论点并加以组织,显得有理有据。征引典籍,颇为丰富,取舍之间也体现了不同眼光。这些典籍,在内丹盛行之后或不受重视,如《文始真经》、司马承祯《坐忘论》等;或没有成为内丹修炼的主要著作,如丘处机《鸣道集》、王志谨《盘山语录》等;桑乔采之成书,就体现了他的独到之处。又如张伯端《悟真篇》,一直流行于世,所谈亦主要是命功,而桑乔却不采用其中的龙虎铅汞之说,单单引用了其中有关炼心的论述:"夫欲免夫患者,莫若体夫至道;欲体夫至道,莫若明夫本心。故心者道之体也,道者心之用也。人能察心观性,则圆明之体自现,无为之用自成。不假施功,顿超彼岸。"

其二,《真诠》所叙的炼心之说,科学合理,颇为现代养生、修炼气功者所重视。

《真诠》阐述的"忘精神而超生之道",其核心是清静无为,即在任何时候、任何情况下都要排除一切内外环境的干扰,保持心境的澄净。"内观其心,心无其心,外观其形,形无其形,远观其物,物无其物",不能有一丝一毫的执著;既要达到空、无的境界,又不可执意追求,否则仍胶着于空、无二字,便是不空:"观空亦空,空无所空""所空既无,无无亦无""无无既无,湛然常寂"。

《真诠》认为,太极是虚无自然之道,先天真一之气。此气一动一静,化生万物。万物之本源,就在虚无一气之中,修炼之道,就是在太极上下工夫,以求返回先天一气的虚无境界。先天之气,从无生有,化生形体,元和真气是形体之根本,修炼之道在于保元气。元气化生元精，又赖元精而固守体内。因此，修炼过程中，保元精是重要环节，一方面凝聚元气以化生，另一方面节制房事以保精。精、气、神三者是人体三宝。三者之中，神尤其重要，它是生命活动的主宰。神藏于心，“心和则气和，气和则形和，形和则天地之和应”“心清则念清，念清则精生”“心归虚寂，身入无为”。这些观点是《真诠》的理论基础。

《真诠》对修炼的各个环节如火候、温养、炼神、结丹、脱胎、还元等，进行了详细的阐释；对炉鼎、黄庭、玄牝、元关等名词，亦作了通俗的说明；此外还一一论述了修炼的条件及方法。从表面看来，作者把修炼分成这么多步骤，与传统的内丹修炼无甚区别，与作者倡导的虚无大道相互矛盾；但实际上作者把火候、温养等词的原有内涵都掏空了，换用心性的各种表现去阐述它们，体现了作者对内丹理论的改造。例如安炉立鼎，已经不是内丹家构想的体内炉鼎，而是“慎起居，节饮食、调寒暑、少睡眠，收拾身心，惩忿窒欲，惜精惜气惜神”等修养之功；而所谓的“入药”“炼神”，乃是营静室、办肯心、屏尘缘，学打坐，凝神入气，调节呼吸。又如解释内丹术语“玄牝”云：“夫谷神若以玄牝作根基，即为有著，非谷神也。又其下言玄牝者，殆有十数般，愈淆乱而讹谬矣。”说明养神而虚即是玄牝，玄牝即寂寥虚无之境，而并非指体内某一部位，如有具体部位则必有形有相，在修炼时就会有所执著。对“一点落黄庭”的解释，也不拘泥于固定的部位。总之，一般内丹书显得难解，原因就在于虚构了纷繁万象以譬喻炉鼎、药材、修炼过程等事，而种种名词术语所指，大半属于虚构，并非真有这些东西和活动存在于人体之内，所以无从验证。因此，《真诠》以简驭繁，以实代虚，就能够揭示较多的养生功夫，具有可以验证的科学性。

吕光荣、吴家骏在《中国气功经典》指出，人的精神意识活动与体内的精、气、神密切相关。人在内、外环境作用下，产生了各种精神意识活动，它们都会消耗人体的元精、元神和元气，而过激的情绪变化，过分的贪求，则更会引起气血运行的逆乱，损伤身体。《真诠》针对这一点，主张去其情识，保持心境的平静，使元气冲和而生生不息："人唯无情识则其气和，气和则融畅滋息，而天地之和且应之。"此论乃是气功修炼的理论基础。修炼气功必须在心定、心静上下工夫，"心定则神凝气和"，"心归虚寂，身入无为"则"精自然化气，气自然化神，神自然还虚"，《真诠》对气功修炼的这一重要原理作了深刻的论述，可为后学之指南①。

三、凝神保气，此心常须呵护

明朝时，有一位道士万尚父，号庐山山人，在庐山久居修道，著有《听心斋客问》一卷，内云："匡庐山中有竹林寺，或曰阿罗汉所居，昔人至者，或以无心，以有心往，顾复不见也。予尝病中久坐静极，忽一日见予身在白云中，唐巾方袍，拄杖向予而立，一鹤自随，得大自在。"可知他对庐山很熟悉。《四库全书存目》提要云：

> 《听心斋客问》一卷，浙江鲍士恭家藏本。旧题庐山山人万尚父撰，不详其履贯。书中大旨皆宗尚二氏之学，谓一切声色，弗以耳听而以心听。设为客问，亦弗以言答而以心答也。大抵近俞琰《席上腐谈》，而所言荒渺，尤多

①吕光荣、吴家骏：《中国气功经典（金元朝部分）》（下），人民体育出版社，1990年，第381—407页。

纰缪之词。

提要对该书评价不高，但实际情形并非如此。《听心斋客问》在各种内丹学著作中多见引用，说明其论述颇有精到之处。与《真诠》类似，《听心斋客问》与宋金元以来论述内丹的著作颇有不同，它没有采用那些繁复的名号来指代内丹修炼之中的材料，如精、气、神等，也没有采用大量的象征符号来比喻内丹修炼的过程，而是以问答的方式，对内丹修炼中诸多问题，如"心如野马，如何降伏""修行人见魔，如何降伏"以及炉鼎、元精、元气、元神、鼓橐龠、意为媒、心息相依、任督两脉等，作了清晰简明的解说，共涉及65个内丹术问题。作者在《自序》中说：

> 由于玄书中间、图像鄙以亵，辟喻层磊，至于去离本初，不啻天壤，使人迷懵惊疑，即弗省所云①。

万尚父指出以前的内丹学著作，采用大量粗鄙不堪的图像，譬喻多方，叠床架屋，使人茫然无从，这种看法与《真诠》相似而更为直露。因此《听心斋客问》一反以往的做法，解释内丹诸问题时，说得精确明白，直揭庐山真面目，故而既适合初学者使用，亦为各种著作大量采用。

《听心斋客问》体现了元明以来"三教合一"的思潮，融合三教而以儒为宗，作者论二氏与儒同异说："夫修身只是存心养性。存其

①《四库全书存目丛书·子部》第93册，齐鲁书社，1997年。

心，养其性，以事天，则造化在我”。又引孔子“朝闻道，夕死可矣”，曰：“夫闻道则天地合德，日月合明，四时合序，鬼神合其吉凶，非神宰太虚乎？即所谓知天也，夕死可矣。未尝死也，何必求长生耶？故文王之神在天。《诗》曰：‘文王陟降，在帝左右’，夫登陟于帝之左右，非飞升而何？此吾儒之飞升，其亦异乎二氏之所谓飞升也与！”把修炼内丹以求不死说成是精神不死，不但吻合儒家之旨，也大大消除了内丹学的神秘色彩。

《听心斋客问》专讲修炼心性，不谈龙虎铅汞，简易明白，与《真诠》一致。而其中许多论述，就是《真诠》的简写。例如谈论火候，《听心斋客问》云：

> 火本无形，安得有候？心即神也，神即火也。行火有过，不及之差，则调而正之，所谓候也，其机在人。用意太紧则火燥，太缓则水滥，全在缓急得中。其曰不传火者，不可传也。起火时，守虚静，听其自然熏蒸，化而为液，下降灌溉五官，不可一毫杂念。

《真诠》则云：

> 盖用意太紧，是谓火燥而干，若太缓，是谓水滥而寒，只要缓急得中也。勿忘勿助之说，是真火候，非有定，则故云不可传。此火起时，人力不可干与，只要虚静，牢把舵，不使杂念扰之，听其自然，待他薰蒸一回，自然生阴，化而为液，下降灌溉五脏，喉中觉有甘津，乃其验也。到此时，

还只守虚静，一些不要挠他，他自去凝结，久之寂定，然后乃可徐徐而起。

所谓的“火候”，其实就是意念的松紧，犹如人们通常所说的“暴躁”“急性子”或者“缓脾气”。凝神之时，性子太急，反而破坏了心灵的宁静；太缓，也不容易集中注意力。两段文字十分接近，唯繁简有异。据此可知，《听心斋客问》脱胎于《真诠》，两者具有传承关系，而庐山山人万尚父应该就是桑乔在庐山的传人，在庐山修道的时间为嘉靖后期。

《听心斋客问》大量继承《真诠》的观点与精神，但并非简单抄袭，具有自己的特点和价值。在书中讨论的65个内丹术问题中，有相当一部分是《真诠》没有论及的，由此完善了《真诠》的理论体系，对内丹学理论作了更为全面的梳理。而比较两书相似的内容，也可以看出《听心斋客问》的特点。

其一，桑乔博学多识，著述《真诠》时喜欢引经据典，以证明自己理论的正确，但这些经典与作者的观点难免有些出入，两者熔铸得不是很好，采用内丹成说时，也难免沾上一些玄虚色彩。《听心斋客问》则不假文饰，直抒己见，不但明白易懂，叙述也更为准确。如对内丹学中经常提到的“任督”二脉，《听心斋客问》解释说：

任脉起中极之下，循腹里，上关元，入脑下，下齿龈，与督脉合，为阴脉之海。督脉起下极之俞，循脊里，上风府，升巅，下额，入喉上，上齿龈，与任脉交，为阳脉之海。《黄庭经》曰：“皆由心内运天经，昼夜存之自长生。”天经，乃身之黄道，呼吸往来于此，即任督二脉，二脉俱上行。

《真诠》则云：

通任督乃命宗最妙处，天之气，运而不停，故地不堕。人之气，运而不息，故形不朽。其运也，乃自然之运也，非熊经鸟伸，吹嘘呼吸之运也，此乃所谓户枢不蠹，流水不腐者。蒋青霞曰：人身左足太阳，右足太阴，足底为涌泉穴，水火二炁，自足入尾闾，上合二肾，左肾堂，右精府，一水一火，一龟一蛇，互相橐籥，由此上夹脊双关，贯二十四椎，会于风府，上潮泥丸，由泥丸而下明堂，散灌五宫，下入重楼玉关，直往绛宫，复流入于本府，日夜循环，周流不息，皆是自然而然，即不是动手脚做成的。今人皆流入旁门，不知虚无自然，默默运用之理，妄行引导，存思注视，遂成妄想作用，反致奇病，如白莲道人黄肿，运气道人气蛊，皆其验也。

万尚父说任督二脉，非常明白，从人体的生理来看，它们其实就是主动脉和主静脉及其运载的血气；《真诠》引用蒋青霞语，说任督经过许多关节，反而难以坐实。

内丹学借用外丹理论，少不了用到“炉鼎”“丹药”两词，而人体中所谓的“炉鼎”“丹药”，无比抽象，令人摸不着头脑。《真诠》曰：

或问何谓鼎炉？李清庵曰：身心为鼎炉。丹书云：先

> 把乾坤为鼎器，次抟乌兔药来烹。乾，心也；坤，身也。今人外面安炉立鼎者，谬矣。炉鼎者，此身是也，修炼必有此身，然后神气有所依附而不散，功夫有所凭藉而可施，所谓借假修真是也。

说炉鼎就是身心，当然明白多了。但因引用经典，令人觉得炉鼎还有一些玄虚之处，只是难以明白说出罢了。《听心斋客问》则直接指出：

> 客问炉鼎，曰："以乾坤为炉鼎者。乾，心也；坤，身也，肾也。不必言炉鼎，只自身心上做便是。"

万尚父说没有什么炉鼎，其实就是人体的身心；炼内丹就是从身心上做功夫。这种说法，比《真诠》的论断更为清晰了然。

《听心斋客问》大胆甩脱经典的论述，用自己的语言表述自己的观点，所以神仙奇异色彩也更淡薄。如《真诠》云：

> 愚按以上所言，皆弃却凡躯，只炼元神还太虚去，更不留形住世，可见上仙不以长生为事，今人切切于长生之慕，何也？又尝闻古之得道者，虽此凡体，亦皆虚融，故能入水火，贯金石，履虚不坠，触实不碍，所谓纯气之守，所谓散则成气，聚则成形，所谓形神俱妙，与道合真，今必欲弃此凡躯，方成仙质，岂犹未至于形神俱妙耶。

这种论述，虽然神仙色彩不浓，但还是有些闪烁其词，似乎并未完全否定神仙的存在。《听心斋客问》则完全抛弃了神仙之说：

> 大人含光藏辉，凝神保气，形神俱妙，与道合真，隐则形藏于神，显则形聚于气，蹈水火，交白刃，存亡在己，出入无间，谓之真身，不特长生而已。

说"神仙"其实就是一种精神，就是"形神俱妙，与道合真"，而不是长生久视的得道之人。"神仙"精神体现了人的心灵世界是自由的，也是由自己主宰的。

其二，《真诠》征引丰富，但很少涉及自身的体验。这表明桑乔并不是一个专业的道士，因此在修炼的体验上有所欠缺。《听心斋客问》则融入了作者的修炼实践，将理论与感性经验结合在一起，可操作性更强。如作者对"元神出窍"有非常具体的描述：

> 阳生则心虚空，空无丝毫罣碍，神当自出，不从口出，从目出，目有异光，从耳出，耳有异音，从鼻出，鼻有异香。当是时六脉俱息，呼吸并止，此游于混沌未判之初，须令人守护之，不可惊动，只待分阴分阳或一七二七，自然来复，却以大定静守之，意不可散，念不可动，久之，自然见性，如月受日光，一得永得矣，然未离体也，还须养虚。

这种从眼睛、耳朵出来的元神，与通常所说的精神没有多大差别；所谓的"见性"，与儒家的心性修养也比较相似。虽然作者不可能彻底否定玄虚的“元神出窍”，但基本上已经把它从神秘世界拉回到现实世界中了。这种描述，让人感到如临其境，不仅仅是一种概念的阐述。

《真诠》论述调息功夫，已经相当明白简易：

> 凡人心念依著事物已久，一旦离境则不能自立，虽暂能离，未久复散乱，所以用心息相依法拴系此心，由粗入细，才得此心离境，便可恁虚无去，更不用调息矣，得至无天无地、无我无人境界，更有何息可调，此法最捷径最容易最无病，与其他守丹田、守中黄等不同，可依而行之。

《听心斋客问》则云：

> 心依着事物已久，一旦离境，不能自立。所以用调息功夫，拴系此心，使心息相依，调字亦不是用意，只是一呼一吸系念耳。至心离境，则无人无我，更无息可调，只绵绵若存，久之，自然纯熟。

虽然脱胎于《真诠》，但更易于操作。作者说调息是在不着意用力之时，用一呼一吸系念，调到心地空明时，就不必再关心调息，使呼吸绵绵若存就行了。炼心的最初功夫是将意识与呼吸结合，以意领气，用气摄神，交相作用，慢慢调整，“着力做不得，须慢慢克去，令他不动，久之自忘。”然后意识到“凡有所象，皆是虚妄，乃自己识神所比。心若不动，见如不见，自然消灭，无境可魔也。”

其三,《听心斋客问》提出了明确的人生观,将之作为养生的基础,完善了《真诠》的理论体系。

从科学的角度来看,《真诠》《听心斋客问》均含有大量正确的养生理论,对于心理健康的保养有较多的阐述。人类的心灵,与身体一样,是需要劳逸结合的。劳是指思考问题、想着事情的状态,逸是指放下负担,什么都不想的状态,只有两者交替,如同人们日间劳动、夜晚休息一样,才是心灵的常态。人的心理健康问题,往往缘于思虑过度,精神散乱,不能回到专注或者虚空的本原状态,致使心中的负担无法放下,久而久之,就成为心理疾病。在远古时代,人们的生活方式比较单纯,也用不着刻意强调心灵的休息;但到了文明日益发达、生存竞争愈加激烈的时代,放松心灵就成为一个重要问题了。《听心斋客问》指出,“慧是心用,用多则心劳。初少得慧,即悦而多辩,神气泄露,身无灵光,遂至早终。”这就是脑力劳动方面的“过劳死”。对于这一问题,如何诊治?万尚父说:“先要慎起居,节饮食,调寒暑,省睡眠,收拾身心,惩忿窒欲,使四大安和,神气完壮,可为入道之基。”“把从前所著的酒色财气,是非人我,攀援爱念,一切摆尽,外无所累则身轻快,内无所累则心轻快,久久纯熟,自无妄念。更时刻护持觉照,慎言语,节饮食,省睡眠,表里相助。”这是生活上的调节。当然,这些说起来容易,做起来难,而《真诠》所论不够详细,也不太容易操作,《听心斋客问》所说就比较全面。

让心灵放松的下手方法,是控制心灵活动,使之归于虚无,则外境不生。万尚父说:“心上含着识,则因境生情。若内无境,则外境依何而生。”内心世界的影像,都是心灵自我积累的结果,如果控制了心灵,则外界的事物自然不会侵入。然而人不可能无事,如果这

时有事,心灵又不平静了,那该如何?《听心斋客问》云:

只好说觉照,作意便不安。有事无事,常若无心;处静处喧,其志唯一。或应事生疑,且恁思量,所疑既悟,即是慧种。经则顺应为常,权则与时消息。悟已即止,勿复再思,思则以智害性。

脑神制而无著,放而不逸,外喧无恶,涉事无恼,以无著为真常,以有为真迹,此为真定。

事来则应,应付过了,心灵复归于平静;涉事之时,以安时处顺、不烦不恼为原则。想做到这一点,平时必须加以涵养,练成喜怒有度的处世态度:

一切拨去,莫将心受。有所闻见,如不闻见。是非毁誉,不入于心,则真明不昧,道自来居。

凡有所爱,不得深爱;凡有所憎,不得深憎;喜至而心勿荡,怒而至情不留,并能养神益寿。此至人对境忘情之妙,圣人养心定性之学、修养之术,不足以尽之也。

虽有求营之事,莫生得失之心。迹与人同,心常异俗。

这些论述,告诉人如何正确面对现实中的名利,以及由此引发的情绪反应,不失为处世箴言。能够做到“是非毁誉,不入于心”,那是最好的,当然这样的境界不容易达到;合理的方法是调节自己的爱憎喜怒,或者情绪来了就发泄一下,过后荡然无存;或者淡然处之，让它们不至于产生太大影响。为了生存，人们难免有所谋划和追求，也难免有成功和失败；这是一种很自然的现象，不必因过于看重而患得患失，否则于事无补，而且于身心不利。养生者的谋划和追求与常人没有什么不同，但心态和常人迥然有异。《听心斋客问》又指出：

人之心，每日只在外面驰逐，自己一个身子，却不曾照管。今只将照外面这个神收回来，放下外面许多机巧，一意敛藏，这便是回光返照。

这段话源于《真诠》，本意是阐述"内观"：

盖凡人之心，每日只在外面驰骛，凡外面许多机变巧捷，俱是神之光影，可见此神一向只照了外边，自己一个身子却反不曾管顾。如今不用旁求远觅，只将照外边这个神收拾回来，放下外边许多机巧，一意敛藏归内去，屏除许多杂思虑，这个便是反观内照。其实观无所观，照无所照，而亦未尝不观照。

相比之下，《听心斋客问》的论述更具理性色彩，它从世界观的角度阐述了修炼虚无大道的必要性。如果一个人连自己的身心都不顾了，那么他追求名利还有什么意义？对于那些迷于名利而不反的人来说，这可谓是当头棒喝。总之，有了这些特点，《听心斋客问》与《真诠》一并流行于后世便很好理解。

四、三教合一，重新回归人世

明清时期,民间宗教大量出现,拥有为数甚多的信众。它们是宗教信仰与社会活动互相结合的产物,大量的社会活动,使其向民间社会的性质演变。在各种教派中,与庐山道教有一定关系的民间宗教是林兆恩的三一教。

林兆恩(1517—1598),字懋勋,号龙江,道号子谷子,莆田县人。三十岁时弃科举,专心研究宋儒和王阳明的心学,创儒、道、释"三教归一"学说,影响深广,其教称为"三一教",弟子几遍天下。著有《三教正宗统论》三十六卷,劝人为善,反对邪恶。

林兆恩有弟子真懒,莆田人,俗姓朱,道号了玄,他是林兆恩晚年的佣人。由于早年丧偶,生活失意,遂披剃云游。居释门十五载,精神无所皈依,几次寻死以求解脱,都没有死成,遂于四十岁时再次回归"三一教",重理旧业。他在豫章(南昌)倡教,缙绅子弟入教者多人,其中有王孙朱谋庄、朱统镄、朱统钔等。万历三十八年(1610),真懒曾到庐山一带倡教,时间有一年之久,在庐山遇见明末著名学者邹元标,两人同居庐山栖贤寺,共同论道,达数月之久。之后,邹元标请真懒到江西吉水老家论道讲学。邹元标对林兆恩倡三教为一之说大加赞赏,认为是"有体有用之学,在世出世之津梁也。"此后,真懒至安徽黄山,又至金陵,广泛传教。据卢文辉等人编纂的《林子本行实录》记载,从万历十二年(1584)至崇祯十年(1637),五十年间三一教在福建、浙江、江苏以及江西的九江、庐山一带等四十余处地方,建立数十个三一教堂;而实际上这还只是一部分[①]。

林国平的《林兆恩与三一教》认为，林兆恩提倡门徒之间人人平等，要求门徒患难相恤，疾病相扶，互助友爱，扶贫济危，这些主张对饱受苦难的广大百姓来说，具有相当大的吸引力，符合他们通过互助共渡难关的愿望。而林兆恩创立的九序心法，在实际应用中收到祛病健身的功效，特别是"艮背心法"，简单易行，深受人们尤其是无力问医的贫苦百姓的欢迎。谈迁《枣林杂俎·丛赘》指出："莆田林兆恩以艮背之法教人疗病，从者云集。"黄宗羲《林三教传》说："兆恩以艮背法为人治病，行之多验，又别有奇术能济人于危急之时，故从之者愈众。"（《南雷文案》卷九）明代中后期，三教合一论盛行，林兆恩创立以心为宗的三教合一思想体系，也引起了一些士大夫的共鸣，得到他们的支持乃至信仰。林兆恩反对出家入山，极力主张在家修行，与常人一样娶妻生儿，从事士农工商，周旋于人伦日用之间。这种世俗性极强的修行途径符合一般群众既享受世间的人伦之乐、又可能作圣修真的基本愿望，具有较大的吸引力。三一教不拘一格又通俗形象的传教方法，使其思想主张容易为不同阶层的群众所理解和接受，促进了该教的传播[②]。

林兆恩的修炼方法，实际上是内丹修炼的一种简化。他认为，人的性命源于无形无象的太虚，人始生时，性与命混合为一，落地之后，性、命便开始分离，演化为"精、气、神"，它们各立一位，以"虚化神，神化气，气化精"的顺序衍化，最后随着人的躯体死亡而消失。

---

①马西沙、韩秉方：《中国民间宗教史》，上海人民出版社，1992 年，第 750—751 页，第 558 页。

②林国平：《林兆恩与三一教》，福建人民出版社，1992 年，第 110—113 页。

要使“性命”长存不灭，就必须按精、气、神的衍化顺序逆而行之，“炼精化气，炼气化神，炼神还虚”，才能使性命重新混合为一，而复归无形无象的太虚中，与太虚共存亡。从这些理论中，可以看出《真诠》《听心斋客问》的影子，表明道教在衰落的过程中也产生了一种新的变化，即重新向人世回归，以其养生、养心之功效为人们服务。

第六章

回归心灵：从清朝到民国的庐山道教

第一节 心死神活：嵩隐道人的内丹

清朝初年，庐山出现了一个著名的道教人物石和阳，他在唐朝道士刘混成修炼的木瓜洞隐修，声名远播，留下了不少事迹。

清朝毛德琦《庐山志》、民国吴宗慈《庐山志》收录有陈梦雷的《题木瓜崖石嵩隐传赞碑铭序》、毛德琦的《题庐山木瓜洞道存篇序》、冀霖的《庐山石道人墓志铭》、汤永宽的《石嵩隐先生传》、刘荫枢的《题庐山木瓜洞石道人嵩隐行略》等[①]，对石和阳的生平事迹有一些记载（本节引用此五篇文章只称作者名字）。

石和阳为河南南阳人，陈梦雷说："先生生于南阳。"冀霖记载湖口榷关朝公歌咏石和阳的诗曰："南阳隐者浔阳逸，五老峰边一老人。"石和阳，生于明神宗万历四十八年（1620），卒于康熙四十八年（1709），享年八十九岁。陈梦雷说："石嵩隐先生，明季隐君子也。"冀霖记载石和阳作诗曰："风起白云收，行年八十九。仰天见明月，七星石北斗。"遂泰然而去，时康熙四十八年己丑（1709）二月十六日。刘荫枢说："辛巳（1701）夏四月，托迹于匡庐秀峰寺……一日抵木瓜洞，与嵩隐道人遇，询其年八十……甲寅岁（1674）自广陵迁

①吴宗慈编，胡迎建等校注：《庐山志》（下册），江西人民出版社，1996年，第98页。

居于此……道人年八十有九，己丑岁(1709)羽化而去。”

关于石和阳的生平事迹，各种记载都比较简略。综合起来，大致如下：

第一，石和阳于明末参加科举，中进士并且入仕。冀霖说：“今所称庐山石道人者，或以为曾登科第，历仕途，知几遁迹。”石和阳生于万历末年，参加科举最早也要到二十岁左右，即崇祯十四年(1641)前后。中举入仕之后，因天下大乱，明朝将亡，旋即入嵩山隐居，自号嵩隐。陈梦雷说：“先生生于南阳，隐于嵩高，足迹遍维扬、燕市、黔楚而终老于匡庐之木瓜崖。乃隐其名位，居里不传，毋有不得已者耶……先生知明季之多故，弃家而入嵩，知甲寅之纷纭，谢诸士大夫而屏迹于匡庐。”

第二，石和阳究心理学，明朝灭亡后，郭天门曾延请他去岳麓书院讲学。冀霖说：“明末即隐居嵩山，究心理学，郭公天门延入岳麓，朝夕论道。”郭天门，名都贤，湖南益阳人，明天启二年(1622)进士，授行人，累官至江西巡抚，后乞病弃官，入庐山。逾年，李自成攻下北京，乃祝发为僧，号祯石，又号些庵。晚年客死江宁。近代易宗楚《新世说》：“郭天门于甲申(1644年)以后，祝发为僧，茹苦无定居。初依熊鱼山于嘉鱼，已流寓沔阳，筑补山堂，前后十九年。归，结草庐桃花江。”嘉鱼在湖北，沔阳即今湖北仙桃市，郭天门在此两地呆了十九年，到康熙二年(1663)才返回湖南益阳，因此邀请石和阳讲学，也即在康熙二年之后数年内。

第三，石和阳在湖南得真师传授，是为悟道之始。他在《黄庭经注》序中说：

予小子幼慕《黄庭》二十余载，曾结庵于嵩，诵之多年……偶于一日，自心惕然曰："宣圣有云：终日不食，终夜不寝，以思，无益，不如学也。"遂下圜墙，遍访名贤，求我神形俱妙之道……幸苦极天怜，得遘我真师于洞庭之秋月，鼎湖之山中，授我真诀，磬以神丹①。

康熙十二年癸丑(1673)正演道人序亦云：

嵩隐子石和阳，中州之南阳人也，学道于楚，留心《黄庭》一经，不啻二三十年，心专志切，得遘真师于鼎湖山，授以外景口诀。

可知石和阳体悟修真炼丹，始于湖南。鼎湖之山中，指洞庭湖君山。据《史记·封禅书》："黄帝采首山铜，铸鼎于荆山下。鼎既成，有龙垂胡髯下迎黄帝。"今广东肇庆、浙江缙云皆有鼎湖山，荆山或云在河南阌乡，或云在陕西大荔，或云即洞庭湖君山，陶澍《登君山记》："久乃涉轩辕台，为山之最高处。烟波浩渺，骇目荡胸，志言黄帝铸鼎于此。鼎成上升，故旁有飞升亭。"(《小方壶斋舆地丛钞》第四帙卷十九)石和阳沿用此传说，以鼎湖称洞庭湖，称轩辕黄帝为鼎湖神君。他在《阴符经注序》中说：

鼎湖神君，名曰黄帝轩辕者。昔拜广成子于崆峒之

①李明彻重刻，石和阳：《黄庭经、阴符经注》，乾隆五十八年(1793)白云山房刊刻本。

> 山,得神形俱妙之理,理阴阳消长之机,后修炼于洞庭之野,张咸池之乐,九凤来鸣,蛟龙起舞,而飞腾海岛矣。功成之日,留以法言,名为《阴符》。符者,符合广成子之言也。予得师言,曾受讲录,久闻其由。

《阴符经注》跋云,“曾记真师曰:《阴符经》三百余字,首言观天之道,执天之行,尽矣,是性命双修之意也……仆今得师言,故述而录之。”如此则他所遇见的真师实有其人,这位真师为他讲述黄帝之事,又解说《黄庭经》《阴符经》的要旨,使他豁然开朗。

第四,康熙十二年(1673)之前,石和阳已经到维扬一带传道。李明彻《重刻黄庭经、阴符经注》收录康熙癸丑仲夏蜀中道人撰写的序文,说嵩隐子“说经痛快,讲命透彻”,由广陵播之于清虚庵弟子吴、葛、卢、卞、秦等,“因付刊刻,特求小叙。”康熙癸丑即1673年。石和阳在维扬时,《黄庭经注》已经成书,由维扬诸弟子刊刻而成。刘荫枢说:“甲寅岁(1674)自广陵迁居于此(庐山)。”故知石和阳到庐山之前,曾在扬州修行传道多年。

第五,石和阳于康熙十三年甲寅(1674)定居庐山,到康熙四十八年(1709)去世,在庐山呆了三十五年。清刘鳌石《庐山木瓜洞记》,作于康熙二十六年丁卯(1687),文章记载石和阳说:

> 洎甲寅之夏,乃克宅此,竖茎茅焉。方是时,虎豹之与嗥,豺狐之与处,草木蓊翳,硗确矛立,旷莽而无邻。迨庚申以来,乃次第辟之。

刘鳌石，原名坊，又名琅，号鳌石，汀州上杭人。明末清初学者。祖父廷标，父刘之谦，皆为明朝而死，全家死难者80余人。鳌石隐于民间，及长不仕，浪游四方，一生著述甚丰，有《天潮阁集》等。

第六，石和阳在庐山期间，一度去浙江讲学传道。冀霖说："李公崧岑亦过访道人，讲'艮其背'数语，公极契合。迄抚浙，遣使迎往，有同栖木瓜崖之订。"李崧岑，即李嵩岑，《蕲州志》有载，清王庭有《庆春宫·寿李嵩岑抚台六十》[①]，周亮工编《赖古堂名贤尺牍新钞》二集有施闰章《与同门李嵩岑》。李嵩岑先是到庐山拜访石和阳，后来担任浙江巡抚，又邀请石和阳去那里讲学。

第七，石和阳在庐山期间，曾一度被当权者邀到北方讲道。清朝诗人查慎行《庐山纪游》云：

> 羽衣项沐水，白发长须，衣冠而肃客，询以旧事，稍稍能道，且云此去数里为木瓜院，有道士石姓者，隐居其中数十年，近为当事邀之北去[②]。

吴宗慈《庐山志》据此判断，"则嵩隐于其时曾离山北上也。"查慎行于康熙壬申（1692）二月到湓城，此后游览庐山。他到庐山的时候，石和阳刚刚北去。

清李明彻《重刻黄庭阴符经合注》序云：

> 岁辛亥，寄情山水，历遍古洞名峰，偶过京都，停车寓

①《全清词》（顺康卷），中华书局，2002年，第306页。

②《丛书集成续编》第221册，台湾新文丰出版公司，1997年，第654页。

所,得与高贤把袂谈心,削除荆棘。忽一日,高人相示曰:“方今修炼之士,或假炉鼎以为烹炼,或假药物以为抽添,旁门竞出,从无旨指归,殊失玄门正脉。今授《外景、阴符》合编,乃明嵩隐公注述,子能诵之,顾名思义,不出其位,则道德根源,铅汞种子,洞如明镜矣。”予拜受,珍藏箧内。

李明彻(1751—1832),道号青来子,番禺人,创建广州漱珠岗纯阳观,著有《道德经注》《黄庭经注》《证道书》等,名闻道门,曾参加编修《广东通志》,任职绘图。李明彻十二岁入道,进罗浮山冲虚观,访江西道家盛会。广东道教史料称李明彻成年时,在京城拜石和阳为师,学问由此大进。此石和阳即庐山木瓜洞道士石和阳,但李青来生时,石和阳去世已数十年,故不可能得其亲授。据序文所说,传授石和阳《黄庭经、阴符经注》给李明彻的是一位“高人”;序文又云:“石公生平苦志,尽为剖析经中,迄今文字寥寥,简牍几无善本,予付之剞劂,愿同志者乐睹斯经。”这位拥有石和阳秘籍的“高人”,应即石和阳在京城留下的徒弟。因此,石和阳在庐山隐修期间,一度去北方,也就是去了京城,在那里收有徒弟。到了乾隆年间,石和阳虽然有传人,但其著作却罕见流传了。

第八,石和阳晚年时曾到南昌,拜访明朝遗民八大山人朱耷。八大山人为明宁献王朱权九世孙,明亡后,落发为僧,后又入南昌青云谱为道,其书画享有盛誉。八大山人有《题画木瓜》:

西南画史丹还转,二子庐山一片心。毕竟阿瓜称法护，黄冠莫定老元琳。木瓜岩道人携王荆壁先生所画木瓜见遗老夫①。

题字现藏于上海博物馆。石和阳约于清康熙三十六年(1697)拜访八大山人，时八大山人72岁②。

总之，在庐山的数十年之内，石和阳也曾到过其他地方，但大部分时间在木瓜洞。去世之后，尚有不少徒弟传承他的理论。毛德琦说："其徒尹诚斋，亦云游靡定，今春以劝农之便，始过访焉，林谷既幽，人亦洵雅，叩以理学指归，则以知止对，穷流溯源，应答井井。"弟子尹诚斋承其衣钵，继续经营木瓜洞道院。刘荫枢也说："其徒尹诚斋持道人著述及诸公赞论，越数千里来黔问余，余即其所见闻为述其略焉。"

根据李明彻《重刻黄庭经、阴符经注》所收录的序文，石和阳有不少徒弟。康熙癸丑(1673)仲夏蜀中道人撰写的序文说嵩隐子"说经痛快，讲命透彻，秘之于笥，未曾梓行，由广陵播之于清虚庵弟子吴嵲阳、葛崊阳、卢嵲阳、卞嶋阳、秦巇阳等子，同阐真宗，广宣至典。"康熙癸丑正演道人序还说石和阳"云水广陵，训以阐扬之旨，指以拜投之士……又示以刊刻之士，如卢统阳、薛嵑阳、吴巇阳、秦巙阳、姜巅阳、葛崟阳、卢复阳、卢保阳等，重梓流行。"这些协助刊刻的人，也都是他的弟子，取名方式与吴嵲阳等弟子一致。书前又有鄂州门人敬一道人张葎阳"拜颂"，鹤城门人超云道子吴嵲阳拜颂于瑞应堂，广陵门人弘化道子卞嶋阳拜颂于共清别院，竹卤门人天

①周士心编著:《八大山人及其艺术》，艺术图书公司，1974年，第167页。
②《八大山人》(下册)，人民美术出版社，2003年，第193页。

空道子葛崊阳拜颂于崇修堂等,可知石和阳的弟子后来散布到了各个地方。

石和阳到庐山之后,在庐山脚下置有田庄,在木瓜洞建有亭台馆榭。陈梦雷说他"置田百亩,种梅百树,茗碗炉香,吟风啸月之外,泊然无营于世。"根据刘鳌石《庐山木瓜洞记》的描述,木瓜洞的后面是高耸奇峭的庐山五老峰,前面是烟波浩渺的鄱阳湖,洞口有木瓜数株,"由洞而前为亭台居室者数处。洗心亭蹑其麓,亭之下,潴泉为池,池不过半亩耳,中有石实据之。仰而眺,俯而睇,与日为作息者,今道士石嵩隐之所乐也。凡凿石为亭与台池馆榭者八所,松篁交荫,石磴鳞次,众卉杂然而森茂。"这些都是石和阳经营起来的。吴宗慈《庐山志》曰:

> 木瓜洞旧有十六景,嵩隐有诗,今此抄本无之,《毛志》曾载其三首。十六景者:一高游石;二回澜石;三卧云关;四抱关石;五洗心亭;六太极池;七垂钓石;八苍龙池;九清溪;十玉弦亭;十一天泉;十二醉月亭;十三木瓜洞;十四桐子园;十五玉龙涧;十六栖霞别院。今多不可考。

石和阳《木瓜洞杂诗》,现存三首:

> 灵岩仙种复生芽,洞口清荫接紫霞。元鹤再来寻往迹,白云影里数枝斜。(木瓜洞)
>
> 池成山泽自流通,翠竹分阴绿几重。石壁云生烟雾合,满川风雨起苍龙。(苍龙池)

咫尺层岩别一天，小亭恰好在溪边。高山流水传音过，谁识冰心上玉弦。(玉弦亭)

木瓜洞内右侧山石上尚有一些石刻："石破云修，和阳题。""枯木云留迹，瓜生月播烟。张□阳题。"因鄂州门人敬一道人张葎阳曾为《黄庭经注》作颂，故此缺字即"葎"字。石道人墓前、太极池岩右侧有"太极池，地骨子题。"①

石和阳在庐山，也有一些神异的表现。如刘鳌石《庐山木瓜洞记》记叙石和阳初到木瓜洞的时候，山间的樵夫告诉他："岩前木瓜且孙枝矣，子其兆乎。"木瓜繁茂，预示石和阳木瓜洞的兴盛。陈梦雷说："见其怡然坐化，群鹤绕空，怒蛟漂石，遗茔无恙，则又疑其神仙。"汤永宽《石嵩隐先生传》："将逝，见群鹤飞来，坦然示众……遂瞑。壬辰夏，大雨出蚊，崖崩屋圮，唯墓木如故，识者奇之。"同治《南康府志》称："是诚化鹤有归休之兆，避蛟见冥感之奇也。"冀霖说："一日与其徒赏梅于洗心亭，持杖指亭后曰：'吾其藏于斯乎？'……是夕也，弟子闻庭中有鹤声旋绕之异。"

石和阳在庐山，常有官员慕名来访。冀霖说："一时诸贤，宦游此邦者，先后加礼。""数十年间，南北之硕彦巨公，咸以品推重。""先是乙丑、丙寅间，南丰汤公惕庵主白鹿洞讲学，亦与之交，有'凿开奇境表青青，高士聊吟道德经'之句。"汤来贺(1607—1688)，字佐平，号惕庵，南丰人，康熙二十四年(1685)主讲白鹿洞书院，其《石嵩隐先生传》云：

①徐新杰：《庐山名胜石刻》，江西人民出版社，1996年，第109页。

> 所言皆六经、四子之书，郭公都贤，曾与讲论于岳麓书院，多赠答诗篇。嗣是李公本晟、王公泽弘暨士大夫之能重道者而师之友之，次第相延，不惜策杖以应。计来庐山木爪洞时年五十有四，洞旧为混成子修真处。剪辟荆榛，大开厥胜，问字者无虚日。韩城刘公荫枢见而叹为“幽人贞吉”……癸巳，学博据舆论达郡县，于是郡首叶公谦详请阐幽，备载案牍，大方伯傅公泽渊表其闾，督学冀公霖铭其墓，允著郡志。

石和阳的事迹被载入地方志，他的诗文也得到地方官员的编集，陈梦雷说：“吾姻亲叶学三先生来守是邦，公余之暇，留意于高尚遗逸……乃深服膺于嵩隐先生，述其传，登于志乘，集其墓志碑铭，并诸名流赞颂题咏为一集，问序于余。”

石和阳除了修道之外，也醉心于理学的探讨。他能得到地方官员的尊崇，既得益于他的道人高节，也得益于他的理学修养。陈梦雷说：“世人见其与名公卿论知止艮背几希之旨，则谓其儒。”冀霖说王泽弘（字吴庐）听其讲“不迁怒、不贰过”及“乍见孺子入井”一段，悦而记之。刘荫枢说他拜访石和阳，即将告别时，从容叩其学问根底，以“知止”二字应。刘荫枢闻之瞿然曰：“此道学要诀也。”又说：“若知止则心有专。主念不忘，动定静安，虑一以贯之。入圣超凡，指归不远。《易》曰：‘艮其背，不获其躬。’胥此物也，学道者宜知，学禅者宜知，学儒者亦宜知也。”毛德琦亦云：“迹其著述，如《黄庭》《虚静》诸注，《指元篇》诸语录，至今究心理学之士，犹乐得而称道之。”认为石和阳所著《观心直指篇》，有“有心之未有心，无心之未无心”等语,“领会无极、太极之蕴造,足以表彰性学羽翼。”说他脱略功名利禄、显露本心一节,足以供理学之士参考。如吴宗慈《庐山志副刊》载录的《乐天说》云:“圣贤仙佛之乐则不同,有所独得之妙。优游道德,一尘不染,胸无些子,如月映水空,潭底写照,如雪覆大千,孤峰独露,如冬冰将泮而万蛰回春,真所谓与四时合序,而日月同明。”

石和阳的道家著述,大部分是在庐山完成的。综合陈梦雷、冀霖、毛德琦等人所叙及龚嵘《木瓜洞石嵩隐序》等,石和阳所著有《黄庭经注》《阴符经注》及《指元篇》《三洞元章》《心经》《观心直指篇》诸语录,还有不少诗文。

吴宗慈《庐山志》曰:

> 顾其遗著不见于世,近木瓜洞新来住持道士得一咸丰重抄本,其原抄已为虫鼠劫其大半,而所录只《夜峰餐善堂语录》《眉梁悠然堂语录》《庐山木瓜洞语录》,合之约可一卷。又《乐天说》一篇,《观心直指》一篇,《示魏名阀》一札,外此不有焉。恐其后并此而无传也,故除语录外,其《乐天》等篇均分别录入《艺文·文存》及《副刊·文广存》,亦表潜德幽光之意。嵩隐汇通儒释道三家之旨,而皆能撷其要,其通于道者欤!

石和阳的修道理论,集中见于《黄庭经注》《阴符经注》。《黄庭经》历来有很多注解,或配以外丹之说,或配以内丹之说,颇为繁杂。《阴符经》也有很多注解和附会。在众多注家之中,石和阳显得别具一格。他在注解中灌注了自己的修炼思想，只谈性命，不谈成丹，认为性命双全就达到了修道的目的，《阴符经注》曰："观天之道，是性学也；执天之行，是命学也。性命双修，更有何术。"鄂州门人敬一道人张律阳为《黄庭经注》作颂亦云：

> 吾师嵩隐，注述斯经，理微而至，功高而深。阴阳剖尽，至道无蕴，明晰清静，详示五行。命分先后，性别识真，忘人忘我，空色空情。微乎旨哉，一袋乾坤，若能打破，即是真人。

修炼的方法，是抓住心之本体。心之本体虚无，修炼的目的，就是恢复心的虚无状态："故太上千言万语教人，只是虚无以得道也。虚者，心如太虚；无者，一丝不挂。"（卷中）"修行人作道优游，不以世事荣华系其心，深独居，不涉名利之场……不贪人世，但养我之性命，守我之虚无，立其心也。"（卷中）这种论述，实际上是将理学家倡导的德性与内丹家修炼的心性结合起来了。

石和阳认为，为物所累的心，即成为欲，《阴符经注》曰："心之生死也，皆为物所累……一念不生之际，何等中和，及耳闻一音，则心忙听，目见一物，则心忙视。"欲也可以称为游神，"这游神为学道第一仇敌，就是心魔……唯内观其心，心无其心，外观其形，形无其形，远观其物，物无其物，一念不生，则诸灾消灭"（卷上）。去游神而现元神，收真气，则全其性命。"心有千变万化，只这意思两个字，是成仙大路，余皆地狱心也。心之正动为意……意久而忘心，思久而忘意，神见而忘思矣"（卷下）。"古人云：心死神活，心死则游神死矣，游神死而元神现，如人欲尽而天理见……又使主一念于气，时时不断，以元神收真气，入于黄庭，则黄庭自饱，何饥渴之有。”（卷上）

石和阳的注解，摈弃了众多繁难复杂的名词，甚为简易。作者在序中说：“即有注疏者，亦种种矣。或逞其文字，或猜为呼神，或疑为清静，或议为移形，殊未明太上之心学，而未得东华之正传也。”因此他于四象五行、九宫八卦、三元九气、众神众真等名词一切摈弃不用，只谈性命、心意、精气神、五脏六腑等，文义明白易晓。《真诠》犹借内丹术语以成简易之说，而石和阳则连内丹术语也弃之不用，直取养生修心之道；《听心斋客问》提出道教之心性修炼与儒家之心地功夫相似，而石和阳则直接融化二者为一。因此，石和阳在修心养性方面显然更进一步。内丹学的心性探讨至此也几近终端，不再有更大的发展余地了。

在修炼方法上，石和阳也抛弃了一切玄虚之说，说“和之一字，有无穷之深奥焉……能知此一则万事毕，若吐纳、搬运、存想、按摩、采战、五金八石、草木渣质，皆不用也”（卷中）。李明彻序亦云：“高人相示曰：方今修炼之士，或假炉鼎以为烹炼，或假药物以为抽添，旁门竞出，从无指归，殊失玄门正脉。”诚然，石和阳的修炼方法，甚为简易，不失为一种养生的妙术，具有实在、可验证的特点。陈梦雷说石和阳“蝉蜕于声利之场，超然阴阳祸患之外。”“吟风啸月之外，泊然无营于世。”就是这种体验的结果。刘鳌石《庐山木瓜洞记》也记载了石和阳的修道体验：

吾尝升亭以默坐，垂帘以休息，万境俱泯，唯泉树猿鸟曹起而并发,吾之心亦与为泉树猿鸟而不复知其孰为动静也。吾瞠焉若丧,恍然以失,又张目而视之,俯几而遥集焉。混混茫茫,天水澄澈,帆落夕阳,霞凝霁色,夜度烟横,鸥艇不别,一旦昏间,而风雨炎寒已不知其几千亿百矣,是则吾之乐此而欲终焉者也。

石和阳注解《黄庭经》《阴符经》,指出了内丹修炼的实质,也有曲意迎合儒释之处,正如《黄庭经注》正演道人序云:"皆因淫词艳句,眩人眼目,左道旁门,夺人心志,留心于儒释者,未必留心于道教。"那些神异其说的修炼方法,不被儒释看重;而石和阳的解释,就容易被接纳。当然,内丹家繁难神异的修炼方法,实际上为修炼者创造了一个虚拟的心灵空间,使之陶醉其中,起到了"收其放心"的作用;如果把一切神异方法皆去除掉,就不容易达到这种效果了。

石和阳师徒之后,木瓜洞趋于荒废。《李平山先生年谱》:

(道光)二十七年丁未,偕先生游匡庐……山有木瓜洞,题曰:"石破云修。"为云道人、石道人修炼处。师与张先生宿其中①。

此时似已经没有道士。

据文耀《龙山道人谢舜琴传略》,龙山道人(1892—1964),姓谢,名能典,字舜琴,丹才先生之长子;台湾诗人谢元厚先生之叔祖

①方宝川编:《太谷学派遗书》第一辑第3册,江苏广陵古籍刻印社,1997年,第7页。

父。浏阳县官渡乡白石桥人。民国十六年(1927)因时局沧桑,入山修道,号曰白石道人(见民国庚辰《浏阳谢氏四修族谱》卷三十),足迹遍及东南各省。至抗日战争期间,始由四川峨嵋山返浏,隐居邑之聚龙山,改号曰龙山道人。其诗稿曰《天籁集》,有《泽鸿师住庐山木瓜洞》云:

> 五老峰高插岭颠,庐山风景古今传。木瓜有洞师曾住,岩穴无缘我息鞭。徒忆乾隆诗现在,空怀洪武迹依然。他年丹老能冲举,意与闲云试一迁。①

根据诗歌所叙,民国时有道士泽鸿居木瓜洞。又据西星《山南风物考察记》,20 世纪 60 年代初,有女尼两人在木瓜洞居住②。

第二节 显隐迥异:庐山道教的余波

整个清朝时期,庐山南北的道观,大体与明朝一样,处于仅存而不绝的状态。山北的太平宫,破败不堪,著名诗人查慎行于康熙三十一年(1692)七月游庐山,其《庐山纪游》云:

> 岭南五里,渡桥为太平宫,道家所谓第八咏真洞天……旧殿凡九重,颓废殆尽。墨仙泉、刘仙石、宝石池、吴道子画壁,灭没于荒烟蔓草间,了不可问。碑碣并无一存,

①湖南浏阳市政协文史组编:《浏阳文史》第十一辑,1994 年,第 156 页。
②星子县政协编:《星子文史资料》第三辑,1981 年,第 123 页。

> 唯唐时钟、鼓二楼岿然对峙。正殿前有铁菱角一,大铁镬一,可容五六十石。旁小屋三楹,奉舍宅陈姓像。铁钟一,至元九年造。铁炉一,独足,状如钟而仰,泰定三年造。黄冠二三辈支折脚铛于后阁,客至不施揖,不设坐,进苦茗一瓯,询以旧事,茫然不知。计此地自唐宋以来,穷极奢丽,物盛而衰,固其所也。

清初学者潘耒(1646—1708),字次耕,又字稼堂,吴江(今江苏)人,其《游庐山记》也提到清初太平宫的状况:"今颓败不支,黄冠拾薪锄菜而已。"

庐山南面的白鹤观,在清初的文章中略有记载。黄宗羲于顺治十七年(1660)九月游览庐山,著有《匡庐游录》,他在文章中记载白鹤观云:

> 癸酉迟明,出黄屋坡,三里,至白鹤观,益公云"唐混成先生刘元和故居"。旧屋偶存,独无廊庑,唐杉二丈,在门内。虞伯生云"杉本大丈众,岁久,中空上折,孙枝附生其间,亦数尺围。"今败屋三楹,近自故基迁过东北十余丈,廓然无门扇墙落,不特唐杉不存,东坡所谓"松阴满地"者,仅余小松一树耳。

顾镇,字备九,号虞东,常熟人。乾隆甲戌(1754)进士,官宗人府主事。他的《游白石院记》云白鹤观前"大树一株,围三寻许,高数十仞,枝叶四出,皆下垂幢幢如羽葆,盖千余年物……观残破不

理,为抚树太息,久乃去。”查慎行《庐山纪游》载:

寻白鹤观,即东坡先生观棋处。唯闻流水汩汩绕涧鸣,无所谓古松也。虞道园碑记亦失。所在羽衣项沐水,白发长须,衣冠而肃。客询以旧事,稍稍能道……昭德观自明朝已废为民居。

事实上,清代白鹤观略有复苏。清人万人往和徐孟浩都曾过访观中,与观中住持项沐水谈道论政,并题诗以赠。万人往诗中写道:“鸡犬人家不是秦,一重山镇一流津。青蒲绿柳缘溪种,白鹤桥边访隐纶。”道光二十八年(1848),观中道士陈映文在官府支持下,又增置观产,拓展规模,开设道纪司,使观之势力一度大增,地位上升。其后他又屡加修葺,试图挽道观于不倒。道纪司,明朝始设,管理州一级道教事务,清代承袭之,设都纪、副都纪各一人,一般都由道士充任,给官不给禄。道纪司设于白鹤观,可见该观尚有一定规模。

著名的简寂观,情况尚不如白鹤观。黄宗羲于顺治十七年(1660)九月作的《匡庐游录》,提到简寂观:

下日照,二里,至简寂观。观已败落,依岳庙,得不废。在白云峰下,故昔有白云楼。礼斗石在殿前,药臼、浮来在观后。道旁有布袋岩,云陆修静死建业,而所携布囊,即夕见此。盖因石类布囊而附会之也。寻炼丹井。朱子诗“炼药古井深”,今田间不能二尺也。过度仙桥,问许坚晒衣石,碌碌不辨何者为是。

清初学者潘耒《游庐山记》云:“今观久废,唯东岳庙数椽,黄冠陋甚,不堪共语。礼斗石、捣药臼皆在枳棘中。幸有古松二十余株,云是六朝物,龙鳞雪干,蔽日干霄,是庐山松之最古者。”著名的简寂观,只是因为依附东岳庙,才得以免除彻底荒废的命运。

清代山南道观约存十九处。乾隆间,昭德观无力经营,交东元妙观管理。其香火田四十三亩,亦由东观道士管理。嘉庆间,道士杨灵谷在东观置田产,设道纪司,建万寿宫,前设戏台。咸丰三年(1853),道观毁于太平军;后来西元妙观、简寂观稍加修理,抗日时被火烧毁①。

光绪年间,尉自明于庐山上建玄妙观。玄妙观位于庐山将军河东岸的金竹坪。明万历七年(1579),恭乾禅师来庐山金竹坪隐居修行,建千佛寺,当时较为兴盛,入清以后荒废。光绪初年(1884),道人尉自明将千佛寺改建成为玄妙观。吴宗慈《庐山志》云:

> 金竹坪古千佛寺久圮,寺址改建玄妙观,易僧为道矣。观为光绪初年尉自明始建,其徒江纯静渐廓之,规模不大。前面为菜园,为牛奶棚,寺基后有恭乾禅师墓。

民国之时,玄妙观亦有道士活动。云南宣威人陈啸湖(1880—1953),字少湖,又号啸湖,清末曾任知县,于 1934 年、1936 年两游庐山,著有《庐山游草》一卷。诗歌《金竹坪玄妙观访周玉书饭别》云:

①姜南星主编:《星子县志》,江西人民出版社,1990 年,第 515 页。

竹外经声竹里蝉，飘摇空碧响诸天。劳人乍近丹砂鼎，幽客常参玉版禅。话雨窗明云树侧，雕胡饭熟梵钟前。溪迷路转频回首，别梦依稀误渭川。

时至今日，玄妙观尚存尉自明真人墓，对联云："灵台明了了，妙道入玄玄。"横批云："宗风丕振"。墓外表为石结构，墓头饰有花纹，是庐山现存完好的古墓之一。

道观的衰落，并不代表庐山道教的完全沉寂。清朝时，庐山的道教活动仍有不少，只是它们已经边缘化，不再像唐宋时期的道教那样引人注目了。

一、幽隐难寻的内丹道士

明末清初的社会变迁，促成了一些人到庐山寻求古代隐士高道的踪迹。除了前面所述的石和阳之外，还有一些人因为改朝换代而遁隐庐山为道士。如《清史稿·文苑传》记载：

王隼，字蒲衣，番禺人。父邦畿，明副贡生。隐居罗浮，岭南七子之一也。有《耳鸣集》。隼七岁能诗。慕道术，早岁弃家入丹霞，寻入匡庐，居太乙峰，六七年始归。性喜琵琶，终日理书卷，生事窘不顾，唯取琵琶弹之。琵琶声急，即其窘益甚。著《大樗堂集》。妻潘，女瑶湘，并工诗。

岭南七子之一的王隼，在庐山太乙峰上学道术，隐居了六七年。广东韶关人廖燕（1644—1705）有诗《赠庐山道士》："浮云难拟迹，南岳又匡庐。独自眠峰雪，多年著道书。山魈争爨役，鸡犬及丹余。不识长生术，何如天地初。"[①]所说的庐山道士当即王隼。

明清之际，有全真道士程谔山与庐山有关。

程谔山，名守宏，字谔山，出身于新安（今江苏睢宁县）世家，全真龙门派第八代律师。早年体弱多病，无意于读书功名之事，常感人生如梦，决然出俗。父母无奈，便在杭州西泠为他建造居所，让仆人侍候他。程谔山听说上阳子陈致虚驻大德观，遂去拜他为师。其师初不肯传授道秘，说程谔山"因缘未至，妄求无益。"但程谔山精进不已，其师遂携入密室，授以却厄秘宗，曰："功满三千，所以报本。行圆八百，适以培元。是内非外，能者从之。"程谔山受之而退，闭户西泠，坐忘一室，据说"三月病愈，九月身强，冬不知寒，夏不知热"，于是喟然叹曰："道无浅深，纯一自神，旨哉言乎！"一载大悟，遂出而济世，云游海内，能做到"历经盗贼水火，安然无恙"。说程谔山之师为陈致虚，此事不可信。陈致虚（1290—？）为元代著名内丹家，字观吾，号上阳子，不可能生活到明末。而全真第八代律师黄赤阳（1595—1673）也有到大德观师事陈致虚的说法："年四十，闻上阳子（即陈致虚）居大德观，造访而师之，乃得笔录、奇、壬诸异书一十九种返，潜习于天目山。"[②]程谔山当时居住在杭州，与天目山相距较近，因此所寻访的实为黄赤阳。黄赤阳在天目山修炼，约在40岁至50岁之间，即1635年至1645年。

程谔山曾营救抗清名将何腾蛟（1592—1649），并协助父执瞿式耜（1590—1650）抗清。因此其生年当在1610年左右。顺治元年

①廖燕：《廖燕全集》，上海古籍出版社，2005年，第445页。

②周永慎编著：《历代真仙高道传》，中国社会科学出版社，2003年，第390页。

(1644)冬,南明军阀左良玉以“清君侧”为名,拟出兵东下,诛讨东阁大学士马士英和兵部尚书阮大钺,发动南明王朝的内战。巡抚湖广的何腾蛟为顾全抗清大局,竭力劝阻。左良玉不听,反而大肆掳掠,胁迫何腾蛟同行。舟至汉阳门,何腾蛟乘机跃入江水,漂十余里,被渔船救起。百姓认为何腾蛟入水三昼夜不死,必有神灵保佑,或许程谔山营救何腾蛟,即指此事。从这一点可以看出程谔山为道士与明朝的灭亡有关。

清世祖十二年(1655)秋,著名道士王常月北上京师,次年奉旨说戒于白云观,收弟子千余人。程谔山于此时京师,拜王常月为师,受初真戒。两年之后,王常月命他持卷册、如意、芝杖、源流、拂尘,至金盖山厚礼陶靖庵,与之相处一年多。陶靖庵为蜀中儒生,明亡后曾北游五年,欲举大事未果,最终栖身于全真道。康熙二年至三年(1662—1663),王常月率弟子詹守春、邵守善等南下,在南京、杭州、湖州和武当山等地开坛授戒,程谔山晋级受中极戒,旋受天仙戒。遂返新安,礼亲墓之后,遁隐庐山,不复入世①。他在庐山隐修的事迹,因缺乏记载,不得而知。

清朝中后期,庐山有一些内丹道士从事修炼,他们多混迹三教九流,与高层文人少有往来,与民众的关系也很疏远,因此其事迹、著作鲜为人知,影响不大。从有限的一些资料来看,他们在内丹理论上的建树不多,属于内丹学发展的余波。

李涵虚(1805—1856),四川乐山人,清代后期内丹家,于清朝中叶道光咸丰年间开创大江西派,简称西派,是道教内丹修炼中的一

①周永慎编著:《历代真仙高道传》,中国社会科学出版社,2003年,第455页。

个主要流派。

李涵虚弟子众多,其中有吴天秩。吴天秩,又名吴效真、吴百川,号西园,陕西平利人,师事于李涵虚,得西派丹法真传。据徐颂尧《天乐集》记载:"昔我天秩师翁,往来汉皋,遇李祖涵虚于西安东岳庙。时李祖方隐于卜筮,杂在测字队中,为人决休咎。天秩师翁往来汉皋时,常住柯师伯(柯怀经)店内,经年余不露圭角,众以为普通纸贩商人而已。"(《天乐集·和光同尘》)又载:"吴太师亲遇李祖涵虚于西安古庙中,见其瞳子为正方形,因识知是仙,拜求道妙,卒亦成真。"(《天乐集·方瞳之奇》)1938—1941 年《仙道月报》刊载有徐颂尧(海印山人)《玄谈集》目录,其卷九《道室记余》有《记吴太师遇李祖事》,对此当有详细记录,惜其书已佚[①]。

吴天秩曾经在庐山修炼,传西派丹法于汪东亭。

汪东亭(1839—1917),名启濩,字东亭,号体真山人,安徽省休宁县凤湖人。自幼熟读四书五经,成年后热衷玄学道法,搜罗丹经史籍,遍阅内丹经典。初因未得高师秘诀,修炼无成。遂浪迹江湖,遍游道教名山,寻访真师十二年。一日经过庐山,偶遇吴天秩,睹其丰神洒脱,必非常之人,便向他请教玄旨,吴天秩答曰:"子虽有仙缘,诚恐始勤而终怠。"汪东亭求之不已,遂拜吴天秩为师,得到真传,知七返九还金液大丹法诀及火候次序之妙,"乃知大道原在己身所得,决非向外求也。"之后又到武汉,遇柯怀经、柯载书、李云岚、周俊夫等人,组成"八人谈道会",同参内丹法诀,终悟全旨。后应弟子邀请,到上海传法。汪东亭除修炼之外,笔耕不辍,著作甚丰,有

①盛克琦点校:《圆峤内篇》附录《大江西派概考》,宗教文化出版社,2009 年,第 343—344 页。

《性命要旨》《体真心易》《体真山人丹诀语录》《三教一贯》《金丹玄要》《教外心法》等，并辑有《道统大成》丛书四集，汇编元明以来的主要内丹著作；还辑录了元代李道纯《中和集》《玄门宗旨》（又名《西派真传》）。汪东亭论述内丹，不借助各种比喻之象，直接阐发内丹要旨，较为简明，提出“内丹好炼性，是性功，是静功根底。心既空，神既静，意既定，则内丹已成，所以不必讲筑基之业”。这与早期西派丹法大为不同。轻视内炼色身，只重炼心修性，更倾向于佛教禅宗，也表明《真诠》《听心斋客问》一路修炼方法，在后世甚为流行。汪东亭门徒甚众，以魏尧、徐颂尧、蔡潜谷较为著名（见汪东亭《性命要旨》自序，又参见安徽《休宁县志》）[①]。

吴天秩曾于汉口逗留，传丹法于柯怀经。柯怀经，湖北武昌人，字子良，号葆真山人，生平不详。据《养性要旨·自序》记载，柯怀经幼年学儒，后弃儒来汉皋（汉口）经商。有志于道学，未得其门，因托身于商以访道门高真。适有吴天秩常把钓西湖以为逸乐，两人一日邂逅相遇，偶谈及丹道，吴天秩说：“欲学长生，非得师传不可。”柯怀经遂师事之而问其诀，答曰：“古人云：毋劳尔形，毋摇尔精，乃可长生。”即示以筑基炼己之法、金丹火候之要。于是专心于此，又得众师友裁成，道学日进，始知天人合一、返本还源之道以及炉鼎药物、大小周天之理。凡会于心者，笔之于书，长短杂体，约百十首，名曰《养性编》，成于光绪十年（1884）。《仙道月报》刊载有徐颂尧《玄谈集》目录，卷九《道室记余》有《记吴太师初传柯师伯口诀事》《记吴太师初到汉口》《记“访道会”》《记孙元博》《记许杰卿》

①参见霍克功：《内丹解码：李西月西派内丹学研究》，人民出版社，2008 年，第 486 页。

《记柯师伯》等，对此情况有详细记录。

曾经游历庐山的道士还有归太咸。归太咸（1658—1735），字岭筠，号南阳，苏郡长洲人。世业儒，学博而质，不利于试，乃从吕守璞入道，受三戒。康熙四十七年（1708）出游，自冠山至金盖、武林。遂南游闽、广、滇、黔，折之终南、太华，转庐山。康熙五十八年（1719）返回苏州，主席冠山，凡十七年而逝[①]。

二、得道庐山的太谷学派

清朝时期，民间宗教非常活跃，这种现象与封建社会的日益腐朽和世道的纷乱密切相关。这些民间宗教在理论上的成就并不高，但其社会活动非常活跃，以至于演变为民间秘密组织，与官方相抗衡。民间宗教对道教理论的吸纳，从另一个侧面反映了道教的存在价值，也有助于把握庐山道教的发展脉络。

清朝中叶，出现了盛极一时的太谷学派，创建者为周谷（约1762—1832），字星垣，号太谷，又号空同子，安徽石埭（今属池州）人，撰有《周氏遗书》（原名《十三经或问》）。太谷学派在民间很有影响力。其学说兼采儒释道理论，提出“希贤、希圣、希天”“立功、立言、立德”之目标，要求“穷则独善其身，达则兼济天下”，主张“富而后教”，以养民为本，反对封建土地所有制，憧憬群师合一的政治制度。太谷学派成员遍布长江南北，徒众数万，一直活动到抗日战争前夕。

太谷学派吸收的理论学说颇为庞杂，很难把它归属于哪一种宗教。文廷式《纯常子枝语》称之为崆峒教，说“道光间有所谓崆峒教

①王志忠：《明清全真教论稿》，巴蜀书社，2000年，第85页。

者,泰州周氏则之,周,彭泽人,或云池州人。”邓之诚《骨董琐记》称之为泰州教,说其教“读书学道,不改儒风,唯传教极秘密,相传有诸异术,能搬运法……流派繁衍,奉之者遍东南。”又“其教中五经四子书,皆别有注疏,而语秘,世莫得闻。”①甚至还有人误称为“大乘教”,夏敬观《窈窕释迦室随笔》辩云:“世每以大成、大乘音同,误为一教。其实两教固有分别。大成教合儒释道为一,又名‘平三教’者是也。大乘教则奉佛为多。”②其实从“道”与“术”两个层次来看,完全可以说太谷学派在“道”的方面以儒家思想为主,在“术”的方面以道教为主,如马叙伦《石屋续渖·大成教魁》引沈飚民曰:“其学则综合三教而实则归于道,道又为汉魏以来之道教,而非黄老也。”③在传教方法与修炼方法上,太谷学派对道教的借鉴甚多,而根据各种线索,庐山道教对太谷学派的影响也很大。可以说,太谷学派的理论,是道教大众化的一种表现。

其一,周太谷在庐山参儒参道,把儒家的理论与道教的法术糅合起来,并在庐山传道,体现了与庐山儒道的密切关系。

周太谷青年时代游学四方,遍参儒、佛、道三教之学,其中庐山儒学对他的思想转变起到了关键性的作用。嘉庆元年(1796),他来到庐山:“道经匡庐,见石镌茂叔志”(《儒宗心法·周氏遗书抄》),沉思良久,忽然悟到儒学的博大精深,认识到儒学才是为学体道之正宗。于是“追悔幼年时,嗜为金陈之艺、班马之文、青莲之诗、长门

①《小三吾亭随笔》,见中国史学会济南分会编:《山东近代史资料》第1册,山东人民出版社,1957年,第167—168页。

②陈辽:《周太谷评传》,南京出版社,1992年,第8页。

③马叙伦:《石屋余渖·石屋续渖》,山西古籍出版社,1995年,第181页。

之赋,指穷理尽性之学为迂”,花了两年功夫,对儒家典籍进行钻研,所获良多。庐山是周敦颐传道之地,自认为是周敦颐后代的周太谷,在庐山参拜周敦颐的墓地之后,思想上便起了巨大的变化。

嘉庆三年(1798),周太谷再游庐山,再次参拜濂溪墓,面对先贤周敦颐,又一次精思熟虑,豁然贯通,从中得道。他自言:

> 戊午续游匡庐,复检仲尼“己立立人,己达达人”,能近取譬语,熟观沉思,豁有所得。忆孟、思、曾、颜之学,其义一也[①]。

这两则资料,充分体现了周敦颐理学思想对周太谷的深刻影响。后来,周太谷便以周敦颐的圣学传人自许,马叙伦《石屋续沛·大成教魁》云:

> 其教统则自伏羲、炎、黄以后,虽文王、孔子不得与,直至周敦颐,得濂溪之传者,即周太谷也。

在两次参拜濂溪墓之后,周太谷在庐山的一个石洞中得到高道的传授。夏敬观《窈窕释迦室随笔》对此作了神秘化的描述:

> 先是有一僧一道者,察其祖墓云:“当生圣人。”遂于其族携太谷去。至庐山洞中,使之瞑向石壁,枯坐数十日。

---

①《周氏遗书抄》,见刘德隆:《刘鄂及老残游记资料》,四川人民出版社,1985 年,第 516 页。

石壁忽开,得广成子遗书。于是游江淮间授学,又名崆峒教。

这段话形象描述了周太谷的得道过程:“瞑向石壁,枯坐数十日”,与周太谷自述的“熟视沉思,豁有所得”一致。周太谷自称在庐山石洞中得到“广成子遗书”,这当然是虚谬之辞,不过由此可以看出他吸收了哪些道教理论。按葛洪《神仙传》,黄帝在崆峒山石室中问道于广成子,广成子答曰:“至道之精,杳杳冥冥。至道之极,昏昏默默。无视无听,抱神以静。形将自正,必静必清。无劳尔形,无摇尔精,乃可长生。慎内闭外,多知为败。我守其一,以处其和,故千二百岁而形未尝衰。”①这种修炼方法,后来演变为内丹学中的性功。庐山有木瓜洞,清初时有高道石和阳在那里修炼,石和阳专修《阴符经》,他在《阴符经注》序中说,此经为黄帝得广成子传道而撰,“符者,符合广成子之言也。”因此,周太谷在庐山石洞中得到“广成子遗书”,这个神秘的石洞其实就是木瓜洞,周太谷在木瓜洞道士那里得到了石和阳的《阴符经注》。石和阳将儒家的心性修养与道教的性功结合在一起,这与周太谷钻研的周敦颐理学思想高度一致,颇有助于形成儒道结合的思想。

周太谷拜儒参道,独成一家之后,便开始传道,而传道的第一站就是庐山。马叙伦《石屋续渖·大成教魁》云:

太谷尝在庐山设教,有人容貌衣履甚怪,来从受道。

①《列仙传·神仙传》合刊本《神仙传》,上海古籍出版社,1990年,第5页。

既而其人骤然不见，索之池畔，得贽帖，乃曰："此龙王来受教也。"人共震之，从之者遂众。

连龙王都来做周太谷的门生，这当然是荒诞不经的传说，却说明周太谷徒众很多。周太谷在庐山设教的地点，没有记载，但据上述分析，应该就在石和阳的木瓜洞一带，此处有太极池，又面对鄱阳湖，易于附会龙王受教之说。综合起来，庐山神秘而深厚的道教文化背景，是周太谷"道术"的主要根基。

当然，作为一个民间宗教的首领，周太谷也将三教的各种理论兼收并蓄，什么好使便用什么，以利于扩大影响，吸引徒众，诸如气功、房中术、蹴鞠、阴阳术、符图詈咒、役鬼隐形之类，皆喜欢采用，以至信奉追随之众达到数千人。两江总督百龄得知此事，将他逮捕，时在嘉庆十九年(1814)前后。但周太谷在狱中却得到了狱长、狱卒之流的保护。他们得知百龄要把周太谷处死后，偷偷将他释放出去，以"瘐毙"上报。此后周太谷四处活动，于道光十二年(1832)去世。据《龙川夫子年谱》，道光十二年壬辰，"夏四月朔，太谷终。师(李光炘)奉葬于仪征县之青山。"

其二，周太谷的两位高徒张积中、李光炘，其行事与思想皆与庐山道教存在密切关系。

周太谷去世之后，其徒张积中、李光炘(李晴峰)又于1834年、1835年两上庐山，缅怀周太谷，追寻周太谷当年得道的踪迹。张积中《将往九华江上寄李晴峰》云：

昔我岁甲午，九日事庐山，与君泪洒崆峒影，欲觅师踪唯不难……越岁在乙未,重至庐山阳,庐山有树皆知我,庐山有石皆悲伤。山南山北重重遮,竹影疑踪无所见。九日寒风风月重,谁人泪下如珠线。早将生死付寒灰,恐负师恩我自危。

甲午是道光十四年(1834),次年为乙未(1835)。张积中与李光炘两次登上庐山,感慨师父已经去世,寻找师父当年得道的踪迹,决心将教门发扬光大①,也反映出庐山是太谷学派的发源地。“重至庐山阳”,说明周太谷当年在庐山之南设教,也是周太谷曾居木瓜洞的佐证。

1849 年,周太谷的徒弟李光炘一个人再游庐山,看到了一位异人,和他朝夕讨论,“豁然贯通,头头是道”。此异人是谁,不得而知,但可见太谷学派始终都在接受庐山道教的影响。张积中晚年时避兵乱并讲学于山东肥城、长清间的黄崖寨,远近归之如市。在这里,张积中几乎把陶渊明笔下的桃花源变成了现实中的世界,《黄崖纪事略》云:

黄崖居群山之中,上平坦,而四围险峻,其麓有村落三,曰北黄崖庄、中黄崖庄、南黄崖庄,北隶长清,中与南则隶肥城……积中为太谷高足弟子,神其师,诡称尸解不死,现居庐山,益修师术,晓风角、鸟占,候雨旸颇验,人多惑焉……先是,山岭有石砦,土人筑以避难者,积中踵而修之,

①参见陈辽著:《周太谷评传》,南京出版社,1992 年,第 8—11 页。

益市弓弩兵仗，习战事，闻者以为可恃，互相吸引，来归者数十百家……凡入山避难者，山上设粥，山下设汤，来者皆得饮食。又设立医药局，施药治病，远近感其惠，归附益众……黄崖地颇荒僻，自积中居之，大兴土木，屋宇鳞次……凡入山者，不得私其财，纳其半立籍，由积中左右之……皆列肆贸易，千里间指挥使令，奉若神明，远近称张七先生而不名①。

张积中及其徒众在山东黄崖结成的社会，很像是一种“世外桃源”，体现了战乱之中民众的一种追求。在偏僻的山区，形成一个封闭的小社会，财产共同分享，商店共同经营，居于其中的民众皆得以享受温饱，享受治疗等等，都与桃花源的理想存在密切关系，再次说明了庐山文化对他们的影响。当然，清政府绝不允许这样一种超然于世外的社会组织存在。同治五年（1866），山东巡抚阎敬铭诬之为“教匪”，以兵洗其山。张积中不屈，与门弟子及相从入山谷者二千余人举火自焚死，造成当时一大冤狱，人们为之哀叹不已。

第三节　以心证仙：民国庐山道教

历时不长的民国，是中西方文化广泛交流和剧烈冲突的时期，而此时庐山道士的活动，颇能为现代人认识道教提供一些参考。

---

①《肥城县志·黄崖纪事略》，见中国史学会济南分会编：《山东近代史资料》第1册，山东人民出版社，1957年，第169—173页。

一、大道淑世：郑观应庐山开悟

民国初年，庐山有一位道人戴公复，号观妙道人，在道教理论上有一定建树，并对郑观应、万启型等人产生了重要的影响。

郑观应(1842—1922)，本名官应，字正翔，号陶斋，别号杞忧生、慕雍山人、待鹤山人，广东香山(今中山)人。清末维新派代表人物，近现代改良主义者。光绪二十年(1894)，撰成《盛世危言》，以"富强救国"为主题，对政治、经济、军事、外交、文化诸方面的改革提出了切实可行的方案，给甲午战败以后沮丧、迷茫的晚清末世开出了一帖良方。该书一出，朝野震动，各界人士纷纷争阅，光绪皇帝读毕亦嘉叹不已，诏命分发大臣阅读。康有为、孙中山、毛泽东等人都曾受到它的深刻影响。

然而，郑观应又是一位虔诚的道家弟子，他从小好道，相信得道成仙之说，自感心性凡庸，体质孱弱，睹光阴之易逝，悲生死之靡常，从而潜心学道，求缘访侣，晚年几乎到了入迷的程度。

英法联军之役过后不久，郑观应游览庐山，作有《游庐山御碑亭读明太祖石刻御制周颠仙传歌以志感》①，从周颠仙的事迹中感到神仙确实存在。若干年后闻知江西人万启型"以奇缘得遇仙师陈抱一先生，授以天元秘旨"，郑观应深信不疑，遂通过庐山观妙道人介绍，结识万启型并向他求道。陈抱一，即南宋道士陈显微，有《周易参同契解》《文始真经言外旨》等。1915 年，万启型在扬州托陈抱一降临，授予郑观应玄科秘旨。

引导郑观应从事修炼的人是万启型，而为两人牵线的是庐山观

---

①《郑观应集》(下册)，上海人民出版社，1988 年，第 1429—1430 页。

妙道人戴公复。

戴公复曾为郑观应《盛世危言后编》作序，即《匡庐山观妙道人戴序》，文末云：

> 公复自少好道，幸遇异人，获授真传于南派，用功已三十余年。俾悉郑子所论多引先圣玄机，足为后学梯筏，不胜钦佩。唯自愧无文，述而不作，敬集先圣贤之言以为序。匡庐山观妙道人戴公复谨序于维扬书画舍。时年七十五①。

《盛世危言后编》的潘飞声序作于宣统二年(1910)，因此《匡庐山观妙道人戴序》当亦作于此时，是年戴公复七十五岁，可知他生于1836年。按此庐山观妙道人，即清末民初著名画家戴公复(名振年)，序文中"维扬书画舍"一语也说明了这一点。戴振年，字公复，号白阳子，以字行，大庾人，曾官广东知县，工山水花果翎毛，有《白阳画稿》。郑观应又有《答戴君伯阳论道术书》，白阳子亦即伯阳。

在序文中，戴公复说自己"自少好道，幸遇异人，获授真传于南派，用功已三十余年"，故其修道时间起始于光绪六年(1880)以前。自称匡庐山观妙道人，则他主要在庐山修炼。他是明代内丹理论家陆西星的传人。陆西星(约1520—1606)，字长庚，号潜虚子，扬州兴化人，于全真诸派之外自成一家之学，后人称其学为内丹东派。戴公复反复称引陆西星之说，序文中有云："谨述先贤陆子潜虚之言

①《郑观应集》(下册)，上海人民出版社，1988年，第3—6页。

以解之。”郑观应《答戴君伯阳论道术书》:“如未获真传,有百思不得其解者,请遵陆潜虚真人所云,购《陆真疏》《玉皇心印妙经》,苟能口诵心研,百遍千遍乃至万遍,则精神默感,自然心花发明,洞澈玄理。”戴公复力劝郑观应读陆西星之书(《陆真疏》即《参同契测疏》),亦是陆西星传人的佐证。

戴公复在《匡庐山观妙道人戴序》中提出的观点,主要有二:

其一,由“三教合一”推导出“道”和“道术”的区别。

> 陆子云:“三教之道一而已矣。”生天、生地、生人、生物同一道之所为。其以可知可见者而言,则天、地、人、物皆形而下者也。形而下者谓之器,故天、地、人、物会有变灭而不能久。以其不可知不可见者而言,则所以为天、地、人、物之根者,又皆不受变灭、超然独存者也。圣人知其如此,故尝修之以善其身,能使形神俱妙而与道为之合真焉。故曰:“性以道全,命以术延,圣修之能事而性命之极至也。”道则道也,而以术言者何也?曰:“术者,道德之巧也。”《阴符经》曰:“性有巧拙,可以伏藏。”又曰:“其盗机也,天下莫能知,莫能见。”又曰:“阴阳相胜之术,昭昭乎进于象矣。”

戴公复认为,三教之渊源,皆在于“道”,“道”生天地万物,是“所以为天、地、人、物之根者”,它本身是长久不灭的,而“道”所生则为有形之器,皆不能长久。因此,三教中人和一切学人当以道为根本,“以修身为本,己欲达而达人,己欲立而立人”;又因为自身不能长久，故而需要学习“道术”，以延年益寿，否则就达不到人与道的合一。这样，就形成“道”和“道术”的区别。郑观应在《答戴君伯阳论道术书》进一步阐发了此种观点，说“上德者内丹之不亏，故以道全其形；下德者外丹之作用，故以术延其命。”“道也术也，其实不过性、命双修而已。或谓佛修性，仙修命，儒治世，分门别户。是不深究其宗旨耳……唯佛有教外别传，从性立命，极乐之地益见空明。惟仙有教内真言，则从命了性，而大罗之天益见超脱。是仙也、佛也、圣也，此双修而非单修者也。”他把“佛修性，仙修命，儒治世”糅合在一起，既肯定三教各自的特点，又说明他们相互依存，共同指向“大道”，合之则三者皆美，离之则三者皆伤。这种三教合一，与以往所云的三教合一（多指在心性修炼上的相似）有很大差异，而且带有从社会学观点来审视的特点。

其二，在“道术”之中，戴公复推崇内丹性命之功，虽不否认外丹烧炼，亦不提倡。

> 盖炉火炼气比之炼己，配合一道、采取一机，温养脱胎，无不皆同。大要识其浮沉、知其老嫩，则丹道其庶几矣。外丹之道，为之在人，成之在天，知之在慧，凝之在师，明之在眼，有不可丝厘毫忽假借于人者。苟能潜修德行，密结同心，德动天地，诚感鬼神，自尔临炉之时保无虞失。否则学术虽正，心眼虽明，如魔试何？

戴公复说内丹之道，只要“识其浮沉、知其老嫩”就差不多了，而“外丹之道，成事甚难”“有不可丝厘毫忽假借于人者”，实际上等于不赞成烧炼。因为郑观应曾经狂热地从事外丹烧炼，所以戴公复此言，乃是对他的委婉劝导。郑观应在碰壁之后，也写信表示承认自己的迷误，肯定戴公复之言真实无妄，《致观妙道人书》（庚戌后稿丁巳补刊）云：

前函论点化服食事，未尽所言。查古今来以炉火炼金石为丹，非但不能点化，而且服食受病，医药莫救，诚如《妙解录》所云："实破家戕生之捷径也。"《丹诀论》有云："八石三黄非长生之药石，硫磺有软钢铁之功，砚石有杀虎豹之能；岂有服食而不为物所害哉！又有用曾青、雌黄、雄黄杀水银令死成丹，亦非服食之药。"元阳子《还丹歌》云："君看前后烧丹客，误杀千人与万人"，所以往年四川鲍春霞爵帅为方士所惑，曾费十万金大修炉火，已炼数载无效……世人遂弃其所实用之内炼而唯悦服外炼者，自愚之甚。复遇他人天仙是本性，以见性而成仙，出而显神通，亦性之灵运而神者也。

郑观应在文中批评了那种专事外丹修炼的人，认为当以内炼为主，这一点可以和观妙道人的观点统一起来。

其三，戴公复赞成用道术来经世致用，体现了时代风潮对他的影响。

或谓："郑子所论中外利弊，富国强兵诸策，批隙导窍，目无全牛，实为用世之要务。若《道术》篇所论备言性命之学,修仙之法,近于遁世,与用世适立于反对地位,列为首篇,毋乃失其轻重。"岂知物有本末,修己方可治人。以道淑身者,乃能以道淑世。济一子云:"欲学神仙,先为君子。人道不修,仙道远矣。"况观往籍所载神仙救人之事,指不胜屈,盖神仙无不以积德立功为心,功满即飞升蓬岛。能用世者,多不能成仙,能成仙者,类能知用世。列《道术》为篇首,斯亦著述者以修身为本,己欲达而达人,己欲立而立人,成己成人之意乎!

戴公复认为,郑观应的富国强兵之策与修仙理论并不存在"用世"与"遁世"的区别,因为"道"是修仙之根本,"积德立功"是"道"的体现,故而"无不以积德立功为心"的神仙与探求经世致用者并无本质上的差异。这一点,也是从三教各有其作用、互相依存的观点延伸出来的。郑观应《答戴君伯阳论道术书》阐发了这一观点,他说:"何谓道?一如治国也。天下太平,国家无事,此圣人上德之道,行无为之化,虽有志士、良将,无所用之。何谓术?若天下扰攘,兵役迭起,苟无志士、良将,岂庸人所能致治哉!……深斯道者,则以道为体,以术为用,假术以成其道,犹借良将、志士以安其国然。我所谓术者非小伎也,乃天地阴阳造化,生生之道也。如顺则生人、生物者,是天地之道。逆则必师其术,以裨其道,伏羲、周、孔之易术也……可见三教同源异流。"

在今人看来,郑观应既从事内外丹修炼,又从事实业救国,的确有些不好理解。但从戴公复给他传授的道理中,可以看出这种独特的融合是如何形成的。"道"与"道术"之区分,"道术"中自我修炼与救世济人的共同本质，为郑观应的行为奠定了哲学上的基础。发展到后来，郑观应还将自己的实业救国理想与道教理想结合起来，于1917年作《上通明教主权圣陈抱一祖师表文》，认为鉴于西方列强争权利而不重人道，有强权而无公理，利用各种武器，大肆杀伤人民等现状，要求陈抱一总裁其事，邀集同道，合各教为一教，去伪存真；设立圣道总院，招考真心修道者，除教义外，教以修身、齐家、治国之道；由仙佛法力慑服各种魔王，消灭各种火器，以点金术所得金银，开厂办校；等等，成为一种异彩纷呈的宗教乌托邦理想。

郑观应师从万启型学道，而这个万启型乃是戴公复的弟子。

据周海萍《万启型真人事略》，万启型，原籍江西，饱学多才，为清末扬州江都县最后一任县令。民国建立后，正入中年，寄居扬州，怀才不遇，每日征歌逐酒，数年间，便弄得一身支离病骨，朝不保夕。后遇一隐于庐山的老道，见其病入膏肓，乃取一粒丹药，令其服之，病去无存，与前判若两人。乃拜老道为师，获金丹大道，从此深居简出，每日在家潜修密炼。民国十五年(1926)以后，大丹炼成，一日忽谓其家人曰："余某日某时将去"，届时果无疾而终①。

按万启型为江西丰城人，字雯轩，郑观应有《致万雯轩先生书》。万启型为郑观应《盛世危言后编》作序，题作"同门后学丰城万启型谨序。"《皮鹿门年谱》云："是岁(光绪二十三年)书院生举江西乡试者，有宋名璋……万启型等。"②可知万启型为光绪二十三年(1897)举人。中举之后，先任内阁中书，光绪三十二年(1906)八月授江苏省宝应县知县，宣统元年(1909)《政治官报》有云："甘泉县

①《中国道教史》卷四，第338页，引《道家养生秘库》，第791—792页。

②皮名振编：《皮鹿门年谱》，上海商务印书馆，1939年，第53页。

知县谢元洪升补遗缺……以宝应县知县万启型调补。查万启型，江西举人，由内阁中书改捐知县，光绪三十二年八月选授江苏省宝应县知县，是年十二月到任。"①万启型曾以宝应县知县身份禀陈自治议事规则，内有"就原设教育研究会改设地方自治局"的请求②。他任江都知县，当在宣统年间。入道之后，号式一子，郑观应有《追忆万式一先生》；万启型亦以"东华正脉式一子"之号评价明代陆西星著作"博而能约，简而弥精"③。

万启型遇见的庐山老道，正是庐山观妙道人戴公复。戴公复生于1836年，民国建立时已经76岁，当然是"老道"了；他经常在扬州从事书画活动，万启型与之相遇就在扬州。万启型给郑观应传授的道教理论，亦基本上源于戴公复；他为郑观应《盛世危言后编》作序，题作"同门后学"，等于同出一师之门。根据戴公复为郑观应所作的序文，郑观应向戴公复学道比万启型早；因此虽然郑观应后来又从万启型学，万启型亦不敢以师父自居。万启型《盛世危言后编》序文略云：

> 余幼习举业，每于作策论时，论及时事洋务，必涉《盛世危言》一书，由是知郑君陶斋先生之名……迨甲寅季秋，以奇缘得遇仙师陈抱一先生，授以天元秘旨，嘱为广传大道。四方之士踵门而求道者纷纷不绝。陶斋先生闻之喜

---

①宣统元年（1909）6月22日《政治官报》"折奏类"，第638号，第9页。

②1908年1月12日《申报》。

③吴士余、刘凌主编：《中国学术名著大词典》（先秦至清末），汉语大词典出版社，2000年，第255页。

而不寐，亟托观妙道人为之介绍。乙卯春间，陈师降临，首授先生以玄科秘旨，嘉叹无已，甚惜相遇之太迟。自是先生来扬州受诀，始得一亲德范，而论次之间，倾心吐魄，毫无所隐，乃知先生直道德中人。昔余所慕先生以文章经济者，特绪徐耳。先生才由天纵，学贯古今，下笔万言，著作宏富。近又汇集年来所著作，续刊于《盛世危言》之后，合成正、续二篇，傅世之有志于修、齐、平、治者，祗守是篇而取法焉，斯身无不修、家无不齐、国无不平治矣。余学术疏浅，文章、经济久不敢谈，唯于《道术》一篇细校精勘，周览而不忍释于手。盖因所著上自古昔丹经，下至近今玄论；内则学人修养之方，外则西人卫生之旨，无一不备极参考、畅快发挥……同门后学丰城万启型谨序。

万启型入道在甲寅年(1914)秋天，自称"以奇缘得遇仙师陈抱一先生，授以天元秘旨。"这种说法当然是神异其词。根据这篇文章，观妙道人与万启型非常熟悉，故而郑观应托观妙道人为他介绍认识万启型；而万启型非常推重郑观应的《道术》，也特别看重他将修己之术与救国之术结合起来的精神，认为此举可收"身无不修、家无不齐、国无不平治"之效。这一观点，与戴公复完全相同。万启型评价明代道士陆西星著"博而能约，简而弥精"，推崇陆西星的理论，亦与戴公复相同。

郑观应早已结识戴公复并从他学道，缘何又要跟随戴公复后来的弟子万启型学习？这其中的原因应当是：郑观应痴迷于烧炼外丹，而戴公复不喜欢此道；得其真传的万启型却比较热衷于此。因

此,戴公复就让郑观应去师从万启型,而郑观应在外丹烧炼一事方面,也只向万启型请教,其《致张静生道友书》云:

弟求道之心百折不回,务达其目的而后已。前岁幸我度师万雯轩(即万启型)先生怜予苦志,代禀陈抱一祖师,传授玄科口诀,行已三年。今夏复蒙准予入室,忻幸无极,以为指日可得还丹。不料入室百余日,只通关窍,尚未得丹,不能追随同学,联袂而上,累师操持,实深惭感①。

又有《致万雯轩先生书》:

昨承代乞抱一仙师传授玄科,殊深铭感,自当遵行。唯官应老态日增,哮喘益剧。经云:"老来必先救护。"欲救护,非行南宗不能速效。然法、财、侣、地四者难求,而炼己筑基又非朝夕可办。是则欲求救急之法,只有神丹。官应遍求神丹,屡遭欺骗,徒耗资财。然未尝以此稍懈。虽自惭德薄魔重,惟只勉力行善,以期感格上苍,或酬夙愿。兹将求道数十年备尝艰苦情形具禀,伏乞转呈抱一仙师,慈悲垂援,俯赐神丹,以除宿疾,俾激发后进,藉儆流俗,非特官应一人之幸,亦同人之幸也。

外丹烧炼是不可能成功的,万启型明白个中道理,但对于痴迷

①《郑观应集》(下册),上海人民出版社,1988年,第104页。

已甚的郑观应也无可奈何，只好时时加以劝导，让他注重内丹修炼。在万启型的启发下，郑观应认真阅读了王重阳的《七真灵文》，其《王重阳祖师传授〈七真灵文〉五篇序》云："承曹一峰先生寄示王重阳祖师授《七真灵文》五篇，乃玉液下手秘诀……万雯轩先生阅后谓与我陈抱一仙师所授玄科秘旨相同，并为批注，尤为显明，足为后学津梁。"他纠集同志，重刊《古书隐楼藏书》，序云："万师雯轩因是书为抱一圣师所赏鉴，故纠合同志捐资重刊，加以批注，醒示后学。"这其中可见万启型的良苦用心。

二、小术养心：陈撄宁天池扶乩

陈撄宁(1880—1969)，原名元善、志祥，字子修，后改名撄宁，号圆顿子。安徽怀宁人，清末秀才。少年时体弱多病，不喜仕宦，羡慕仙学，遂遍历名山道观，寻师访友，钻研道藏，又结合西方医疗科学，亲身体验道教养生法。1939 年，创办《仙学月报》；又重新分类道藏书目，取消七部十二类的旧名目，分为道家、道通等十四类。1957 年，中国道教协会成立，当选为副会长兼秘书长。1961 年，当选为会长，并任中国人民政治协商会议第二、三届全国委员会委员。著作颇丰，有《黄庭经讲义》《道教起源》《教理概论》《静功总说》《老子第五十章研究》《静功疗养法》《仙与三教之异同》等三十余种。

陈撄宁曾将庐山作为扶乩之术的试验基地，其《庐山小天池乩坛实录缘起》云：

> 乩坛之事，不知始自何时，而逊清二百六十年间为最盛，专家记录，多不胜书。民国纪元，于今十稔，前朝旧习，大事变更，唯此坛之设，几乎遍满国中，非徒未衰，反加盛

> 焉……聚老幼男妇愚贤不孝于一堂，香云缭绕，裙屐蹁跹，齐献赤心，罔涉邪趣。呜呼，是何神力以至于斯也？撄宁不敏，尝求其故矣。

陈撄宁对流行一时的扶乩产生了浓厚的兴趣。起初他与白云观某道士相约，一同练习普通乩坛符咒。那位道士习炼甚勤，几近于废寝忘食，未能如意。于是陈撄宁亲自试验，说是“颇有所成”，一时沪上亲友，远近咸知。

1919年，陈撄宁的一位友人，阅世既深，俗情弥淡，携眷结伴游庐山。这位友人见庐山景色宜人，是修仙养生的好去处，在准备自己作久居计的同时，写信给陈撄宁，邀他来游庐山。陈撄宁闻讯大喜，当即带着妻子吴彝珠，与黄忏华、崔女士等一同登庐山。陈撄宁《复南京立法院黄忏华先生书》描写游览庐山的情景说：

> 回忆同游庐山之日，距今已十有六年，当日除君与我堪称健步而外，崔女士与彝珠皆习于都市生活，向不徒行，乃亦鼓其勇气，竭力追攀。从莲花洞直上小天池，陡绝逾十五里，云路崎岖，几经喘息，居然乐而忘返。次日，复相随跳涧爬岭，扪松滑石，而达三叠泉。日当午，众都饥渴，一罐菠萝，争食赛琼浆甘露。归途已届深夜，虽手足胼胝，而乐且未央。此情此景，恍惚如梦。

到了庐山之后，陈撄宁讲起当日在沪试验乩仙一事，众人皆啧啧称奇，亟思一试。于是陈撄宁让人到山溪旁边掬来沙子数升，铺在木板上，沙子上横七竖八放着柴枝、竹筷等，而乩头画沙的东西，不过是一根红骨簪。陈撄宁说：

> 法器简陋为此，灵迹显著如彼。心理学乎，催眠术乎，人作伪乎，神来凭乎？盖亦仁者见仁、智者见智而已。诚如乩仙言："他日道场兴，教化行，正式设坛，当属意中事。"

此时的陈撄宁，对乩仙降神之事信以为然，并引以为乐。他说："无论科学如何发达，而宗教偏超然独立于科学范围之外，凭神力以维系人心。一神多神，门户虽异，宗旨皆同，苟世界人类一日不能明了世界构造万物生成之原理，则宗教神权，一日不能消灭。破坏神权，不啻若破坏公共安宁之幸福，大乱即由此而生。乩仙也者，亦神权之保障，宗教之明灯。"

兴趣所致，一伙人相约在庐山买地、造物、设坛、修仙，"崖洞栖身，蒲团永夕，饥餐柏叶，渴饮寒泉"。吴、黄、崔三人离山之日，陈撄宁送至岩畔，已去数十步，崔女士忽而掉头呼道："买山计划，勿忘勿忘！"陈撄宁亦大声回答说："不敢忘！不敢忘！"后来，陈撄宁又接到吴彝珠的数封来信，所谈多为买山一事。自秋徂冬，陈撄宁一直住在山上，为时甚久，然而买山一事，"结果竟无所获，仅做得一卷山居同乐会章程，并几幅造屋图、几张调查表而已"，再就是"依次编辑诸仙诗词，并其答问，斐然成章，足资观感。"此所谓"诸仙诗词"，可能就是《二十四家丹诀串述》，或称《最上一乘性命双修二十四首丹诀串述》[1]。

陈撄宁在庐山逗留甚久,但并非只对扶乩感兴趣。他在《致庐山某先生书》中说:"修道学仙,诚为美事;但值国家多难,正乃志士效力之秋……独善其身,已非今日大局所容许",所以他劝人"暂图世务,静待良时",反对在国难当头时消极遁世的做法。

陈撄宁又作有《吕祖参黄龙事考证》,对吕洞宾参庐山黄龙之事进行详细考述。他所摘引的资料颇为丰富,有的加以按语,如就《道缘汇录》之"吕祖金丹已成,不觉洋洋自喜",按云:"吕祖心中事,做书的人如何能知道?"就《吕祖年谱》引《仙佛同源》之"吕祖之受益于黄龙,黄龙之传灯于吕祖,使其集大成归神化者,岂浅鲜也哉",按云:"赵缘督《仙佛同源论》中,无此说,不知其何所据而云然?"就《吕祖年谱》引《草堂自记》之"自此则神满太虚,法周沙界,度人心事,无岸无边",按云:"吕祖自己赞美自己,真大笑话。"就岩头禅师之事按云:"岩头虽与本题无关,然欲知黄龙诲机是何时之人,不能不看此段记载。因为黄龙年代不可考,但黄龙曾经参过岩头,必与岩头同时,间接的可以得到一点线索。所谓光启三年者,乃唐僖宗年号,即是民国纪元前一千零二五年。于此可以确定黄龙诲机亦是光启以前的人。吕祖是唐朝人,但其生年亦人各异说。或言贞观丙午生,或言天宝十四年生,或言贞元十三年生,或言贞元十四年生。今从《吕祖年谱》断为贞元十四年生……亦即光启三年前八十八年。"就《指月录》第二十八卷按云:"此段公案与吕祖黄龙皆无干涉。此名诲堂,彼名诲机;此是宋朝人,彼是唐朝人。《仙佛合

[1]吴亚魁:《生命的追求:陈撄宁与近现代中国道教》,上海辞书出版社,2005 年,第41—43 页。

宗》认为诲堂即是黄龙诲机,恐不免有误。”这种考索,有助于细究吕洞宾参黄龙一事的来龙去脉。

三、仙在人心:仙人洞道院源流

明朝以前,众多道观主要分布在庐山南北,山上尚未得到开发,也很少有道教活动。明太祖为周颠仙立御碑亭之后,山上的活动逐渐增多,佛寺道观随之往山上延伸。清中叶以后,庐山南北的道观大都凋敝,鸦片战争以后,西方列强侵入中国,1858 年,九江被强辟为通商口岸,1886 年,英国肯特郡的传教士李德立来到中国,听闻驻汉口的宗教团体涉足庐山,遂以金钱和不平等条约所赋予的特权,霸占庐山长冲一带,开始了开辟牯岭、传教布道的活动。1895 年至 1920 年间,庐山上别墅林立,人烟繁盛,俨然成为一个小市镇,西方的传教士也在庐山上建起教堂 13 座,有教会派别 16 个。于是政客、文人纷纷登临庐山,庐山迎来了一个政治风云变幻的时代。道教在外来宗教的挤压之下,更显幽微了。

民国时期,有一些诗歌提到庐山的道观。如谭延闿(1880—1930),湖南茶陵人,字组庵,曾任国民政府主席,有《太平宫婆媳塔,即放翁所记之钟楼》云:“残砖坏础太平宫,曾有游题说放翁。众口浪传婆媳塔,鬼工谁记旧楼钟。”此诗写太平宫残破已久,附近却还流传着一个“婆媳塔”的故事。太平宫有两座古塔,一座很完整,俗称“婆塔”;一座只有半截,俗称“媳塔”。据说当地有一家人,娶进一个姓郄的媳妇,做事拈轻怕重,吃东西挑肥拣瘦。承担重活而又得不到善待的婆婆,便被折磨而死。村里人为婆婆建起了一座石塔,媳妇不服,也为自己砌起了一座石塔,而且比婆婆的塔高出三尺。塔成之后，突然遭受雷劈，被劈掉半截，于是就有“婆媳塔”之名[①]。太平宫延续甚久，教化故事很多，像这种民间传说，就是道教劝善故事衍生出来的。

民国初年，道士罗云仙在庐山重建清虚观，后更名紫云观。

据吴宗慈《庐山志》、清朝毛德琦《庐山志》，掷笔峰西南有白云山，上有赤脚塔，祭祀与周颠仙同游的天眼尊者。天眼尊者，又称赤脚禅师，名沈觉显，湖口人。赤脚塔东有白云观，毛德琦《庐山志》称为白云庵。吴宗慈说：“由今大林寺右再向南登岭，至医生洼。过警冈驻所（即旧法堂庵址），转西下坡里余至白云观。观额为民国九年（1920）刘廷琛书，观为房道人民国初年建。近为武昌长春观属庙，由长春观住持侯永德自置道场，习静避暑之所。”又说：“白云道院，在斗米洼，现住持李理祥，年八十余，有道之士也。”

按《庐山续志稿》卷二：

> 白云观在祖师洼，侯永德创建，武昌长春观属庙也。近年由道人张某住持，原屋为两进，三十一年秋，铁皮瓦等被拆毁，道人移神像于医生洼静庐精舍内，鄂人方某住宅也。
>
> 附近山坡有小屋，为道姑静修处。三十一年，游击队将屋顶拆去，三十四年就原墙搭茅棚，为老圃居。道姑移居上大林寺。白云道院老道人李理祥，二十四年逝世。该院售于莲花禅院……附近有聚仙台，庙屋三间。二十二

①陈泽泓：《中国古塔走笔》，广东人民出版社，1999年，第210页。

年，道人王庆阳建，现鄂人李某居此，种菜为生①。

侯永德(1887—1943)，河南汝州人，字静恬，少时在嵩山学道，后受戒于南阳玄妙观，曾任北京白云观司赈。辛亥革命时，随隆裕太后至沈阳太清宫。后任武昌长春观知客兼化主、监院。曾先后增设尊经阁、平民学校、孤儿院及其他社会救济事业，抗日时期出任伪维持会长②。其师友刘嗣授，亦与庐山有关。

刘嗣授(1870—1936)，字敬义，俗名宗海，湖北汉川人，受戒时法名理授，全真龙门派第22代传戒律师，在武昌长春观传戒。曾任湖北汉阳玄妙观监院、武昌武当宫方丈。1919年，全真龙门派第二十一代传戒律师陈真人在北京白云观传戒，刘嗣授也赴北京求戒，授以天仙大戒戒牒。19世纪，外国宗教进入中国，为扩大道教影响，他积极传戒，与武昌长春观监院侯永德合作，于1925年举行传戒活动，参加者470余人，所讲有《太上清静注》及"圆规方矩"的起源与"阴阳八卦"的原理，"大道无形育天地，大道无情运日月，大道无名养万物"的哲理。刘嗣授曾游历庐山访道，建南阳草庐以期绝俗养真，但因连年灾情，不忍坐视，遂放弃个人修真打算，四处筹募救灾款项和物资，因劳累过度、脑溢血发作而逝世③。

清中叶以来，庐山仙人洞得到开发，成为近现代庐山上最有名的一处道观。

---

①江西省文献委员会:《庐山续志稿(1—4)》，1947年排印本，第275、276页。

②陈玉堂主编:《中国近现代人物名号大辞典》，浙江古籍出版社，2005年，第916页。

③萧新铸、任延平:《道教全真派传戒律师刘嗣授》，《武汉文史资料》，1988年增刊《武汉人物选录》，第496页。

仙人洞原名佛手岩,五代时已经有僧人居住,《永乐大典》引《江州志》:

> 佛手岩,在大林峰,杨吴置(顺义二年置,因石为屋,可容百众),僧行因之居也。有石渠(凿石引泉,以供漱盥)。嘉定间创殿(岩以殿而塞)。有圣灯亭①。

此事见《宋高僧传·周庐山佛手岩行因传(道潜)》:

> 释行因,不详姓氏,雁门人也。游方问道于江淮,见庐山北有岩遥望如垂手焉,手下则深邃可三五丈许,因独栖禅观于其中。伪唐主元宗闻之,三征召,不起。岩中夜阑,有异鹿一卧于因之石屋之侧,又锦囊鸟一伏宿于石壁下,二物都无惊怖。因不度弟子,有邻庵僧为之供侍。一日小疾,谓侍僧曰:"卷上帘,我去去。"帘方就钩,下床三数步间,立,屹然而化,春秋七十许。元宗命画工写真,而阇维收遗骨,白塔在岩背焉……初岩如五指,中指上有松一株,因终之日此亦枯瘁②。

据此仙人洞最早由南唐释行因居住,旁边原有小庵。两宋时亦有僧人居住,如《五灯会元》卷十二"谷隐聪禅师法嗣"条记载,明州仗锡山修已禅师"尝卓庵庐山佛手岩"。南宋朱熹《山北纪行》组诗

①见《永乐大典方志辑佚》,中华书局,2004年,第1641页。
②赞宁:《宋高僧传》,中华书局,1987年,第314页。

“竦身长林端”一首自注云:“东过佛手岩,石室嵌空,中有井泉,僧缘崖结架以居。”明人对佛手岩颇多歌咏,从这些诗歌可见佛手岩一直有僧人居住。如江西永新人尹台,嘉靖十四年(1535)进士,官至南京礼部尚书,著有《洞麓堂集》(收入《四库全书》),卷九有《佛手岩》诗云:“佛手奇岩俯窈微,长江云浪漭相围。石危讶有高僧住,松老能招独鹤归。槲叶鸣随龛庆发,藤花飘逐乳泉飞。”大约到清朝中叶,佛手岩才改祀吕洞宾,叶至明等《庐山道教初编》说嘉庆年间,有道士晏纯一改神龛为纯阳殿,立吕洞宾石像,佛手岩于是改名仙人洞①。但据吴宗慈《庐山志》记载,清代舒天香于嘉庆九年(1804)游览庐山,他在《游山日记》中写道:“佛手岩一老妇、一僧居之……老僧疽发背,乃为医之。”所以嘉庆初年,仙人洞还只是僧人居住的地方,改祀吕洞宾乃是嘉庆以后的事情。到了光绪三十一年(1905),长安道士静阳子在岩左创建老君殿,并重修纯阳殿,增建藏经阁,始称仙人洞道院。

据孙自成《庐江道人熊十力》记载,光绪三十二年(1906)秋,庐山仙人洞接待了一位游方道人。此人自称“庐江道人”,即熊十力。熊十力(1885—1968),湖北省黄冈人,著名哲学家。他于光绪三十二年(1906)奉命到武昌策应萍乡、浏阳、醴陵大起义,刺杀统制张彪,因失败而逃亡至此。他在仙人洞宣讲东汉张角的太平道和张鲁的五斗米道,说:“道士不光是念经,还应该佩剑。龙虎山上张天师府就有宝剑,宝剑是斩妖除邪的。如今这种妖邪,上至朝廷下到地方都有。”令在座道徒大惊失色。民国二年(1913),熊十力再次来

①叶至明:《庐山道教初编》,华文出版社,2000年,第14页。

到庐山仙人洞,此时他已是革命军湖北军政府的参谋。民国七年(1918),熊十力辞去了军职,潜心研究哲学,又再次拜访周濂溪遗迹于庐山北麓,题壁云:"数荆湖过客,濂溪而后我重来。"①

万绍修(1890—?),字建农,江西临川人,1928 年任庐山警察署长,著有《庐山漫游诗草》一卷,其中有《赠仙人洞道人张明德》云:"匡庐奇秀夸群岳,仙洞嶙峋入画图。他日就师寻道伴,致虚守静了空无。"颇有慕道之意。

抗战期间,庐山曾经落于日寇之手。在庐山抗战期间,山上有真隐道院,其中的道人曾掩护抗日游击队,见青玲《太和老人与真隐道院》一文。真隐道院的主持太和老人,年轻时参加过义和团,后到武当山做了道人。抗战前夕,住在汉口道德普济堂。民国二十二年(1933),太和老人率弟子来到庐山,建起了真隐道院。民国三十五年(1946)九月,太和老人去世,葬于真隐道院旁,碑刻"太和老人三丰祖师之真墓"②。

新中国成立以后,仙人洞住持张理松在政府帮助下,于 1951 年对老君殿进行了修葺。张理松(1924—1976),湖北黄梅人,龙门派第二十二代弟子,曾在瑞昌龙山坡、九江茅山头等处修炼,1949 年来仙人洞,在原主持徐道人去世后任监院。1957 年当选为第一届全国道教协会理事。"文化大革命"中,被下放至青山垦殖场劳动,1976 年平反后去世。"文化大革命"期间,仙人洞交由园林部门管

---

①星子县政协编:《星子文史资料》第五辑,"现代名人与庐山",1985 年,第 3—5 页。

②星子县政协文史委:《星子文史资料》第五辑,"现代名人与庐山",第 46—48 页;又据《宜昌文史资料》第十辑,1996 年,第 217 页,真隐道院系清末大刀会一派人物所建立,国民党汉口警察局长黄自夫前往庐山主持该道院的活动。

理。1988 年,仙人洞交还道教界,重新作为道教活动场所开放。1998 年,仙人洞住持叶至明募资重建老君殿。叶至明(1960—),山东青岛人,1986 年入道,曾于辽宁千山无量观、敦煌三危山老君堂、辽宁凤凰山等处修道主持,先后在全国各地学习、云游,访道寻师,1995 年来庐山。修葺后的仙人洞道院,殿宇典雅壮丽,香炉钟鼎焕然一新,然处于庐山主要旅游景区锦绣谷内,过往者多,未免喧嚣,有失清静之旨。

叶至明编有《庐山道教初编》《道教与人生》等书,1998 年组织道教文化研讨会,2005 年 5 月应邀至马来西亚三清观担任传戒大律师。这是中国道教界第一次到国外传戒。在现代社会中,道教精神也发生了重大变化。叶至明《全真道海外传播之实践》认为,把道教的精神、道教的智慧圆融于人们的社会生活各个方面,可以为人们提供一种生存的智慧,一种有力的精神支柱。我们用以德为本、抑恶扬善、慈俭济人、淡泊名利、和光同尘的伦理道德给人们以心理的慰藉;用贵生乐生的生活态度,性命双修的养生之道提高人们的生命价值;用“天人合一、天人相通、天人相应”顺应自然的行为原则促进人与自然的和谐相处,用新的内容、新的形象,把道教向世界传播①。他主编的《道教与人生》云:

> 我想神仙并不神秘,它是人修炼而成的,它应具有这样的特性:一是生命力深厚旺盛,因而能健康长寿;二是精神境界高超,摆脱“小我”而成就“大我”,所以精神可以不

①丁鼎主编:《昆嵛山与全真道:全真道与齐鲁文化国际学术研讨会论文集》,宗教文化出版社, 2006 年,第 457 页。

死;三是智慧超群,有很高的洞察力和预见性,却又大智若愚,和光同尘;四是利而不害,为而不争,功德在世;五是潇洒自在,豁达从容,善于化解烦恼,始终保持喜乐的心境。能够做到以上五条,就可以成为活神仙……所谓神仙境界,除了幸福快乐的人,便是优美宜人的环境[①]。

从人类心灵衍生出来的神仙理想,最终又回归到人类的心灵之中,中国道教完成了这样一个巨大的循环,昭示了世界所有宗教的未来发展轨迹。

①叶至明:《道教与人生》,宗教文化出版社,2000 年,第 457 页。

参考文献

一、道教典籍及论著

1—6.《真诰》《上清道类事相》《修真十书》《玉隆集》《云笈七签》《历世真仙体道通鉴》，见《道藏要籍选刊》，上海古籍出版社，1989 年。

7—20.《洞玄灵宝五感文》《三洞珠囊》《上清金母求仙上法》《仙苑编珠》《元始无量度人上品妙经注解》《悟真篇》《道枢》《三洞群仙录》《海琼白真人语录》《庐山太平兴国宫采访真君事实》《玄品录》《上阳子金丹大要》《御制周颠仙人传》《天皇至道太清玉册》，见《道藏》，文物出版社、上海书店、天津古籍出版社，1988 年。

21—24.《白真人集》《仙佛同源》《天仙正理直论》《吕祖全书》，见《藏外道书》，巴蜀书社，1994 年。

25.《丹亭真人传道密集》，见《道藏精华》，台湾自由出版社，2001 年。

26—28.《海琼传道集》《真诠》《听心斋客问》，见《四库存目丛书》，齐鲁书社，1995 年。

29.《列仙传・神仙传》，上海古籍出版社，1990 年。

30. 葛洪:《抱朴子》,中华书局,1988 年。

31.《新编吕洞宾真人丹道全书》,团结出版社,2009 年。

32. 张三丰:《张三丰全集》,花城出版社,1995 年。

33. 李明彻重刻,石和阳:《黄庭经、阴符经注》,乾隆五十八年(1793)白云山房刊刻本。

34. 盛克琦点校:《圆峤内篇》,宗教文化出版社,2009 年。

35. 高鹤年著、吴雨香点校:《名山游访记》,宗教文化出版社,2000 年。

36. 陈国符:《道藏源流考》,中华书局,1963 年。

37. 叶至明:《庐山道教初编》,华文出版社,2000 年。

38. 叶至明:《道教与人生》,宗教文化出版社,2000 年。

39. 湖南省道教文化研究中心编:《道教与南岳》,岳麓书社,2003 年。

40. 张齐政:《南岳寺庙建筑与寺庙文化》,花城出版社,1999 年。

41. 施舟人等:《韩愈研究论文集》,广东人民出版社,1988 年。

42. 王承文:《敦煌古灵宝经与晋唐道教》,中华书局,2002 年。

43. 李显光:《混元仙派研究》,中国社会科学出版社,2007 年。

44. 吴章穆主编:《百家名医临证经验》,浙江科学技术出版社,2006 年。

45. 严世芸主编:《中国医籍通考》,上海中医学院出版社,1993 年。

46. 丹波元胤:《中国医籍考》,人民卫生出版社,1956 年。

47. 李矢禾等编:《历代名医传略》,黑龙江科学技术出版社,

1985 年。

48. 卿希泰:《中国道教史》,四川人民出版社,1996 年。

49. 郭武:《净明忠孝全书研究》,中国社会科学出版社,2005。

50. 盖建民:《道教医学》,宗教文化出版社,2001 年。

51. 吕光荣、吴家骏:《中国气功经典》,人民体育出版社,1990 年。

52. 马西沙、韩秉方:《中国民间宗教史》,上海人民出版社,1992 年。

53. 林国平:《林兆恩与三一教》,福建人民出版社,1992 年。

54. 周永慎:《历代真仙高道传》,中国社会科学出版社,2003 年。

55. 霍克功:《内丹解码:李西月西派内丹学研究》,人民出版社,2008 年。

56. 王志忠:《明清全真教论稿》,巴蜀书社,2000 年。

57. 陈辽:《周太谷评传》,南京出版社,1992 年。

58. 吴亚魁:《生命的追求:陈撄宁与近现代中国道教》,上海辞书出版社,2005 年。

59.《全真道与齐鲁文化国际学术研讨会论文集》,宗教文化出版社, 2006 年。

二、笔记小说、史料方志、文集类书等

60.《鲁迅辑录古籍丛编》,人民文学出版社,1999 年。

61. 李剑国新辑:《搜神记》《搜神后记》,中华书局,2007 年。

62. 刘敬叔:《异苑》,中华书局,1996 年。

63. 李昉等编:《太平广记》,人民文学出版社,1959 年。

64. 朱易安等主编:《全宋笔记》,大象出版社,2003 年。

65. 陶宗仪:《说郛》,中国书店,1986 年。

66. 陆友仁:《砚北杂志》,影印文渊阁《四库全书》本。

67. 李日华:《紫桃轩杂缀》,《四库存目丛书·子部》第 108 册,齐鲁书社,1997 年。

68. 王汝涛编校:《全唐小说》,山东文艺出版社,1993 年。

69. 沈节甫:《纪录汇编》,中华全国图书馆文献缩微复制中心。

70. 胡应麟:《少室山房杂记》,影印文渊阁《四库全书》本。

71. 孙之騄:《晴川蟹录》,《续修四库全书》第 1120 册。

72.《永乐大典方志辑佚》,中华书局,2004 年。

73. 桑乔:《庐山纪事》,《豫章丛书·史部三》,江西教育出版社,2002 年。

74.《白鹿洞书院古志五种》,中华书局,1995 年。

75.《江西通志》,台湾京华书局,1967 年。

76. 盛元等:《南康府志》,台湾成文出版社,1970 年。

77. 吴宗慈:《庐山金石汇考》,民国二十三年(1934)刊印本。

78. 吴宗慈编,胡迎建等校注:《庐山志》,江西人民出版社,1996 年。

79. 吴宗慈编,胡迎建等校注:《庐山诗文金石广存》,江西人民出版社,1996 年。

80. 姜南星主编:《星子县志》,江西人民出版社,1990 年。

81—83.《星子文史资料》第一辑、第三辑、第五辑,星子县政协文史委编印。

84. 江西省文献委员会:《庐山续志稿》,1947 年排印本。

85—91.《晋书》《南齐书》《十国春秋》《新五代史》《元史》《明史》《清史稿》,中华书局。

92. 郦道元:《水经注》,上海人民出版社,1984 年。

93. 俞希鲁:《至顺镇江志》,江苏古籍出版社,1988 年。

94. 乐史:《太平寰宇记》,文渊阁《四库全书》本。

95. 祝穆:《方舆胜览》,中华书局,2003 年。

96. 王文春主编:《闽国史汇》,暨南大学出版社,2000 年。

97.《宋史全文》,黑龙江人民出版社,2004 年。

98.《湖北通志》,台湾京华书局,1967 年。

99. 浏阳市政协编:《浏阳文史》第十一辑,1990 年。

100. 浏阳市政协编:《武汉文史资料》,1988 年增刊。

101. 浏阳市政协编:《宜昌文史资料》第十辑,1996 年。

102.《山东近代史资料》,山东人民出版社,1957 年。

103. 赞宁:《宋高僧传》,中华书局,1987 年。

104. 束景南:《朱子大传》,福建教育出版社,1992 年。

105. 陈贻焮:《增订注释全唐诗》,文化艺术出版社,2001。

106. 周绍良:《全唐文新编》,吉林文史出版社,2000 年。

107. 唐珪璋:《宋词纪事》,上海古籍出版社,1982 年。

108. 王文诰辑注:《苏轼诗集》,中华书局, 1982 年。

109. 朱思本:《贞一斋诗文稿》,江苏古籍出版社影印宛委别藏本,1988 年。

110—111. 马臻:《霞外诗集》、黄溍:《黄文献公文集》,影印文渊阁《四库全书》本。

112. 李修生等:《全元文》,江苏古籍出版社(凤凰出版社),1998年至2005年。

113. 宋濂:《宋学士全集》,《丛书集成初编》,中华书局,1991年。

114.《全明文》第一册、第二册,上海古籍出版社,1994年。

115. 方宝川:《太谷学派遗书》,江苏广陵古籍刻印社,1997年。

116.《廖燕全集》,上海古籍出版社,2005年。

117.《郑观应集》,上海人民出版社,1988年。

118. 虞世南:《北堂书钞》,中国书店,1989年。

119. 晏殊:《类要》,《四库存目丛书·子部》第166册,齐鲁书社,1997年。

120. 李昉等:《太平御览》,中华书局,1960年。

121. 王钦若等:《册府元龟》,中华书局,1960年。

122. 廖用贤:《尚友录》,《四库存目丛书·子部》第218册,齐鲁书社,1997年。

123. 陈梦雷等:《古今图书集成》,中华书局,1934年。

124. 卢辅圣:《中国书画全书》,上海书画出版社,1993年。

125. 释晓莹:《感山云卧纪谈》,《佛光大藏经》,佛光文化出版社,1994年。

126. 王重民:《中国善本书提要》,上海古籍出版社,1983年。

127. 贾思勰:《齐民要术》,农业出版社,1982年。

后记

九江学院以弘扬优秀的地方文化为己任，对庐山文化的研究也日趋深入。

在追求“大气”“高度”的学术氛围中，许多人乐意著述冠以“中国”“中外”乃至“世界”字样的大作，并且觉得限于地方文化没有出息；然而笔者在研究庐山文化的过程中，却愈加感受到自己单薄的学力无法承受这一份文化之厚重，通常的片言只语、零星篇章难以揭示庐山文化之精深。面对众多文化名人在庐山之麓的建树，只会觉得自己了解不够、研究不透，而不担心沉浸于此会导致井蛙观天、鼠目寸光。

在庐山文化之中，儒佛道创造的文化相当引人注目，它们对于了解整个中国的儒佛道发展历史都是有重要价值的。然而限于条件，很少有著作对这些方面的文化进行较为系统的梳理。因此，笔者便考虑到单独撰写一部《庐山道教史》，以历史长卷的形式，展现庐山道教的风采；至于学术成就之大小，并不在考虑之中。

为一座名山撰写一部道教史，一定要考虑条件是否具备。庐山道教的内容是否足够撰写一部道教史？它在中国道教史上是否具有独特的价值？它的传承与发展，是否具有延续性？如果这三个条件不具备，则没有必要单独成史。令人高兴的是，回答都是肯定的。庐山道教的史料丰富，撰写一部道教史完全不成问题；它在中国道教史上具有独特的价值，并具有自己的传承与发展脉络。总之，《庐山道教史》有其独立存在的价值，可以为研究中国道教提供很好的参考。

在撰写《庐山道教史》时，笔者曾考虑将庐山周边各县的道教史也一并吸纳进来，但最终还是放弃了这一想法。这当然是因为庐山道教的内容已经足够丰富，再将各县的道教收入，必然会导致篇幅太大；更重要的还因为各县的道教与庐山道教有着本质上的区别，它们具有浓厚的民间色彩，与文人化的庐山道教迥异，故而不宜放在一起来叙述。

有人担心道教的糟粕太多，深入研究之是否有必要；但实际上任何一种文化皆有精华，也皆有糟粕，研究的价值取决于研究者的洞察力。不敢说自己的洞察力很好，但像这些简单的判断还是可以做出的：道教的身心修炼，对人类的身体及心理健康具有积极意义，更何况道教极大地推动了传统医学的发展；道教的丰富想象力，对文学的发展产生了强大的推动力；等等。本书在这些方面多有陈述，也相信这些内容不无裨益。

时常有人对我说：“写书要写畅销书，那样才有价值。”可是身处九江，没有商业经营的大手笔，一本书想畅销的确很难；更何况一本书再怎么畅销,所产生的经济价值也不如一个小企业。既然如此,何必"以己之短,搏人之长",自损学术价值以媚俗?因此,作为一个学人,只需要担心学术水平不够而已。财富系于时命,学问关乎自己,循可循之理,为可为之事,乐莫大焉。

吴国富

2010 年 11 月 29 日

图书在版编目(CIP)数据

庐山道教史/吴国富著.
—南昌:江西人民出版社,2011.9
(庐山文化研究丛书)
ISBN 978-7-210-04855-8
Ⅰ.①庐… Ⅱ.①吴… Ⅲ.①庐山—道教史 Ⅳ.①B959.102
中国版本图书馆 CIP 数据核字(2011)第 119343 号

庐山道教史
作者:吴国富
责任编辑:陈娟、陈世象
封面设计:同异文化传媒
出版:江西人民出版社
发行:各地新华书店
地址:江西省南昌市三经路 47 号附 1 号
编辑部电话:0791-86898330
发行部电话:0791-86898893
邮编:330006
网址:www.jxpph.com
E-mail:jxpph@tom.com　web@jxpph.com
2011 年 9 月第 1 版　2011 年 9 月第 1 次印刷
开本:880 × 1230 毫米　1/32
印张:12.5
字数:280 千
ISBN 978-7-210-04855-8
赣版权登字—01—2011—192

定价:29.00 元
承印厂:南昌市红星印刷有限公司
赣人版图书凡属印刷、装订错误,请随时向承印厂调换